사회복지 프로그램 개발과 평가

정주석 · 노명숙 · 임진섭 · 전성남

창지사

머리말

현대 사회에서 사회복지 프로그램의 중요성은 날로 증가하고 있다. 사회복지 시설에서 이루어지는 일은 프로그램에서 시작하여 프로그램으로 끝난다고 하여도 과언이 아니다. 급변하는 사회적, 경제적 환경 속에서 다양한 사회문제를 효과적으로 해결하기 위해서는 체계적이고 전문적인 프로그램 개발과 평가가 필수적이다. 특히, 사회복지사의 역량은 이러한 프로그램의 성공 여부에 크게 영향을 미치며, 이는 곧 재정 지원의 확보로 이어진다.

본 교재는 사회복지 프로그램 개발과 제안서 작성을 통해 재정 지원을 받는 방법에 대한 실질적인 지침을 제공함으로써, 사회복지사들이 보다 안정적이고 지속 가능한 프로그램을 운영할 수 있도록 돕고자 한다. 저자들은 대학에서 다년간 사회복지 프로그램 개발과 평가 과목을 강의해 온 경험을 바탕으로, 이론과 실무를 결합한 종합적인 안내서를 작성한다는 생각으로 집필하였다. 그러므로 사회복지학을 공부하는 예비 사회복지사나 현장에서 활동하는 사회복지사들에게 필수적인 지침서가 될 것이다.

본 교재는 사회복지 프로그램의 이해, 프로그램의 개발과 실행, 프로그램 성과평가와 보고 등 총 3부로 구성되어 있으며, 사회복지 프로그램의 다양한 측면을 심도 있게 다루고 있다.

제1부 사회복지 프로그램의 이해에서는 사회복지 프로그램의 개념과 기초를 다룬다. 사회복지 프로그램의 정의와 기획의 중요성을 시작으로, 프로그램 관리 및 운영자의 역량에 대한 내용을 포괄적으로 소개한다. 프로그램을 기획하고 실행하는 데 필요한 이론적 기반을 제공하며, 좋은 프로그램을 개발하기 위한 요건과 원칙을 설명한다.

제2부 프로그램의 개발과 실행에서는 사회문제와 욕구 분석, 프로그램의 목적과 목표 설정, 프로그램 과정 설계, 자원 확보 및 배분, 프로그램 실행 및 관리 등 프로그램의 각 단계별로 구체적인 방법론과 사례를 다룬다. 이를 통해 독자들은 프로그램 개발의 전 과정을 체계적으로 이해하고, 실무에 적용할 수 있는 능력을 배양할 수 있을 것이다. 또한, 프로그램 운영 중 발생할 수 있는 문제와 해결 방안에 대한 실질적인 조언도 포함되어 있다.

제3부 프로그램 성과 평가와 보고에서는 프로그램 평가의 개념과 절차, 다양한 평가 방법을 소개하며, 실제 평가 수행과 보고서 작성 방법을 구체적으로 안내한다. 또한, 프로포절 작성과 프레젠테이션 기법을 통해 프로그램의 효과적인 발표와 홍보 방법도 함께 다룬다. 사회복지 실천과 연구의 통합을 강조하며, 개입연구조사 모델과 증거 기반 실천 모델을 통해 프로그램 개발과 설계의 중요성을 제시한다. 미래의 사회복지 프로그램 기획과 평가를 위한 과제와 핵심 가치를 제시함으로써, 변화하는 사회 환경에 대응하는 지속 가능한 프로그램 개발의 방향성을 제시한다.

이 책은 사회복지 프로그램 개발과 평가에 필요한 이론적 기초와 실무적 지침을 모두 아우르고 있다. 이를 통해 독자들은 사회복지 현장에서 직면하는 다양한 문제를 프로그램 개발을 통하여 해결할 수 있는 전문적 역량을 함양할 수 있을 것이다. 또한, 다양한 사례와 실제 경험을 통해 이론이 어떻게 실무에 적용될 수 있는지를 구체적으로 이해하게 될 것이다. 이 교재가 사회복지 분야의 발전과 현장에서의 실질적인 기여를 위한 소중한 자원이 되기를 기대한다.

사회복지 프로그램은 단순히 사회문제 해결의 도구를 넘어, 인간의 존엄성과 권리를 보장하는 중요한 역할을 한다. 이를 위해 프로그램의 기획과 개발 단계에서부터 평가와 개선 과정까지 전반적인 이해와 접근이 필요하다. 본 교재는 이러한 요구에 부응하여 체계적이고 실질적인 지침을 제공하며, 독자들이 프로그램의 효과성을 극대화할 수 있도록 돕는다.

또한, 사회복지 프로그램의 성공적인 운영을 위해서는 지역사회와의 협력 및 다양한 이해관계자들과의 소통이 중요하다. 이 책은 이러한 협력과 소통의 중요성을 강조하며, 프로그램 개발 과정에서의 실질적인 전략과 방법을 제시한다. 이를 통해 독자들은 지역사회 내에서의 협력적 네트워크 구축과 지속 가능한 프로그램 운영에 필요한 실질적인 도구를 얻을 수 있을 것이다.

마지막으로, 본 교재는 미래의 사회복지 환경 변화에 대비한 프로그램 개발의 방향성을 제시한다. 기술의 발전과 사회적 변화에 대응하는 새로운 접근법과 혁신적인 아이디어를 통해, 독자들이 변화하는 환경 속에서도 지속적으로 효과적인 프로그램을 개발하고 운영할 수 있도록 안내한다. 또한 이 교재의 작성에 있어 일부 초안을 마련하는데 OpenAI의 ChatGPT 활용을 시도해 보았다.

본 교재를 통해 독자들은 이론적 지식과 실무적 기술을 함께 습득할 수 있을 것이다. 이는 사회복지 현장에서 직면하는 다양한 문제를 해결하고, 지속 가능한 프로그램을 기획하고 운영하는 데 중요한 밑거름이 될 것이다. 이 교재가 사회복지 분야의 발전과 현장에서의 실질적인 기여를 위한 소중한 자원이 되기를 기대한다.

원고를 탈고하고 보니 부족한 부분이 하나 둘 보이고 부끄러움이 앞선다. 가급적 빠른 시간 내에 부족한 부분을 개정할 것을 약속드리며, 선배 동료들의 고언과 질정을 청한다. 아울러 어려운 여건임에도 불구하고 부족한 원고의 출판을 허락해 주신 창지사 김기섭 사장님과 편집부 여러분에게도 깊은 감사를 드린다.

2024년 8월

저자 일동

차례

제1부 사회복지 프로그램의 이해

제3부 프로그램 성과 평가와 보고

제1부
사회복지 프로그램의 이해

제1장
사회복지 프로그램 개념

학습목표

1. 사회복지 프로그램과 프로포절의 개념을 구분할 수 있다.
2. 사회복지 프로그램의 주요 구성요소를 설명할 수 있다.
3. 프로그램 관리 및 운영자에게 필요한 역량을 설명할 수 있다.

제1절 사회복지 프로그램의 개념 정의

I. 사회복지 프로그램 소개

프로그램이란 특정한 목표를 달성하기 위한 일련의 활동들의 집합 또는 목표를 달성하기 위한 일련의 상호의존적인 활동을 말한다(김선희 외, 2021). 사회복지 프로그램이란 사회복지와 프로그램의 복합단어로 사회복지라는 목표를 달성하기 위한 체계적이고 의도적인 프로그램 계획서를 말한다(문수열 외, 2021). 사회복지 프로그램은 사회적 가치, 경제 상황, 정치적 지형의 변화를 반영하면서 수 세기에 걸쳐 크게 발전해 왔다. 초창기에는 사회복지는 음식, 쉼터, 환자 돌보기와 같은 기본적인 필요를 충족하기 위해 종교기관과 지역사회에서 제공되었다. 19세기 산업화가 도래하면서 사회복지 제공에 있어서 국가의 역할이 확대되었고, 취약계층의 필요를 충족시키기 위한 공식적인 사회복지 프로그램이 개발되기 시작하였다.

사회복지 프로그램은 소득지원, 의료서비스, 교육, 주거지원, 취업서비스 등 여러 유형으로 분류할 수 있다. 각 유형별 프로그램은 특정 요구 사항에 부응하기 위하여 어린이, 노인, 장애인, 저소득층 가족과 같은 다양한 인구 집단을 대상으로 한다.

사회복지 프로그램은 현대 사회에서 필수적인 메커니즘으로, 개인과 가족이 기본 생활수준을 유지할 수 있도록 기여하게 된다. 이러한 프로그램은 개인의 전 생애에 걸쳐 지원을 제공하며, 즉각적인 구호뿐만 아니라 장기적인 역량 강화와 자립을 목표로 한다. 예를 들어, 교육 지원 프로그램은 저소득 가정의 아동에게 필요한 자원과 기회를 제공하여 빈곤의 악순환을 끊고 학업 성공을 돕게 한다.

또한, 사회복지 프로그램은 사회적 결속과 안정을 촉진하는 데 중요한 역할을 한다. 불평등을 해소하고 도움이 필요한 사람들을 지원함으로써 사회적 긴장을 줄이고 포용적인 사회를 조성하는 데 기여한다. 이러한 프로그램은 개인이 노동시장에 더 완전히 참여할 수 있도록 하며, 재정 지원을 통해 상품과 서비스에 대한 수요를 촉진하여 경제 활성화에 기여한다.

사회복지 프로그램이란 사회복지적인 목적을 달성하기 위하여 계획된 활동들의 구조화된 집합체를 의미하는 것으로, 대상자에게 체계적으로 도움을 줄 것인가에 관한 활동들의 집합이고 그것을 통해 개인적인 욕구와 문제의 해결을 실현하는 계획적인 방법을 제공하는 계획서라고 할 수 있다(문수열 외, 2021).

2. 사회복지 프로그램의 핵심 원칙과 가치

1) 인간의 존엄성과 사회 정의

사회복지 프로그램의 핵심 원칙은 인간 존엄성과 사회 정의의 가치에 뿌리를 두고 있다. 이 프로그램의 목표는 모든 개인이 만족스러운 삶을 살 수 있는 기본 요구 사항과 기회에 접근할 수 있도록 보장하는 것이다. 인간의 존엄성은 모든 사람의 고유한 가치를 인정하는 것이며, 사회 정의는 공정하고 공평한 사회를 만드는 데 중점을 둔다.

사회복지에서 인간의 존엄성은 모든 개인이 존중받고 그들의 고유한 가치를 인정받는 것을 의미한다. 이 원칙은 문화적 차이와 개인의 선호를 존중하는 프로그램 개발과 실행을 지향하게 한다. 예를 들어, 노인 돌봄 프로그램은 의료 지원뿐만 아니라 노인들이 지역사회 활동에 참여할 수 있도록 하여 그들의 목적의식과 소속감을 유지하도록 돕게 된다.

사회 정의는 시스템적 불평등을 해결하고 자원이 가장 불리한 계층에게 혜택이 돌아가도록 하는 것을 의미한다. 이는 교육 개혁, 노동 시장 개입, 반차별 법안과 같은 정책을 시행하여 빈곤과 배제의 근본 원인을 해결하는 것을 포함한다. 따라서 효과적인 사회복지 프로그램은 모든 개인이 번영할 수 있는 조건을 만들기 위해 사회 변화를 위한 도구로 작용하게 된다.

2) 형평성과 접근성

사회복지 프로그램에서 형평성은 개인의 필요에 따라 자원과 지원을 제공하여 모든 사람이 성공할 수 있는 동등한 기회를 갖도록 보장하는 것을 의미한다. 접근성 개념은 경제적, 지리적, 사회적 장애물과 같이 개인이 사회복지 프로그램의 혜택을 받는 것을 방해하는 장벽을 제거하는 것이 포함한다.

형평성은 단순한 평등을 넘어 다양한 개인과 그룹이 유사한 결과를 달성하기 위해 서로 다른 수준의 지원을 필요로 할 수 있음을 인식하는 것이다. 예를 들어, 저소득 가정의 아동은 더 부유한 가정의 동료들과 동일한 학업 성과를 내기 위해 추가 교육 자원과 튜터링이 필요할 수 있다. 사회복지 프로그램은 이러한 다양한 필요를 포괄적이고 민감하게 다룰 수 있어야 한다.

접근성은 모든 적격 개인이 사회복지 서비스를 받을 수 있도록 보장하기 위하여 필요하다. 이를 위해 다국어 서비스 제공, 장애인 지원, 도심과 농촌 모두에서 프로그램의 지리적 접근성을 보장하는 것이 필요하다. 이동식 건강 클리닉과 온라인 서비스 포털과 같은 혁신적인 접근 방식은 접근성을 높이고, 혜택을 받을 수 있는 사람들이 지원을 받을 수 있게 한다.

3. 사회복지 프로그램의 주요 구성요소

1) 프로그램의 필요성 분석

사회복지 프로그램 개발의 첫 번째 단계는 필요성 분석이다. 필요성 분석은 설문 조사, 포커스 그룹 및 데이터 분석을 통해 대상 인구의 구체적인 요구 사항을 식별하는 작업을 포함한다. 이 정보는 프로그램의 목적과 목표를 형성하는 데 도움이 된다.

철저한 필요성 분석을 통하여 대상 인구의 즉각적인 필요뿐만 아니라 이러한 필요를 초래하는 근본적인 요인을 탐구한다. 여기에는 주거 안정성, 교육 성취도, 고용 기회와 같은 건강의 사회적 결정 요인을 조사하는 것이 포함된다. 이러한 더 넓은 맥락을 이해함으로써 사회복지 프로그램은 증상뿐만 아니라 근본 원인을 모두 해결하는 더 효과적인 개입을 개발할 수 있게 된다.

효과적인 필요성 분석은 또한 지역사회 및 이해관계자와의 참여를 통해 질적 통찰을 수집하고 프로그램이 문화적으로 관련 있고 수용 가능하도록 보장하게 된다. 이러한 참여적 접근 방식은 신뢰를 구축하고 프로그램이 실제로 지역사회의 필요와 선호에 맞춰지게 한다.

2) 목적과 목표

프로그램의 목적과 목표는 사회복지 프로그램에 대한 명확한 방향을 제공한다. 목적은 프로그램이 달성하고자 하는 광범위하고 장기적인 결과인 반면, 목표는 해당 목적을 달성하는 데 도움이 되는 구체적이고 측정 가능한 단계이다.

명확하고 달성 가능한 목표와 목적을 설정하는 것은 사회복지 프로그램의 성공에 매우 중요하다. 목적은 장기적인 영향을 위한 프로그램의 비전을 반영하는 야심 차지만 현실적인 것이어야 한다. 예를 들어, 목적은 5년 이내에 도시의 노숙자를 50% 줄이는 것이 될 수 있다. 반면에 목표는 더 즉각적이고 구체적인 것으로, 예를 들어 저렴한 주택 공급을 증가시키고, 노숙자를 위한 직업 훈련 프로그램을 제공하며, 정신 건강 서비스에 대한 접근을 개선하는 것 등이 될 수 있다.

피드백과 결과를 기반으로 목적과 목표를 검토하고 조정함으로써 프로그램을 성공적으로 운영할 수 있게 된다. 이러한 과정은 프로그램의 적합성을 높여 환경변화와 상황변화에 대한 적응을 가능하게 한다.

3) 프로그램 설계

프로그램 설계에는 사회복지 프로그램이 어떻게 운영될지에 대한 세부 계획을 세우는 일이 포함된다. 즉, 프로그램을 통하여 제공할 서비스, 필요한 자원, 대상 인구 및 예상 결과 등을 구체화하여야 한다. 효과적인 프로그램 설계는 프로그램이 실행 가능하고 지속 가능하며 목표를 달성할 수 있음을 보장하게 된다.

잘 설계된 프로그램은 증거 기반 실천과 혁신적 접근 방식을 통합하여 식별된 필요를 해결하게 된다. 또한, 역할과 책임, 주요 활동의 일정, 모니터링 및 평가 메커니즘을 포함한 포괄적인 실행 계획을 포함하게 된다.

프로그램 설계에서 지속 가능성은 중요한 고려 사항이다. 여기에는 충분한 자금 확보, 다른 조직과의 파트너십 구축, 장기적인 프로그램 활동 유지를 위한 전략 개발이 포함된다. 예를 들어, 직업 훈련 프로그램은 참가자들에게 인턴십 및 고용 기회를 제공하기 위해 지역 기업과 협력할 수 있으며, 이는 프로그램의 혜택이 초기 훈련 기간을 넘어 지속되게 한다.

제2절 프로그램 기획의 개념과 의의

I. 프로그램 기획 개요

1) 프로그램 기획의 정의 및 중요성

프로그램 기획은 특정 욕구를 충족하고 원하는 결과를 달성하기 위해 프로그램을 설계, 구현 및 평가하는 체계적인 과정이다. 프로그램 기획 과정을 통하여 프로그램 또는 사업계획서가 결과물로 나오게 된다. 사회복지 프로그램이 효과적이고 효율적이며 대상 인구의 요구에 부응하도록 기획하는 것이 중요하다. 이는 서비스 제공의 품질을 향상시키고 자원의 효과적인 사용을 보장하기 때문이다. 예를 들어, 노인의 신체적, 정서적, 사회적 욕구를 충족시키기 위해서는 노인 돌봄 프로그램의 종합적인 기획이 필요한 것이다. 사회복지 프로그램을 어떻게 기획하고 그 성과를 평가할 것인지에 대한 논의는 끊임없이 계속될 필요가 있다. 그만큼 사회복지 실천현장의 지형과 구도가 급변하고 있기 때문이다(김진우, 2023).

프로그램 기획과정을 통하여 프로그램 또는 사업계획서가 완성되면, 그것을 토대로 재정지원처의 양식에 맞추어서 제안서 또는 프로포절을 작성하여 제출하게 된다. 따라서 프로그램 기획 여하에 따라서 재정지원처로부터의 재정지원이 결정될 수도 있기에 기획과정이 중요하다고 할 수 있다.

2) 프로그램 기획 단계

프로그램 기획 단계는 일반적으로 욕구와 자원분석, 설계, 실행, 평가 과정이 포함된다.

(1) 욕구와 자원분석: 욕구와 자원을 식별한다. 예를 들어, 청소년 상담 프로그램을 계획할 때 청소년의 주요 문제와 욕구를 분석하고, 이를 해결하기 위한 자원을 파악한다.
(2) 설계: 목적, 목표, 전략을 개발한다. 여기서 SMART 목표 설정 기법을 사용하여 명확하고 달성 가능한 목표를 수립한다.
(3) 실행: 계획을 실행하고 서비스를 제공한다. 예를 들어, 지역사회 중심의 건강 증진 프로그램은 정기적인 건강 검진과 건강 교육 세션을 포함할 수 있다.
(4) 평가: 프로그램의 효과성과 효율성을 평가하고 필요한 조정을 한다. 예를 들어, 실업자 재취업 프로그램은 참여자의 취업률과 만족도를 평가하여 개선 방안을 모색하게 된다.

2. 사회복지 전략기획

1) 비전 및 사명 선언문

비전과 사명 선언문은 전략 기획의 기본 요소라고 할 수 있다. 비전 선언문은 프로그램의 장기적인 열망을 설명하고, 사명 선언문은 목적과 기본 목표를 정의한다. 이들은 함께 의사결정과 전략적 방향을 안내한다. 예를 들어, 아동 보호 프로그램의 비전은 모든 아동이 안전하고 건강한 환경에서 성장하는 것이며, 사명은 이를 위한 보호와 지원 서비스를 제공하는 것으로 설정할 수 있다.

2) 환경 분석

환경 분석은 경제 동향, 인구통계학적 변화, 정치적 발전 등 프로그램에 영향을 미칠 수 있는 외부 요인을 분석하는 작업이다. 이 정보는 기회와 위협을 식별하고 전략기획 과정에 정보를 제공하는 데 도움이 될 수 있다. 예를 들어, 인구 고령화 추세는 노인 복지 프로그램의 확대 필요성을 시사할 수 있다.

3) SWOT 분석

SWOT 분석은 프로그램의 강점, 약점, 기회 및 위협을 평가하는 데 사용되는 도구이다. 즉, 프로그램의 내부 및 외부 환경에 대한 포괄적인 분석을 하고, 효과적인 전략개발을 하게 된다. 예를 들어, 소외 계층 지원 프로그램의 경우 강점으로는 기존의 네트워크와 자원을, 약점으로는 제한된 예산을, 기회로는 새로운 정부 보조금을, 위협으로는 자원의 경쟁을 제시할 수 있을 것이다.

3. 지역사회 요구사항 평가의 역할

1) 방법 및 도구

지역사회 요구사항 평가는 설문조사, 포커스 그룹 인터뷰, 공개 포럼 등 다양한 방법과 도구를 사용하여 수행할 수 있다. 이러한 접근 방식은 대상 인구의 요구 사항과 선호도에 대한 정성적, 정량적 데이터를 수집하는 데 도움이 된다. 예를 들어, 지역 아동 복지 프로그램을 위해 학부모와 교사를 대상으로 설문조사를 실시할 수 있을 것이다.

2) 이해관계자 참여

지역사회 구성원, 서비스 제공자, 정책 입안자를 포함한 이해관계자의 참여는 효과적인 요구사항 평가를 수행하는 데 필수적이다. 이해관계자의 참여는 분석 과정이 포괄적이고 투명하며 다양한 관점을 반영하도록 해 준다. 예를 들어, 노숙인 지원 프로그램 기획 시 노숙인 당사자, 지원 단체, 지역 공무원의 의견을 수렴하는 것은 좋은 프로그램을 개발하는 기초가 된다.

3) 데이터 수집 및 분석

데이터 수집 및 분석은 요구 사항 평가의 중요한 구성 요소이다. 인구통계, 서비스 이용률 등 정량적 데이터는 객관적인 통찰력을 제공하고, 개인 경험, 지역사회 피드백 등 정성적 데이터는 문제에 대한 더 깊은 이해를 할 수 있게 한다. 예를 들어, 장애인 접근성 개선 프로그램은 장애인의 서비스 이용 경험을 심층 인터뷰함으로써 분석할 수 있다.

4. SMART한 목적 및 목표 설정

SMART한 목적과 목표설정은 효과적인 프로그램 기획에 필수적이다. 각 프로그램의 목적과 목표는 다음과 같이 SMART하게 설정하여야 한다.

(1) 구체적(specific): 명확하게 정의되고 모호하지 않게 설정한다.

(2) 측정 가능(measurable): 진행 상황 측정 기준을 사용하여 수량화할 수 있도록 설정한다.

(3) 달성 가능(achievable 또는 attainable): 사용 가능한 자원 내에서 현실적이고 달성 가능한 목표여야 한다.

(4) 관련성(realistic & relevant): 프로그램의 사명과 우선순위에 부합한 목적과 목표여야 한다.

(5) 기한이 있음(time-bound): 완료를 위해 정의된 일정이 정해져 있어야 한다.

예를 들어, 청소년 비행 예방 프로그램의 목표는 "연간 10%의 청소년 비행률 감소"로 설정될 수 있을 것이다.

5. 효과적인 개입 설계

1) 증거 기반 실천

증거 기반 실천은 엄격한 연구와 평가를 통해 효과가 입증된 개입방법이다. 증거 기반 실천을 구현하면 사회복지 프로그램이 이용 가능한 최상의 증거를 기반으로 하여 성공 가능성을 높일 수 있다. 정신 건강 지원 프로그램을 운영하는 경우 임상 시험에서 효과가 입증된 치료법을 도입하는 것이 증거 기반 실천의 예가 된다.

2) 문화적 역량

효과적인 개입을 하려면 대상 집단의 문화적 배경, 가치, 신념을 이해하고 존중하는 문화적 역량이 필요하다. 문화적으로 유능한 프로그램은 다양한 지역사회의 고유한 요구 사항을 충족하도록 맞춤화되므로 수용되고 효과적일 가능성이 더 높다. 예를 들어, 이민자 지원 프로그램이 성공하려면 각 문화의 특수성을 고려한 서비스 제공이 필요하다.

3) 지속 가능성 고려 사항

지속 가능성 고려 사항에는 프로그램의 장기적인 실행 가능성에 대한 계획이 포함되어야 한다는 것이다. 프로그램이 지속적으로 운영되고 시간이 지남에 따라 목표를 달성할 수 있도록 자금 확보, 조직 역량 구축, 파트너십 개발 등을 고려하여야 한다. 예를 들면, 푸드뱅크 프로그램은 지역 기업과의 협력을 통해 지속적인 식료품 지원을 확보할 수 있도록 마련하여야 할 것이다.

6. 기획과정에서의 평가

1) 형성평가

형성평가는 프로그램의 계획 및 구현 단계에서 수행된다. 이는 개선이 필요한 영역을 식별하고 프로그램이 목표를 달성할 수 있는 궤도에 있는지 확인하기 위해 프로그램의 설계, 프로세스 및 활동을 평가하는 데 중점을 둔다. 따라서 형성평가는 과정평가에 해당한다고 할 수 있으며, 중간평가 때에 주로 활용되며 프로그램의 시행착오를 최소화하는 데 도움이 된다. 예를 들어, 취업 지원 프로그램은 초기 단계에서 참여자의 피드백을 반영하여 프로그램을 조정할 수 있게 된다.

2) 총괄평가

총괄평가는 프로그램 종료 시 전반적인 효과와 영향을 평가하기 위해 실시된다. 총괄평가는 결과를 측정하고 이를 프로그램의 목적 및 목표와 비교하며 확인된 요구 사항을 해결하는 데 있어서 프로그램의 성공 여부를 결정하는 작업을 포함한다. 따라서 총괄평과는 결과평가 성격을 지니며, 프로그램의 효과성 평가를 통하여 2차 연도의 프로그램이나 유사 프로그램을 개발하는 경우에 반영하기도 한다. 예를 들어, 가정 폭력 예방 프로그램을 평가하는 경우 참여 가정의 안전도와 만족도를 평가하는 것은 총괄평가에 해당된다.

제3절 프로그램 관리 및 운영자에게 필요한 역량

I. 필수 관리 기술

1) 리더십과 비전

효과적인 프로그램 관리에는 강력한 리더십과 명확한 비전이 필요하다. 리더는 직원에게 영감을 주고 동기를 부여해야 하며, 긍정적인 조직 문화를 구축하고, 사명과 목표를 달성하도록 프로그램을 안내해야 한다. 이를 위해 리더는 조직의 방향성을 제시하고, 비전을 통해 구성원들이 공동의 목표를 향해 나아가도록 격려해야 한다. 또한, 변화 관리 능력도 중요한데, 이는 예기치 않은 상황에서도 조직이 안정적으로 운영될 수 있도록 돕는다. 리더십은 단순히 지시하는 것을 넘어 구성원들과의 신뢰 구축을 통해 협력적인 환경을 조성하는 데 초점을 맞추어야 할 것이다.

2) 커뮤니케이션 및 대인관계 기술

의사소통과 대인관계 기술은 프로그램 관리자에게 매우 중요하다. 그들은 직원, 이해관계자 및 대상 집단과 효과적으로 의사소통하여 신뢰를 구축하고 협업을 육성할 수 있어야 한다. 이는 명확하고 일관된 메시지를 전달하는 능력뿐만 아니라, 적극적인 경청과 피드백을 통한 상호작용을 포함한다. 프로그램 관리자들은 다양한 커뮤니케이션 도구와 기술을 활용하여 정보를 전달하고, 갈등을 해결하며, 협력적인 관계를 구축해야 한다.

3) 재무 관리

재무 관리에는 예산 책정, 회계 및 재무 보고가 포함된다. 프로그램 관리자는 자원을 효율적으로 배정하고 프로그램이 예산 내에서 운영되도록 해야 한다. 재무관리는 비용 절감과 자원의 최적 활용을 목표로 하며, 정기적인 재무 분석과 보고를 통해 재정 상태를 지속적으로 모니터링해야 한다. 또한, 다양한 재정 자원을 확보하기 위한 전략도 필요하며, 기금 모금 활동이나 후원자와의 협력을 통해 재정적 안정을 유지하는 것이 중요하다.

2. 프로그램 구현 기술

1) 프로젝트 관리

사회복지 프로그램을 시행하기 위해서는 프로젝트 관리 기술이 필수적이다. 프로젝트 관리는 활동 계획, 조직 및 조정은 물론 진행 상황 모니터링과 발생하는 문제 해결을 포함한다. 이를 위해 프로젝트 목표 설정, 일정 관리, 자원 배분, 리스크 관리 등이 필요하다. 또한, 효과적인 프로젝트 관리를 위해서는 팀 구성원 간의 협력이 중요하며, 이는 프로젝트의 성공적인 완료를 보장하는 데 중요한 요소이다.

2) 자원 배정

자원 배정은 자금, 직원, 자료 등의 자원을 프로그램의 여러 부분에 배정하는 작업이다. 효과적인 자원 배정은 프로그램의 모든 측면이 성공하는 데 필요한 지원을 제공하도록 보장한다. 이는 자원의 효율적인 사용과 배분을 통해 프로그램의 성과를 극대화하는 것을 목표로 한다. 또한, 자원 배정의 우선순위를 정하고, 자원의 부족을 최소화하기 위한 전략을 마련하는 것도 중요하다.

3) 모니터링 및 보고

모니터링과 보고는 프로그램 진행 상황을 추적하고 책임을 보장하는 데 중요하다. 프로그램 관리자는 정기적으로 데이터를 수집 및 분석하고 결과를 보고하며 성과 개선을 위해 필요에 따라 조정을 수행해야 한다. 이는 프로그램의 효과성을 평가하고, 목표 달성 여부를 확인하며, 향후 개선점을 도출하는 데 중요한 역할을 한다. 또한, 모니터링 결과를 통해 프로그램의 방향성을 재조정하고, 성과를 지속적으로 향상시킬 수 있는 기반을 마련해야 한다.

3. 전문적이고 윤리적인 역량

1) 윤리 강령

프로그램 관리자와 운영자에게는 윤리강령을 준수하는 것이 필수적이다. 윤리적 지침은 공정하고 투명하며 대상 집단의 최선의 이익을 위한 결정을 내릴 수 있는 틀을 제공하게 된다. 이는 프로그램 운영 과정에서 발생할 수 있는 윤리적 딜레마를 해결하고, 모든 이해관계자들이 신뢰할 수 있는 환경을 조성하는 데 기여하게 된다. 윤리적 기준을 준수함으로써 프로그램의 신뢰성과 정당성을 확보할 수 있다.

2) 전문적 기준

전문 표준은 프로그램 관리자와 운영자에게 기대되는 행동과 역량을 나타낸다. 이러한 표준은 프로그램이 효과적으로 관리되고 직원이 유능하고 잘 훈련되었는지 확인하는 데 도움이 된다. 이는 지속적인 교육과 훈련을 통해 전문성을 향상시키고, 프로그램의 질을 유지하는 데 중요한 역할을 한다. 또한, 전문적 기준을 준수함으로써 프로그램의 일관성과 품질을 보장할 수 있게 된다.

3) 윤리적 의사결정

윤리적 의사결정에는 의사결정과 행동의 윤리적 의미를 고려하는 것이 포함된다. 프로그램 관리자는 윤리적 딜레마를 식별하고, 잠재적인 결과를 평가하고, 윤리 원칙에 부합하는 조치 과정을 선택할 수 있어야 한다. 이는 프로그램의 모든 활동이 윤리적으로 진행되도록 보장하며, 이해관계자들의 신뢰를 유지하는 데 중요한 역할을 한다. 윤리적 의사결정을 통해 프로그램의 정당성과 투명성을 확보할 수 있으며, 장기적으로 프로그램의 성공과 지속 가능성을 높일 수 있다.

제2장
좋은 프로그램 개발의 요건과 원칙

학습목표

1. 좋은 프로그램의 특징을 설명할 수 있다.
2. 논리모델의 개념과 구성요소를 설명하고 프로그램 개발과정에서 논리모델을 활용할 수 있다.
3. 프로그램 기획의 절차를 설명할 수 있다.

제1절 좋은 프로그램의 특징

좋은 프로그램이 갖추어야 할 특징을 사용자 중심 설계, 명확한 목표 설정, 증거 기반 접근 방식, 효율성과 지속 가능성, 평가 및 개선 등으로 나누어 설명하면 다음과 같다.

I. 사용자 중심 설계

일반적으로 좋은 프로그램은 사용자 중심 접근 방식으로 설계된다. 예를 들면, 노인복지관에서는 노인들이 스마트폰 사용 시 겪게 되는 노인들의 어려움을 해결하기 위해 맞춤형으로 '스마트폰 사용 교육 프로그램'을 설계할 수 있을 것이다. 참가자의 요구와 피드백을 반영하여 사용자 중심으로 설계할 수 있다. 프로그램을 설계하기 전에 잠재적 참여자와의 설문 조사 및 인터뷰 등 철저한 요구사항 평가를 수행함으로써 프로그램은 노인의 특정 문제와 선호도를 정확하게 해결할 수 있다. 지속적인 사용자 피드백은 프로그램을 반복적으로 개선하고 신체적, 심리적, 경제적 장벽을 최소화하여 접근성을 높이는 데 도움이 된다. 높은 사용자 만족도를 보장하는 것은 프로그램의 효율성과 관련성을 나타내므로 매우 중요하다.

노인복지관에서 설문조사를 통해 많은 노인 회원들이 기본적인 스마트폰 기능 사용에 어려움을 겪고 있다는 사실을 알게 되었다면, 노인복지관 사회복지사는 전화 걸기, 메시지 보내기, 긴급 앱 사용 등 필수 기능을 중점적으로 다루는 프로그램을 개발할 것이다. 참여자들의 피드백을 통해 소셜 미디어 사용 및 온라인 안전에 대한 추가 세션도 마련할 수 있을 것이다.

2. 명확한 목표 설정

명확하고 구체적인 목표 설정은 모든 프로그램의 성공에 필수적인 요소이다. 예를 들면, 청소년을 위한 방과 후 보육 프로그램의 목표로 "청소년의 학습을 지원하고 사회적 기술을 향상시키는 것"으로 정하는 경우, 프로그램이 달성하고자 하는 목표를 명확하고 측정 가능한 용어로 정의하여야 한다. SMART 기준(구체적, 측정 가능, 달성 가능, 관련성, 시간제한)을 사용하면 목표를 실용적이고 실행 가능하도록 설정할 수 있다. 예를 들면, 목표로 "프로그램 종료 후 참여 학생들의 수학 점수를 10% 향상시키는 것"으로 설정할 수 있다. 시험 점수나 출석률과 같은 정확한 성과 지표를 설정하면 프로그램 목표를 효과적으로 달성하기 위한 지속적인 평가와 조정이 가능하게 된다.

예를 들어 청소년 방과 후 프로그램이 6개월 동안 참여자들의 수학 점수를 10% 향상시키는 목표를 세웠다고 하자. 프로그램에는 매일 수학 튜터링을 진행하며, 월별 평가를 통해 학생들의 성적 향상 여부를 모니터링한다. 3개월 후 학생들의 피드백과 성적 데이터를 바탕으로 프로그램을 조정할 수도 있을 것이다.

3. 증거 기반 접근 방식

증거 기반 접근 방식은 프로그램의 효율성과 신뢰성을 보장할 수 있다. 예를 들면, 지역사회 정신 건강 프로그램은 엄격한 연구를 통해 효과가 입증된 치료법을 채택하여야 한다. 증거 기반 실천은 과학적 연구 및 데이터를 기반으로 한 프로그램을 설계하고 구현하여 사용된 개입이 경험적 증거에 의해 뒷받침되도록 보장하여야 한다. 기존 연구와 데이터를 검토하면 프로그램에 모범 사례와 입증된 전략이 통합되어 신뢰성을 향상시킬 수 있다. 정기적인 데이터 분석과 프로그램 평가는 영향을 평가하고, 개선 영역을 식별하고, 프로그램의 이론적 기반을 검증하는 데 도움이 된다.

예를 들면 청소년을 위한 정신 건강 프로그램에서 불안과 우울증 관리에 효과적인 인지 행동 치료(CBT) 기법을 사용하는 경우에 참여 전후의 설문조사와 피드백을 통해 프로그램의 효율성을 지속적으로 평가할 수 있을 것이다.

4. 효율성과 지속 가능성

프로그램은 자원을 효율적으로 사용하고 장기적으로 지속 가능해야 한다. 예를 들면, 저소득층을 위한 식량 지원 프로그램을 유지하기 위해 기부금과 자원봉사 활동에 의존할 수 있다. 프로그램의 영향을 극대화하기 위해 인적, 재정적, 물적 자원을 최적으로 활용하는 것이 필요하다. 비용 효율성은 프로그램이 최소한의 지출로 목표를 달성하여 경제적으로 실행 가능하도록 한다. 재정적 안정성과 지속적인 자원 가용성에 입각한 지속 가능성은 프로그램이 계속해서 운영되고 변화하는 요구에 적응할 수 있게 한다. 예산 관리는 재정적 건전성을 유지하고 프로그램의 수명을 보장하는 데 매우 중요하다.

푸드뱅크 운영 프로그램은 지역 기업과 협력하여 음식 기부를 받고, 배분을 위해 자원봉사자를 모집하여 비용을 최소화하려고 한다. 또한, 장기적인 지속 가능성을 보장하기 위해 보조금 신청 및 커뮤니티 모금 행사를 조직하기도 한다.

5. 평가 및 개선

지속적인 평가와 개선은 프로그램의 품질을 향상시키는 데 필수적이다. 예를 들면, 직업 훈련 프로그램 진행 시 핵심 참여자로부터 피드백을 수집하여 개선이 필요한 영역을 식별할 수 있다. 모니터링은 프로그램 활동을 지속적으로 관찰하고 기록하는 작업을 포함하며, 진행 상황을 추적하고 문제를 조기에 식별하는 데 도움이 된다. 피드백 루프를 통해 프로그램은 사용자 피드백을 후속 반복에 통합하여 지속적인 개선 문화를 조성할 수 있다. 개선 계획 수립은 식별된 문제를 분석하고 이를 해결하기 위한 구체적인 전략을 고안하는 작업이다. 성과 평가는 프로그램이 목표를 얼마나 잘 달성했는지 평가하여 향후 개선을 위한 귀중한 통찰력을 제공하고 프로그램이 효과적이고 관련성을 유지하는지 확인하는 과정이다.

예를 들면 장애인을 위한 직업 훈련 프로그램에서 참여자 피드백을 기반으로 커리큘럼과 교육 방법을 개선할 수도 있다. 참여자 설문조사와 포커스 그룹을 통해 수집된 피드백을 분석하여 개선이 필요한 영역을 식별하고, 이를 반영한 수정 계획을 작성한다.

제2절 프로그램 개발과 논리 모델

1. 논리 모델의 개념과 중요성

논리 모델은 프로그램의 구조와 기능을 시각적으로 나타내 주는 도구이다. 예를 들면, 아동 비만 예방 프로그램의 논리 모델에는 건강한 식습관 및 신체 활동 증진에 관한 교육 활동이 포함될 수 있다. 논리모델을 통하여 프로그램의 투입, 활동, 산출, 성과 및 영향을 설명하고 프로그램의 작동 방식을 명확히 할 수 있다. 프로그램을 뒷받침하는 이론적 틀은 확립된 이론에 기초함으로써 그 타당성을 강화한다. 프로그램 논리는 프로그램의 구조와 작동에 대한 이론적 근거를 설명하는 데 도움이 된다. 개념적 모델은 핵심 요소와 그 관계를 보여주어 프로그램 설계에 대한 명확한 그림을 제공해 준다. 중요성 분석은 프로그램 목표 달성에 있어서 각 구성 요소의 중요성을 평가한다.

예를 들면, 지역사회 건강 프로그램의 논리 모델에는 투입(자금, 직원), 활동(영양 교육 워크숍), 산출(진행된 워크숍 수, 참석자 수), 단기 성과(건강한 식습관에 대한 지식 증가), 장기적 영향(지역사회 비만율 감소)이 포함될 수 있을 것이다.

2. 논리 모델의 구성 요소

1) 투입

투입물은 멘토, 예산, 교육 자료 등 프로그램의 활동에 필요한 자원 및 요소이다. 예를 들면, 멘토링 프로그램의 투입에는 자격을 갖춘 멘토, 이벤트 자금 조달 및 교육 리소스가 포함될 수 있다. 이러한 투입은 모든 프로그램 활동의 기초를 형성하므로 이를 효과적으로 보호하고 관리하는 것이 필수적이다. 적절한 계획과 투입 계획은 프로그램이 원활하게 작동하는 데 필요한 지원을 제공하도록 보장한다.

예를 들면 멘토링 프로그램은 지역 기업으로부터 자금을 확보하고, 훈련된 멘토를 모집하며, 인지된 커리큘럼에서 교육 자료를 투입으로 사용하게 된다.

2) 활동

활동은 멘토링, 워크숍, 세미나 등 프로그램 내에서 수행되는 특정 활동이다. 하나의 프로그램은 2~3개의 세부 프로그램으로 구성할 수 있으며, 각각의 세부 프로그램은 여러 개의 활동을 포함할 수 있다. 이러한 활동은 확인된 요구 사항을 해결하고 프로그램 목표를 달성하기 위해 고안된다. 예를 들면, 멘토링 프로그램은 일대일 지도, 그룹 토론, 기술 구축 연습을 활동으로 포함할 수 있을 것이다. 이러한 활동의 효율성은 프로그램이 원하는 결과를 달성하는 데 직접적인 영향을 미치게 된다. 활동을 정기적으로 모니터링하고 조정하면 프로그램 목표와의 관련성과 영향력을 유지할 수 있다.

예를 들면 멘토링 프로그램은 주간 일대일 세션을 포함하여 학업 지원, 생활 기술 교육, 직업 지도에 중점을 둘 수 있다. 또한, 월간 그룹 활동을 조직하여 사회적 기술을 개발하기도 한다.

3) 산출

산출물은 멘토링 진행 횟수, 참가자 수 등 프로그램 활동의 즉각적인 결과를 나타낸다. 산출물은 활동 내용에 대한 자원의 투입 결과이며, 프로그램의 진행에 대한 실질적인 증거를 제공한다. 예를 들면, 진행 횟수와 참여자 수를 문서화하면 프로그램의 규모와 범위를 평가하는 데 도움이 된다. 결과물도 중요하지만 프로그램이 참여자에게 미치는 영향을 이해하기 위해서는 결과를 평가하여 보완해야 한다.

예를 들면 멘토링 프로그램이 50회의 멘토링 세션을 진행했으며, 각 세션에는 평균 30명의 참여자가 참석했다는 것이 산출이 된다.

4) 성과

성과는 멘토링 프로그램에서 학업 성취도 향상, 사회적 기술 향상 등 프로그램 활동으로 인해 발생하는 단기 및 장기 변화를 의미한다. 성과는 프로그램이 참여자의 삶에 의미 있는 변화를 가져오고 있는지 여부를 나타낸다. 성과 측정을 위해서는 참여 전후의 행동, 지식, 기술, 태도의 변화를 추적하는 작업이 필요하다. 이러한 측정은 프로그램의 효율성을 입증하고 향후 개선을 위한 통찰력을 제공하는 데 도움이 된다.

예를 들면 프로그램 진행 6개월 후, 참여자들은 학업 성적이 15% 향상되었으며, 자기 자신감과 의사소통 능력이 증가했다는 것은 성과가 있음을 의미한다.

5) 영향

영향은 청소년 범죄율 감소, 긍정적인 지역사회 변화 등 지역사회나 사회에 대한 프로그램의 더 광범위하고 장기적인 효과를 의미한다. 영향은 장기간에 걸쳐 관찰되는 경우가 많으며 더 큰 사회적 목표에 대한 프로그램의 기여를 반영한다. 외부 요인의 영향으로 인해 영향을 측정하는 것이 어려울 수 있지만, 잠재적인 영향을 이해하면 장기 목표를 설정하고 이해관계자의 지원을 확보하는 데 도움이 된다.

예를 들면 멘토링 프로그램을 통하여 3년 동안 지역 청소년 범죄율을 10% 감소시키고, 더 지원적인 지역사회 환경을 조성하는 데 기여한 것이 프로그램의 영향이라고 할 수 있다.

3. 논리 모델 생성 절차

1) 상황 분석

상황 분석은 프로그램이 해결하려는 요구 사항을 식별하고 이해하는 것이다. 이 분석은 프로그램 설계의 출발점으로, 문제와 그 맥락을 정의하는 데 도움이 된다. 대상 인구에 대한 데이터 수집, 기존 서비스의 격차 식별, 사용 가능한 자원 평가를 통하여 상황 분석을 하게 된다. 이러한 포괄적인 이해는 적절하고 효과적인 프로그램의 개발로 이어지게 된다.

노숙자 지원 프로그램을 개발하는 경우 노숙자 인구의 구체적인 요구 사항을 조사하는 것으로 시작하여, 설문조사, 인터뷰 및 기타 방법을 통해 데이터를 수집하고, 이를 분석하여 가장 시급한 요구 사항을 파악하는 것이 상황 분석에 해당한다.

2) 목표 설정

목표 설정은 프로그램이 달성하려는 구체적인 목표를 정의하는 것이다. 명확한 목표는 성공을 평가하기 위한 방향과 기초를 제공하게 된다. 예를 들면, 방과후 프로그램의 목표는 학생들의 학업 성취도와 사회적 능력을 향상시키는 것일 수 있다. 목표는 확인된 요구 사항과 일치해야 하며 구체적이고, 측정 가능하고, 달성 가능하고, 관련성이 있고, 기한이 정해져 있어야 한다(SMART). 방과후 프로그램을 개발할 때 학생들의 성적을 15% 향상시키고, 구조화된 활동을 통해 사회적 기술을 향상시키는 것을 목표로 설정할 수 있다.

3) 투입 할당

투입 할당은 각 활동별 프로그램을 구현하는 데 필요한 자원을 배정하는 것을 의미한다. 즉, 투입은 물적 자원, 인적 자원, 물리적 시설 및 정보 자료를 세부 활동 과정에 할당하는 것을 의미한다. 계획된 활동을 실행하고 원하는 결과를 달성하려면 적절한 투입이 이루어져야 한다. 이러한 투입의 가용성과 적절한 관리를 보장하는 것은 프로그램 계획의 핵심이 된다.

예를 들면 방과후 프로그램을 운영하려면 자금을 확보하고, 자격을 갖춘 교사를 모집하며, 교육 자료와 시설을 준비하여야 하는데, 각 활동에 자원을 배정하는 것이 투입 할당인 것이다.

4) 활동

활동 계획은 프로그램 목표를 달성하기 위해 수행할 특정 작업과 조치의 개요를 포함한다. 여기에는 워크숍, 멘토링, 교육 이벤트 및 기타 활동에 대한 세부 계획 개발이 필요하다. 활동은 확인된 요구 사항을 해결하도록 설계되어야 하며, 사용 가능한 자원과 기간 내에서 실행 가능해야 한다.

예를 들면 방과후 프로그램의 경우 매일 튜터링, 주간 사회 기술 워크숍 및 월간 그룹 활동을 계획할 수 있을 것이다.

5) 결과 예측

프로그램 활동으로 인해 예상되는 변화와 이점을 예측하는 것이 결과 예측이다. 이 단계는 현실적인 기대치를 설정하고 평가 프로세스를 준비하는 데 도움이 된다. 예상 결과는 프로그램의 목표와 일치해야 하며 평가를 용이하게 하기 위해 측정 가능해야 한다. 이러한 예측을 정기적으로 재검토하고 개선하면 프로그램 효과가 향상될 수 있을 것이다.

예를 들면 방과후 프로그램의 경우, 학업 성적 향상, 자기 자신감 증가, 사회적 상호작용 향상 등을 예상하면서 프로그램을 개발하여야 한다.

4. 논리 모델을 사용한 프로그램 설계

논리 모델은 프로그램 설계의 귀중한 도구로, 투입, 활동, 산출, 결과 및 영향 간의 관계를 명확히 하는 데 도움이 된다. 예를 들면, 가족 지원 프로그램의 경우 도움이 필요한 가족을 위한 경제적, 정서적 지원 활동이 포함될 수 있다. 논리 모델은 서로 다른 프로그램 구성 요소 간의 연결을 명시적으로 만들어 효과를 최대화하는 방식으로 프로그램을 구성하는 데 도움이 된다. PERT 차트, 간트 차트 및 다양한 모델링 기술과 같은 도구를 논리 모델과 함께 사용하여 프로그램 작업을 시각화하고 계획할 수 있을 것이다.

예를 들면 가족 지원 프로그램의 경우 논리 모델을 사용하여 자원(자금, 직원) 투입, 활동(재정 상담, 정서적 지원 그룹), 산출(세션 수, 가족 수), 성과(재정 안정성 향상, 정서적 웰빙 향상), 영향(강한 가족 단위, 지역사회 스트레스 감소) 간의 관계성을 체계화한다.

5. 논리 모델을 사용한 평가 계획

논리 모델은 또한 평가 계획을 용이하게 한다. 예를 들면, 청소년 방과후 프로그램을 평가할 때 참여율, 학업 성취도와 같은 지표에 초점을 맞출 수 있다. 평가 계획에는 프로그램의 효과성을 평가하기 위한 구체적인 단계와 방법이 설명되어 있다. "프로그램이 목표를 달성했는가?"와 같은 주요 평가 질문과 평가 과정을 찾을 수 있다. 정확한 평가를 위해서는 명확한 지표를 설정하고 관련 데이터를 수집하는 것이 필수적이다. 설문조사, 인터뷰, 관찰 등 다양한 평가 방법을 사용하여 프로그램 성과에 대한 포괄적인 데이터를 수집할 수 있을 것이다.

예를 들면 청소년 방과후 프로그램의 평가 계획에 참여율 추적, 학업 성취도 모니터링, 학생 및 학부모 설문조사를 통한 프로그램 영향 평가를 활용할 수 있을 것이다.

제3절 프로그램 기획의 절차

1. 요구사항 평가

프로그램 기획의 첫 번째 단계는 요구사항 평가를 수행하는 것이다. 예를 들면, 노숙자 지원 프로그램은 노숙자 인구의 구체적인 요구 사항을 조사하는 것으로부터 시작할 수 있다. 대상 집단의 요구사항을 이해하기 위해 설문조사, 인터뷰 및 기타 방법을 통해 데이터를 수집하는 작업을 진행할 수 있다. 이 데이터를 분석하면 기존 서비스의 격차를 파악하고 긴급성과 타당성에 따라 요구사항의 우선순위를 지정하는 데 도움이 된다. 이 프로세스를 통해 프로그램은 가장 중요한 문제를 효과적으로 해결할 수 있게 된다.

예를 들면 노숙자 지원 프로그램은 설문 조사와 인터뷰를 통해 노숙자 인구의 주요 요구 사항을 수집하고, 이 데이터를 분석하여 주거, 건강 관리, 취업 지원 등의 가장 시급한 요구 사항을 파악할 수 있게 된다.

2. 목표 설정 및 전략 계획

목표 설정과 전략 계획은 프로그램의 방향과 전략을 정의한다. 예를 들면, 환경 보호 프로그램은 "지역 환경 보존을 촉진하고 지역사회 참여를 늘리는 것"을 목표로 할 수 있다. 명확하고 구체적인 목표를 설정하면 프로그램 활동에 대한 로드맵을 쉽게 만들 수 있다. 전략적 계획에서는 필요한 자원, 일정 및 책임의 개요를 포함하여 이러한 목표를 달성하기 위한 세부 계획을 개발하여야 한다. 효과적인 전략 계획은 모든 활동이 전반적인 목표와 일치하도록 보장함으로써 프로그램 성공 가능성을 높이게 된다.

예를 들면 환경 관련 프로그램을 개발하는 경우 1년 안에 지역사회에서 1,000

그루의 나무를 심는 목표를 세우고, 이를 위해 자원봉사자 이벤트 조직, 자금 확보, 지역 학교와의 협력을 계획할 수 있을 것이다.

3. 실행 계획 개발

실행 계획에는 프로그램 실행을 위한 구체적인 단계가 자세히 설명되어야 한다. 예를 들면, 청소년 자원봉사 프로그램은 자원봉사 활동의 장소, 시간, 성격을 포함한 활동이 계획되어야 한다. 실행 계획에는 작업 할당, 일정, 위험 관리 전략 및 프로그램 실행에 대한 자세한 지침을 포함하여야 한다. 원활한 프로그램 운영을 위해서는 효과적인 일정 관리와 자원 배정이 중요하다. 잘 구성된 실행 계획을 세우면 모든 팀 구성원이 자신의 역할과 책임을 명확히 알 수 있어 조정과 효율성이 촉진된다.

예를 들면 청소년 자원봉사 프로그램의 경우 월간 지역사회 청소 활동을 계획하고, 장소, 필요한 자재, 자원봉사자의 역할 등을 상세히 나타낼 수 있도록 개발하여야 한다.

4. 모니터링 및 평가 계획

모니터링과 평가는 프로그램의 성공을 평가하는 데 필수적이다. 예를 들면 어린이를 위한 교육 프로그램은 학업 성취도와 참여율을 기준으로 평가할 수 있다. 모니터링에서는 진행 상황을 추적하고 문제를 식별하기 위한 프로그램 활동을 지속적으로 관찰하고 문서화하는 작업이 이루어진다. 평가 계획에는 프로그램의 효과성을 평가하기 위한 방법과 기준이 설명되어 있어야 한다. 핵심 성과 지표와 중간 평가 결과는 필요에 따라 프로그램의 방향과 전략을 조정하는 데 활용하기도 한다. 피드백 시스템을 통하여 사용자 피드백을 수집하고 통합하여 프로그램을 지속적으로 개선할 수 있게 된다.

예를 들면 모니터링 및 평가 계획에 의거 학생 출석과 성적을 추적하고, 정기 평가와 설문조사를 통해 프로그램의 효과를 모니터링하고 개선할 수 있게 된다.

5. 프로그램 조정 및 개선

프로그램의 효율성을 유지하려면 정기적인 조정과 개선이 필요하다. 예를 들면, 장애인을 위한 직업 훈련 프로그램은 참여자 피드백을 기반으로 개선될 수 있다. 피드백을 분석하여 개선이 필요한 영역을 식별하고 이러한 문제를 해결하기 위한 구체적인 수정 계획을 작성한다. 강화 전략에는 교육 자료 업데이트, 프로그램 활동 조정 또는 새로운 자원 통합이 있을 수 있다. 프로그램의 정기적인 업데이트를 통해 참가자의 요구 사항을 더 충족시킬 수 있다.

예를 들면 장애인 직업 훈련 프로그램은 참가자 피드백을 바탕으로 커리큘럼과 훈련 방법을 업데이트하여 프로그램의 효과와 관련성을 유지할 수 있게 된다.

제2부

프로그램 개발과 실행

제3장 사회문제와 욕구 분석

학습목표

1. 사회문제 유형을 구분하고 사회문제를 분석할 수 있다.
2. 욕구의 유형을 이해하고 욕구 조사 방법을 설명할 수 있다
3. 사회복지 프로그램 대상자 선정에 대해 이해한다.

무엇을 혹은 어떤 문제를 사회복지 프로그램 개발에서의 사회문제로 볼 것인가는 중요한 요소이다. 사회복지 프로그램 개발은 사회문제를 인식하는 데서부터 시작한다고 할 수 있다. 또한 사회문제를 해결을 위한 복지 욕구로 전환하고, 관련 프로그램 수행 대상자를 선정함으로써 사회복지 프로그램 개발의 실제적인 과정이 전개된다. 이 장에서는 사회문제 분석과 특성, 욕구 분석, 대상자 선정에 대해서 파악하도록 한다.

제1절 사회문제

I. 사회문제 개념과 특성

사회복지 프로그램 개발은 우리 사회에 존재하는 사회문제 중에서, 많은 사람이 사회복지 차원에서 해결되고 복지 서비스가 행해져야 한다고 하는 사회문제 인식에서 출발한다. 그렇다면 많은 사람이 사회복지 차원에서 해결되길 바라는 사회문제는 무엇인가? 사회문제에 대한 명확한 인식은 사회복지 프로그램 개발에 중대한 영향을 준다. 사회문제에 대한 명확한 인식과 정의가 이뤄지지 않으면 프로그램 개발의 목표 설정도 애매할 수 있고, 결국 대상자 수요와 욕구 만족을 가져오는 프로그램 개발 및 수행이 어려울 수 있다. 그러므로 사회복지 프로그램 개발에 앞서 사회문제에 대한 명확한 기술이 필요하다.

사회문제에 대한 명확한 기술은 프로그램 목표를 설정하고 프로그램 개발의 필요성을 밝히는 기초가 된다. 사회문제라고 기술하기 위해서는 몇 가지 요건이 필요하다(최일섭 외, 1994). 사회적 원인, 사회적 가치 이탈, 다수의 문제 인식, 개선 위한 사회적 개입 필요가 그 요건이라고 한다.

첫째, 사회적인 원인을 가진 문제여야 한다. 문제의 원인이나 전반적인 문제의 특성이 사회로부터 기인해야 한다는 것이다. 태풍 지진과 같은 자연재해를 원인으로 하는 문제는 사회문제에 포함되지 않는다. 그러나 만약 태풍 홍수라는 재해로 인해 주택이나 지역사회 기반 시설이 침수되었는데, 이에 대한 적절한 대책이 시행되지 않아서 지역주민들이 체육관 같은 곳에서 공동으로 생활해야 하는 기간이 길어지고 있고, 이차적인 문제들(질병 감염, 폭력 등)이 발생한다면 이것은 사회문제로 봐야 한다. 또한 소아 비만의 경우에 아동 개인이 식단조절을 하지 못했거나 운동이 부족해서라고 개인적인 문제라고 할 수 있지만, 우리나라 아동의 과도한 사교육 집중과 충분한 아동 여가 운동 시설이 부족한 것 때문이라고 본다면 이것은 사회문제일 수 있다. 청소년 우울 증가도 같은 맥락에서 사회문제에 해당한다고 볼 수 있다.

둘째, 사회적 가치에서 벗어나는 것이다. 사회의 지배적 가치나 규범을 어기는 것이 사회문제라는 것이다. 청소년 흡연과 임신, 아동학대 등은 일반적인 사회적 가치와 규범에 어긋나는 행동이므로 이는 사회문제라고 본다.

셋째, 다수의 사람이 문제로 보는 현상이다. 사회구성원이나 정치가, 학자 등 일부 사회적으로 영향력 있는 사람들이 사회문제로 판단하는 경우이다. 저출산 고령화 문제, 빈익빈 부익부 경제 양극화 문제가 여기에 해당한다.

넷째, 개선 위한 사회적 개입이 필요한 것이다. 개인이나 가족 차원에서의 개입과 노력으로 사회문제가 해결될 수 없고, 다수의 사람에게 부정적인 영향을 미치고 문제가 되기 때문에 사회적 차원에서 개입과 지원이 필요한 것이다. 환경오염과 지구 온난화 문제가 여기에 해당한다.

위 네 요건이 사회문제 기술에 필요 충족 요건은 아니다. 예를 들어, 지진 발생이 자연적인 원인이긴 하지만, 이로 인하여 그 지역사회 대다수 많은 사람이 외상후 스트레스를 겪는 경우를 가정하면, 자연재해 때문이므로 사회문제가 아니라고 하기에는 매우 어려운 문제이다. 비록 자연 발생이 원인이라 하더라고, 대다수 많은 사람이 힘들어하는 문제 현상이 있다면 사회문제라고 봐야 한다. 또한 시대적 상황이나 문화 흐름에 따라 어느 시기에는 사회문제로 인식되었던 것이 어느 시기에는 일반적인 현상으로 이해되는 때도 있고, 그 반대의 경우도 있을 수 있다. 예를 들어 길거리 흡연의 경우, 과거에는 문제시되지 않았지만, 최근에는 경범죄로 처벌을 받는 사회문제가 되었다. 그러므로 사회복지사는 사회문제에 대한 객관적인 민감성을 지키려고 노력해야 한다. 아동학대도 마찬가지로 과거에는 가정 내 훈육의 범주로 간주하였으나, 지금은 폭력 범죄 처벌의 대상이 된다. 결론적으로 사회문제는 '상당히 많은 사람으로부터 가치관에 어긋나고, 자신들의 삶과 사회에 위협이 된다고 믿어 개선할 필요가 있다고 동의하는 어떤 사회적 조건'(고성호, 2008)과 '많은 사회구성원에게 영향을 미치는 바람직하지 않은 조건'(정문성, 2014)이라고 요약 정의할 수 있다.

2. 사회문제의 유형

문제의 원인이나 성격에 따라 학자마다 다양하게 사회문제를 분류하고 유형화하였다. 기존 학자들이 제시한 사회 문제의 유형을 살펴봄으로써 사회문제에 대한 분류와 구조화를 할 수 있다(황성철, 2011).

1) 머튼과 니스벳(Merton & Nisbet, 1976)

머튼과 니스벳은 사회문제를 사회 해체와 일탈행위로 구분하여 크게 두 가지로 유형화하였다. 사회 해체 문제에는 인구문제, 인종 문제, 가족해체, 노동과 자동화 문제, 빈곤 문제, 지역사회 해체 및 갈등과 폭력 등이 해당한다. 일탈행위 문제에는 정신장애, 범죄 및 청소년 비행, 약물 중독, 알코올 중독, 자살, 성 문제 등이 해당한다.

2) 최일섭과 최성재(1995)

사회문제를 '사회변동, 불평등, 일탈'을 기준으로 하여 세 가지로 구분하였다. 첫째 사회변동 또는 사회 해체 문제이다. 여기에는 가족 문제, 환경문제, 노인 문제가 포함된다. 둘째, 사회적 불평등 문제이다. 빈곤 문제와 성차별 문제, 노사문제가 해당한다. 셋째, 사회적 일탈 문제이다. 청소년 비행 문제, 범죄 문제, 성폭력 문제, 약물중독 문제, 정신건강 문제가 있다.

3) 최선화(2008)

사회문제를 '사회구조와 취약계층(대상자)' 측면에서 두 가지로 구분하였다. 첫째, 사회구조적 문제이다. 빈곤 문제, 노동문제, 범죄 문제, 주택 문제는 사회구조적인 문제라는 것이다. 둘째, 취약계층, 즉 대상자 측면에서의 문제이다. 가족문제, 아동문제, 청소년 문제, 장애인 문제, 여성문제, 노인문제, 다문화가족 문제가 해당한다.

4) 아이짼과 진(Eitzen & Zinn, 1992)

아이짼과 진은 '사회규범 위반과 정신적 고통' 기준으로 사회문제를 두 개로 유형화하였다. 첫째, 사회의 규범과 가치를 위반하는 행동과 조건이다. 범죄, 정신 질병, 약물 중독 등이 해당한다. 둘째, 정신적·물질적 고통을 일으키는 사회적으로 형성된 조건이다. 빈곤 문제, 인종 및 성차별문제, 노인 문제, 가족 문제, 건강 보호 문제 등이 있다.

5) 헨슬린(Henslin, 1990)

헨슬린은 사회문제를 '일탈, 불평등, 사회변화' 측면에서 세 개로 유형화하였다. 첫째, 사회적 상황에서의 일탈 행동이다. 성적 일탈행위, 알코올·약물 중독, 강간, 살인, 범죄 등이 여기에 해당한다. 둘째, 사회적 불평등이다. 부와 빈곤, 인종차별, 성차별, 신체 및 정신건강 문제가 있다. 셋째, 사회변화와 거대문제이다. 가족 변화, 도시문제, 인구 및 식량문제, 환경문제, 전쟁, 테러리즘 등이 있다.

위 학자들의 분류를 통해, 인간이 누려야 할 기본적인 권리를 심각하게 침해하거나 나아가 인간으로 사는 삶을 영위하기 위한 기본적인 욕구 결핍을 초래하는 구조적, 일탈적, 불평등적인 측면에서 다양한 사회문제 들이 존재함을 알 수 있다. 사회복지사는 우리 사회에 크건 작건 존재하는 다양한 사회문제에 대하여 복지 프로그램 개입을 통해 해결하고자 하는 의지를 가지고 관심 있게 접근할 필요가 있다.

3. 사회문제의 분석

1) 사회문제의 원인 분석

사회문제는 다양한 원인에 의해 발생한다. 폭력, 자살, 빈곤, 저출산 등의 사회문제는 여러 원인이 복합적으로 작용하여 발생하는 현상이다. 그러므로 사회복지 프로그램에서 문제해결을 위해 사회문제 원인을 무엇으로 보느냐 하는 사회문제 분석이 관건이다.

예를 들어 'N포 세대(경향신문. 2019) 문제 원인을 청년들이 너무 쉽게 자포자기하는 성향이라고 치부할 수도 있지만, 반대로 저성장 경제 구조나 사교육비 과다 지출의 사회 문화 현상이 그 원인이라고도 할 수 있다. 'N포 세대'의 원인을 어떻게 분석하는가(청년의 개인적 성향 또는 저성장 경제)에 따라 사회복지 프로그램(청년 취업 동기부여 프로그램 또는 청년 공공형 일자리 창출 프로그램)을 다르게 시행할 수 있다.

2) 사회문제의 분석내용

사회문제 분석내용은 몇 가지로 요약해 볼 수 있다. 첫째, 사회문제 현상과 원인에 대한 분석이다. 문제분석에서 어떠한 일이 일어나고 있는지 겉으로 드러난 현상에 대한 분석과 그 문제가 발생한 문제의 원인에 대한 분석, 그 문제를 해결하기 위하여 취해져야 하는 특정한 프로그램 개발의 필요성 분석이다. 둘째, 지역사회 비교분석이다. 해당 지역사회에서 발생하는 사회문제의 심각함을 호소하기 위해서 지역사회의 문제상황을 다른 지역사회나 국가, 세계적 차원에서 비교분석하는 것이다. 셋째, 잠정적 대상자들의 문제에 대한 집중 분석이다. 현재 드러난 사회문제의 빈도나 강도가 점점 증가하는지 혹은 감소하는지를 분석 제시하고 향후 관련 프로그램의 대상자가 될 가능성 있는 잠정적 대상자의 문제를 집중하여 분석한다. 넷째, 미개입 시 발생할 수 있는 부정적 문제분석이다. 현재 사회문제나 사회에 미치는 영향에 관해 기술함과 동시에 이 문제에 개입하지 않았을 경우 발생할 수도 있는 부정적인 면에 대해서도 분석한다. 해당 문제를 겪고 있는 대상자에게 닥칠 어려움이나 문제뿐만 아니라 사회에 영향을 미칠 심리적·재정적·정서적 비용도 분석한다(Coley & Scheinberg, 1998. 정무성 역)

사회문제 분석을 위한 실제적인 방법은 다음과 같다. 우선 사회적 이슈를 다루는 문헌과 여러 매체를 통해 뉴스들을 지속적으로 꼼꼼하게 비판적으로 관찰하는 것이 필요하다. 정부의 정책 발표나 자료, 국내외 연구기관 자료도 살펴보는 것이 중요하다. 개인적 열정과 호기심을 가지고 전문가, 이해관계자, 일반 시민들과 개방적인 의견 교환이나 토론 과정을 통해 사회문제에 관한 판단을 논리화하는 것이 필요하다.

예를 들어 신문 기사 등 언론 매체에서 '독거노인 고독사'를 접하였다고 가정해 본다. 홀로 사는 노인의 고립도가 심각하다는 것과 연 3,000건의 고독사가 발생하고 있다는 내용이었다. 이런 기사를 접하고 나서 사회복지사로서 관련 통계 자료와 뉴스들을 다양하게 수집하여 분석한다. 정부에서 독거노인을 위한 정책이 어떤 내용이 수립되고 있는지도 찾아보고, 관련 연구 논문도 찾아서 읽어본다. '독거노인 고독사'에 대한 실질적인 대책이 충분하지 않았다. 사회복지사는 향후 늘어나는 고령 인구와 고령화 사회에서 독거노인의 고독감이라는 사회문제를 해결하기 위한 사회복지 프로그램 개발이 필요하다는 결론을 도출해 낸다. 이러한 흐름과 과정이 사회문제 분석이다.

3) 사회문제 분석 절차

사회문제 분석은 다음 단계를 거치면서 이뤄진다. 첫째, 문제의 규모 파악이다. 인구 사회학적 특성과 인원(수) 등 잠정적 대상자에 대해 구체적으로 파악한다. 위험집단의 규모, 나이, 지리적 분포, 소득수준 등과 같은 부분을 기술하는 것이다. 문제의 심각성이나 위기 즉시 개입의 필요성을 강조하기 위해 다른 지역이나 다른 유형의 대상자와 비교·분석하는 것도 효과적이다. 예를 들어 "이 지역의 80세 이상 인구 중에서 독거노인은 40%를 차지한다. 그러나 전국적으로 80세 이상 인구 중에서 독거노인은 20%이며, 타 ○○시군구는 10% 정도이다” 이런 식으로 분석하는 것이 필요하다.

둘째, 문제의 원인 분석이다. 문제를 발생시킨다고 여겨지는 요소들을 다양한 측면에서 분석해 보고, 이는 프로그램 개입 전략과 연결하여 분석하는 것이 필요하다. 예를 들어 ‘독거노인의 고독사’의 원인으로 ‘A 요인: 적기에 건강 위기 상황을 보고하지 못함(쓰러졌는데 119에 연락 못 함)’과 ‘B 요인: 노인 우울감’ 중에서 사회복지사가 어떤 원인으로 분석하느냐에 따라 프로그램 개입 전략이 달라질 수 있다. 만약 노인 고독사가 A 요인이라고 하면, 노인 위기 응급 알림 서비스 보급이라는 프로그램 개발을 할 것이다. 그러나 노인 고독사가 B 요인이라고 보면, 노인 우울감 해소 정서 프로그램 개발로 이어질 것이다.

셋째, 문제가 개인이나 사회에 끼치는 영향이다. 현재 사회문제가 지속됨으로써 나타나게 될 개인과 사회 체계에 미칠 영향을 분석한다. 예를 들어, 노인 고독사는 나이 듦에 대한 두려움을 가지는 부정적 정서에 영향을 미칠 수도 있고, 남겨진 자녀 등 가족들에게는 품위 있는 노년기 생활을 지켜드리지 못했다는 죄책감을 느끼게 할 수도 있다. 따라서 노인 고독사 증가는 사회적으로 부정적 정서 분위기 형성으로 이어지고 이를 치료하기 위한 이차적인 사회적 비용이 증가할 수도 있다.

넷째, 현행 프로그램이 해결하지 못한 점과 새로운 접근방법 분석이다. 이 사회문제를 다뤘던 다른 지역이나 다른 기관에서의 경험 사례나 대응 방식을 분석한다. 현재까지 존재하는 프로그램으로 해결하지 못한 점이 무엇인지에 대해서도 분석한다. 예를 들어, 노인 위기 응급 알림 벨 제도 서비스 이용자는 전체 80세 이상 노인 중 90%였다. 대부분 노인이 이용하고 있었다. 그러나 10% 미이용자가 있었다. 이들의 이용률이 저조한 이유를 찾는 것도 하나의 방법이다. 또한 현재까지 응급 벨을 직접 손으로 터치함으로써 작동되는 원리로 이용하고 있다면, 손과 이동에 제한을 가진 노인들은 이용할 수 없을 것이므로 음성 인식 서비스 개입이 필요할 수 있다.

다섯째, 질문 목록을 통한 사회문제 분석이다. 구체적인 원인을 파악하는 것이 사회문제 분석에서 제일 중요한 것이다. 예를 들어 노인 우울감은 그 자체로도 고독사의 원인이 되는 큰 문제인 것은 맞다. 그러나 우울감의 원인이 무엇인지를 밝혀내는 것도 필요하다. 사별에 대한 슬픔을 이겨내지 못해서 우울할 수도 있고, 경제적인 어려움 때문일 수도 있다. 그러므로 문제의 원인을 파악하기 위해서는 다음과 같은 질문 목록을 활용하는 것이 필요하다(York, 1982).

① 무엇이 바람직하지 못하다고 보이는 상태나 조건들인가?
② 누가 이 문제로 고통을 받는 사람들인가?
③ 누가 이 문제로 이득을 보는 사람들인가?
④ 누가 이 문제를 문제로 규정하는가?
⑤ 누가 이 문제를 문제로 보지 않는가?
⑥ 무엇이 현재 나타나고 있는 '현상'의 구체적인 원인인가?
⑦ 어떠한 프로그램들이 이 문제해결을 위해 현재 시행되고 있는가?
⑧ 현재 프로그램을 중단하면 무슨 문제가 예상되는가?
⑨ 변화시키고자 하는 목표는 무엇인가?
⑩ 욕구와 자원 간의 격차를 줄이는 데 도움이 되는 요소와 장애가 되는 요소는 무엇인가?

4. 사회문제와 클라이언트 욕구의 분석

사회복지사로서 관심을 가지는 사회문제가 생기면, 해당 문제를 해결하고자 하는 클라이언트 욕구와 프로그램 개발로 연결된다. 프로그램 개발로 이어지기 위해서 사회문제는 다음과 같은 질문을 통해 좁혀질 수 있다(조성우 외, 2023).

- 내가 관심을 가지는 특정한 연령집단이 있는가? 아동, 청소년, 노인, 성인?
- 내가 관심을 가지는 특정한 성 집단이 있는가? 여성, 남성?
- 내가 목표로 생각하는 특정한 조건이나 환경이 있는가? 학교 중퇴, 장애, 비

행, 실직, 폭력 등?

– 내가 목표로 생각하는 특별한 욕구가 있는가? 정신건강, 가족 상담 등?

그러나 클라이언트의 문제 인식과 문제해결 욕구는 별개로 존재하는 것이 아니며, 동전의 양면과 같은 관계이다. 사회문제란 바람직하지 못한 사회적 조건 또는 상황이 존재하고, 많은 사람이 그러한 사회적 조건이나 상황이 개선될 필요가 있다고 생각하는 상태를 말한다(Hanslin, 1996). 욕구란 인간이 개인 또는 가족 구성원으로서 기능하기 위한 잠재력을 충분히 발휘하는 것을 제한하는, 객관적으로 확인될 수 있는 어떤 조건을 말한다(Meenaghan, Kilty, & McNutt, 2004). 예를 들어 청소년의 약물 남용이라는 "사회문제"는 약물남용 해결 "욕구"로 다시 표현할 수 있다. 또한, "사회문제 기술"에서 독거노인의 외로움은 독거노인의 외로움 해소 "욕구"라고도 할 수 있다.

사회문제에 직접적으로 대응함으로써 생길 수 있는 "사회적 낙인(stigma)"을 최소화하기 위해 사회문제를 클라이언트 욕구로 전환하는 작업이 필수적이다. 그래야만 사회복지 프로그램 개발이 될 수 있기 때문이다. 예를 들어 "1인 가구 청년의 고독사"라는 사회문제의 경우를 생각해 보자. 1인 가구 청년이 (a) 미취업 상태이고, (b) 빈곤하고, (c) 주위 친구들과의 교류도 없이 고립된 것은 분명한 사회문제이다. 욕구 관점으로 전환하면, (a)는 미취업으로 인한 위축된 마음 해소 욕구(ⓐ)로, (b)는 기초생활복지 수준 생활 욕구로(ⓑ), (c)는 애정의 욕구(ⓒ)로 바꿔 설명할 수 있다. 이는 다시 프로그램 개발에서 취업 알선(A), 생계 지원(B), 지역사회 자원 연계(C)로 설명할 수 있다.

제2절 욕구 분석

I. 욕구의 유형

1) 매슬로(Abraham H. Maslow)의 욕구 유형

인간이 생활을 영위하는 데 필요하거나 필수적인 것이 결핍될 때 공통으로 갖게 되는 욕구가 있는데, 인간 행동의 동기는 이러한 욕구 충족의 행위로 나타난다는 것이 매슬로의 욕구 유형이다. 매슬로의 욕구 단계설은 욕구 이론 중 가장 많이 회자하는 것이다. 매슬로는 인간 생존을 위한 기초 생리적 욕구, 안전에 대한 욕구, 소속과 애정의 욕구, 자존감에 대한 욕구, 자아실현 욕구 등이다.

제일 낮은 1단계의 욕구는 인간 생존을 위해 기초 생리적 욕구인데, 의식주 해결 욕구, 건강 및 의료에 대한 욕구이다. 이는 인간 생존에 필수적인 욕구이므로, 이 욕구가 충족되어야 다음 단계의 욕구를 기대할 수 있다.

다음 2단계의 욕구는 안전에 대한 욕구이다. 이는 생리적 욕구를 바탕으로 신체적 안정상태를 유지하려는 욕구이다. 환경으로부터 예상되는 다양한 위협과 예측 불가능한 위험으로부터 자신을 보호받고자 하는 욕구이다

3단계는 사회적으로 타인과의 원만한 관계 형성과 애정 교환, 소속감 등을 요구하는 소속과 애정에 대한 욕구 단계이다. 동호회 활동과 같은 집단을 형성하고 그 집단에서 공유하는 규범을 따르면서 이러한 욕구를 충족하고자 한다.

4단계는 자기 존중(self esteem) 욕구이다. 자신을 존중하고 타인으로부터 존경받고자 하는 욕구로서, 인간은 자신이 가지고 있는 힘과 능력, 지위와 우월성, 경험 등을 타인에게 인정받길 원하며, 타인의 인정을 통하여 성취감과 자신감을 가지고 된다.

5단계는 '자아실현 욕구'이다 가장 고차원적인 욕구로서 일반적으로 앞의 네

단계의 욕구가 충족된 이후 일어나는 활동이다. 자신의 잠재력을 최대한 끌어올리고자 하는 욕구이며 자아 탐색, 자기 발견, 창의성 등을 추구한다. 완전한 충족 가능성보다는 이상을 추구하는 지속적인 개념으로 이해하여야 한다.

욕구 단계설이기에 하위 욕구가 '어느 정도' 충족되어야 다음 단계의 욕구로 발전한다고 설명한다. 이는 기초 생리적 욕구가 100% 충족되어야 안전에 대한 욕구가 생긴다를 의미하는 것은 아니다. 기초 생리적 욕구가 어느 정도 만족하게 되면 상위 욕구로서 안전에 대한 욕구가 발생한다는 것이다.

매슬로의 욕구 유형은 사회복지 프로그램 개발과 관련하여 중요한 의미가 있다. 첫째, '클라이언트 집단의 파악된 다양한 욕구 들에 대해서 우선순위를 정하는 데 도움을 준다'라는 것이다. 클라이언트는 어느 하나의 문제만 가지고 있는 경우는 드물다. 사회복지기관의 서비스나 프로그램은 클라이언트의 복합적인 문제나 욕구를 대상으로 하는 경우가 많다. 이렇게 다양한 욕구 중에서 1~2단계인 생리적 욕구와 안전의 욕구를 우선적으로 충족시킬 수 있어야 함을 강력히 시사하고 있다. 예를 들어 아동학대 문제가 발생하였을 경우, 피해 아동의 의식주 해결과 안전한 쉼터 제공이 우선시되어야 한다. 둘째, 클라이언트가 인지하는 개별적인 욕구를 사회복지 프로그램으로 실체화시키는 데 도움을 준다. 예를 들면 생리적 욕구 충족을 위해서, 적절한 의식주와 필수적인 의료서비스가 제공되어야 하며, 안전의 욕구 충족을 위해서 폭력, 학대, 방임 등의 위험요인을 제거하고 보호하는 치안 관련 사회복지 서비스가 필요하다고 할 수 있다.

2) 브래드쇼(Bradshow)의 욕구 유형

브래드쇼는 '누가 욕구의 기준을 정하는가'에 따라 네 가지로 욕구를 유형화하였다. 규범적 욕구(normative needs), 인지적 욕구(perceived needs), 표현된 욕구 또는 표출된 욕구(expressed needs), 상대적 욕구 또는 비교적 욕구(comparative needs)로 구분하였다.

규범적 욕구는 전문가의 지식이나 판단에 의해 규정된 욕구로서 전문가의 판단에 미치지 못한 상태를 욕구가 있는 상태로 규정한다. 전문가는 권위, 관습, 여론에 의해 형성된 기준인 규범을 토대로 욕구를 정한다. 예를 들면 어린이 발달 권장 영양소, 정부의 절대 빈곤선, 최저임금 등이 여기에 속한다.

이 욕구는 계량화가 쉽고, 객관적인 목표 설정이 가능하며, 구체적인 변화의 표적을 제공할 수 있다는 장점이 있다. 그러나 지식, 기술, 가치 변화에 따라 욕구 단계가 변화하기 쉽고, 그 기준이 사람(전문가)마다 다를 수 있어서 사회문제 욕구로서 한계를 갖는다.

인지적 욕구는 당사자가 인지하고 판단하는 욕구이다. 개개인이 느끼는 욕구로서, 선호(wants)와 같다. 즉, 사람들이 자신의 욕구로 생각하는 것, 욕구로 되어야 한다고 느끼는 것이다. 이는 주로 설문조사를 통해 응답자에게 그들이 필요로 하는 것을 물어보는 방식으로 욕구를 파악한다.

인지적 욕구는 개인마다 달라서 클라이언트의 '진짜 욕구'를 결정하는 것은 어려울 수 있다. 예를 들면 약물, 마약, 담배에 대해 대상자들이 인지하고 있기는 하지만, 그것이 욕구로 전환되어 해결하고자 하는 의지가 생기는 경우는 드물다.

표출된 욕구는 서비스 수요에 기초한 욕구로서 필요하다고 느껴진 욕구가 행동으로 표출된 것이다. 표출적 욕구는 전문가가 개인이 서비스를 필요로 하는지를 판단하기보다는 개인이 실제로 서비스를 이용하기 위해 의사 표현을 했는지에 초점을 둔다.

상대적 욕구는 욕구를 지원하는 서비스와 전달체계의 상황 비교를 통해 파악하는 욕구를 의미한다. 예를 들어 A시의 종합복지관은 1개 있고, 노인복지관은 1개 있다. 인근에 있는 인구수가 비슷한 B시는 종합복지관 2개, 노인복지관은 4개 있다. 인구수는 비슷하므로 A시가 B시보다 복지관 건립에 대한 상대적 욕구가 있다고 판단할 수 있다.

2. 욕구 조사의 필요성

새로운 프로그램을 개발하거나 기존 프로그램의 지속 여부를 결정해야 할 때, 프로그램을 수정 보완해야 할 때 욕구 조사가 필요하다. 정확한 욕구 조사의 설계와 분석은 프로그램의 효과성을 높이며, 대상자 욕구 맞춤의 사회복지 프로그램이 개발될 가능성을 보여준다.

욕구 조사의 목적은 클라이언트 집단의 욕구를 파악하는 것이며, 이때 욕구는 현재 클라이언트가 인지하는 욕구만이 아니라, 잠재적인 욕구까지도 포함한다. 욕구 조사의 구체적인 목표는 첫째, 문제분석의 근거를 제공한다. 욕구 조사의 정보는 문제분석을 위한 근거를 제공한다. 위기 인구와 표적 인구를 식별하게 하고, 지역적인 분포 현황, 욕구 간 연결 등에 관한 분석을 가능하게 한다. 프로그램 개발은 이러한 욕구 조사 분석에 기초해서 세워진다. 둘째, 자원 배분에 대한 우선순위의 근거를 제공한다. 셋째, 평가의 근거를 제공한다. 현재 상태의 욕구 크기 등에 대한 정보는 프로그램 실행 후의 결과를 대비하는 기준이 된다(Meenaghan et al., 1982; 165)

욕구 조사 단계는 1단계 욕구 조사 계획, 2단계 정보 수집 및 분석, 3단계 자료 해석, 4단계 결과 정리 및 보고로 이뤄진다. 1단계, 욕구 조사 계획 단계에서 욕구 조사의 목적 및 욕구 조사 질문을 정한다. 또한 기존 프로그램을 파악하고, 기존 프로그램과 욕구 간의 차이(gap)를 파악한다. 그 차이를 메울 수 있는 대안적 프로그램을 제시한다. 2단계, 정보 수집 및 분석 단계에서는 설문지, 인터뷰 등을 활용하여 양적·질적 자료를 수집한다. 수집된 자료는 정량분석 및 정성 분석을 한다. 3단계, 자료 해석 단계이다. 다양한 자료 원천에서 일관성 있는 패턴을 파악한다. 4단계, 결과 정리 및 보고 단계이다. 욕구 조사 분석에 대해 보고할 대상에 맞춰 결과를 정리하고 보고 방법을 결정한다.

3. 욕구 조사의 방법

1) 직접적인 욕구 조사 방법

(1) 서베이법

① 일반인구조사 방법

지정된 지역 내 주민들 가운데 표본을 추출하고, 이들을 대상으로 면접이나 설문지를 통해 자료를 얻고, 이 자료를 근거로 욕구를 측정하는 것이다. 이 방법으로 한 지역에서 사용된 조사 방법과 조사 도구(설문 척도)를 다른 지역에서도 수정 보완하여 사용되기도 한다. 개개인이 인정하는 문제 파악, 문제를 가진 개인들과 이들의 특성 파악, 지역 주민이 이용하고자 하는 서비스나 프로그램 정보 등을 얻고자 할 때 주로 많이 사용되는 방법이다.

② 표적 인구조사 방법

일반인구 중에서 어떤 특성을 가진 사람들을 표적 집단으로 대상 선정하고, 이 대상에게 설문조사를 실시하는 것이다. 표적 인구조사를 통해 표적 인구의 문제, 원하는 서비스나 프로그램 등을 보다 구체적으로 파악할 수 있다. 표적 집단은 일반집단 중 여러 요건(소득, 나이, 성별, 지리적 위치 등)을 층화하여 나눈 집단을 말한다.

(2) 심층면접법

조사 대상 집단 중에서 정보를 제공해 줄 수 있는 주요 인물을 다양한 형태로 표본을 뽑아 심층적으로 면접하는 방법이다. 집단의 크기는 8~12명 정도가 적당하며, 심층 면접에 참여할 대상자는 여러 가지를 고려하여 선정한다.

(3) 델파이기법

이는 전문적인 지식을 갖춘 주요 정보 제공자들을 활용하는 방법이다. 관련 전문가들을 선정하여 주요 관심사에 대한 설문지를 발송한 후 회수된 응답 내용이 합의되지 않은 부분과 합의된 부분으로 구분하여 정리한다. 합의되지 않은 내용에 대해서는 이유와 함께 2차 설문지를 발송하여 의견을 묻고 계속 같은 방식으로 어느 정도의 합의점에 도달할 때까지 설문 결과를 참고하여 다시 응답하게 하는 절차를 반복한다.

참가자를 익명으로 할 수 있어 발언권이 세고 우세한 참가자의 영향력으로 인한 편향을 줄일 수 있다. 개인의 이권 행사로부터 오는 부정적 영향을 최소한으로 줄일 수 있으며, 익명이기에 집단의 압력을 크게 줄일 수 있으며, 응답자는 스스로 응답 시간을 통제하기 때문에 효율적으로 시간을 쓸 수 있다.

(4) 관찰법

관찰자가 개인·집단·지역사회 등 조사 대상의 행동이나 사회현상을 현장에서 직접 보거나 들어서 필요한 정보나 상황을 정확히 알아내는 방법이다. 사람이 직접 행동하고 말하는 것을 관찰하는 방법(예 어린이집에서 아동 행동(또래와의 상호작용)을 관찰자가 직접 관찰)과 사람들에게 자신과 타인의 행동에 대하여 질문하게 하는 방법(예 아동 행동(또래와의 상호작용)에 대해 부모에게 질문하는 방법)이 있다.

(5) 면접법

사회복지기관에서 근무하는 관리자나 서비스 인력들을 직접 만나 질문하는 방법이다. 면접 시 질문 내용들을 사전에 어느 정도 구조화해 놓느냐에 따라 비구조화, 반구조화, 구조화 면접법으로 나눌 수 있다. 비구조화 면접은 큰 주제만 대략 정해놓고, 구조화된 질문이나 응답의 형식 없이 자유롭게 면접을 수행한다. 반면에 구조화 면접은 면접을 위한 사전 질문과 응답을 예상하여 정형화된 면접 질문 틀을 갖추는 것이다. 반구조화 면접은 질문 형식 구조화를 중간 정도로 하는 경우를 의미한다.

(6) 지역사회 공청회/공개토론회

지역사회의 다양한 구성원들로부터 직접적으로 의견을 청취하는 방식이다. 이는 지역사회 주민들이 자신들이 사는 지역의 문제나 욕구를 잘 알고 있다는 전제에서 조사자가 모든 사람이 참여할 수 있는 공개 공청회나 토론회를 열어서 의견을 발표하도록 하는 기법이다. 이는 광범위한 주민 계층이나 집단을 모을 수 있으며, 경제적일 수 있다. 이러한 모임은 지역사회를 위한 정책 기획이나 정책 개발을 촉진할 수 있는 기회가 된다. 또한 여러 주민의 의견 종합과 더불어 문제에 대한 특별한 지식과 관심을 개인이나 집단 또는 기관별로 구별할 수도 있다.

2) 간접적인 욕구 조사 방법

(1) 사회지표 분석

간접적인 욕구 조사 방법은 대상자에게 직접 접촉하지 않고, 2차 자료를 활용하는 방법이다. 욕구 조사를 위한 직접적인 자료 수집이 아니라, 기존 수집된 자료를 이용한다.

사회지표란 '지역이나 인구 집단을 특징적으로 나타내는 표준화된 수치'를 말한다. 신뢰성과 타당성이 있어야 하며 실제로 욕구를 파악할 수 있는 공인된 지표 자료여야 한다. 각종 정부 기관이나 연구기관에서 정기적·비정기적으로 발표하는 실태조사로서, 인구 변화, 성비, 출산율, 가구원 수, 소득분포 등의 자료가 활용된다. 대표적인 사회지표로서 경제(소득수준 등), 고용(근무연한, 직업군, 실직자 수 등), 가정생활(부모 자녀 관계, 이혼율 등), 교육(교육 정도, 학교 중퇴율 등), 주택(주택 상태, 협소 정도 등), 신체·정신 건강(질병 발생률, 사망원인 등), 가정관리(아동 양육, 주택 수리 등), 레크리에이션(여가, 운동 등), 일상생활 만족(자기평가 정도 등), 사법(범죄율 등) 지표가 활용된다.

(2) 사례조사

대상 집단을 직접 상대하거나 관계하고 있는 제삼자를 접촉하여 증언을 듣는 방법이다. 프로그램 운영자/서비스 제공자 조사, 주요 정보 제공자 조사, 서비스 통계를 이용하여 사례를 조사한다.

- 프로그램 운영자/서비스 제공자 조사: 서비스를 직접 제공하거나 프로그램을 직접 운영하는 사람을 만나 이용자(대상자) 관련된 여러 가지 상황들을 알아보는 것이다. 이는 사회적으로 잘 알려지지 않았거나 다루기 어려운 문제들(예 미혼모 문제, 마약 중독, 가정폭력 등)에 관한 정보를 얻을 수 있는 장점이 있다. 그러나 증언을 통해 파악한 문제가 대상 인구 집단의 실제 문제라기보다 제공자의 개인적 편견일 수도 있다. 제공자들은 주로 수혜자만을 상대하기 때문에 수혜자에 관한 자료만을 제공할 수 있으며, 자신들의 기관에서 제공하는 또는 제공하게 될 서비스나 프로그램으로 충족될 수 있는 욕구에 관해서만 관심을 가질 수 있는 단점이 있다.
- 주요 정보 제공자 조사: 직접적으로 프로그램 운영이나 서비스 전달에는 참여하지 않지만, 지역사회 사정을 잘 알고 대상자의 의견을 대변할 수 있는 사람들(자문단, 공직자, 전문직 종사자 등)로부터 대상 집단의 욕구나 서비스 이용 실태를 파악하는 것이다. 이는 주민 대다수 문제, 지역적인 관심사, 논의 대상이 될 가능성 있는 문제를 제시해 주는 장점이 있다. 비용도 적게 들고, 기존 조사 방법(예 델파이기법, 면접법)을 이용할 수 있다. 그러나 직접 제공자들을 만나 면접을 해야 해서 많은 면접자가 있어야 하고 주요 정보 제공자가 개인적·편파적인 의견을 제시할 수 있는 점을 간과할 수 없다.
- 서비스 통계 이용 조사: 기존 서비스 기관의 서비스 이용 통계를 분석하는 것으로 주민들의 표현된 욕구를 파악할 수 있는 유용한 방법이다. 어떤 프로그램에 대기자가 많거나 반대로 신청자가 너무 적거나 하는 것으로, 필요 서비스가 충분히 공급되지 못하고 있거나 적절한 프로그램이 공급되지 않고 있음을 파악할 수 있다. 서비스 기관이 클라이언트에 관한 이용 실태 자료를 모아놓은 것을 사용한다. 모니터링, 인테이크(접수면접지), 인구 사회학적 정보 자료, 욕구 사정 자료, 서비스 개입 종류·빈도·지속 기간 등에 관해 기관이 수집해 놓은 자료들이다.

(3) 지역사회 욕구/자원 지도

지역사회의 지도를 세부 구역들로 나누고, 해당 지표의 자료 값들을 입력해서 대조해 보는 것이다. 이를 통해 지역사회의 욕구와 자원에 대한 분포를 시각적으로 분명하게 파악할 수 있다. 예를 들어, GIS(공간 지리정보시스템)를 이용하여 지역사회 경로당이 있는 위치를 표시하고, 해당 지역의 노인의 수를 표시하여 비교함으로써 지역사회 노인 인구 대비 경로당의 수가 어느 지역에 적은지·많은지를 파악할 수 있다.

3) 욕구 분석 결과 정리

복잡한 현대사회에서 문제의 원인이 단선적이고 단일한 경우는 드물다. 어느 사회문제로 인해 예상되는 결과 또한 다양할 수 있다. 대부분의 많은 프로그램은 문제의 원인 중 극히 일부에 개입하거나 혹은 그 문제로 인한 심각성 중 일부를 감소시키기 위한 것이다.

예를 들어 노인의 고독사 원인은 다양할 수 있다. 즉, 홀로 사는 노인 중에서 갑작스러운 건강상의 문제로 쓰러져서 그럴 수도 있고, 빈곤 상태의 지속으로 불충분한 영양 실태가 원인일 수도 있고, 다른 가족원의 방임과 학대로 인해서도 노인 고독사가 발생할 수 있다. 그러므로 사회복지 프로그램 개발자는 무엇을 핵심 원인으로 볼 것인가를 결정하는 것이 중요하다. 갑작스러운 건강 문제 발생이 원인이라면, 수시로 독거노인들의 건강을 멘토링 할 수 있는 프로그램이 개발되어야 한다. 불충분한 영양실태가 원인이라면 균형 잡힌 식단으로 식사를 할 수 있도록 하는 프로그램이 필요한 것이다. 다른 가족원의 방임과 학대로 인한 경우라면, 관련자 처벌 등에 관한 법 제정이나 학대 예방 개입 프로그램 개발을 시도해 볼 수 있다.

제3절 대상자 선정

I. 대상자 선정과 표적 집단

누구를 대상으로 프로그램을 운영할 것인가를 결정하는 것이 대상자 선정이다. 실제 프로그램 개발 담당자들이 자신들의 판단에 따라 원칙 없이 대상자를 결정하거나 서비스 효과가 클 가능성 있는 대상자 위주로 선정하는 문제(크리밍 creaming 현상)가 발생하기도 한다(황성철, 2011).

사회복지 프로그램 대상자를 선택하는 방법으로 네 가지 인구집단을 구분하여 그 범위를 좁혀가는 접근법이 있다. 이는 Taber & Finnegan(1980)에 의해 제시되었는데, 일반집단, 위험집단, 표적집단, 클라이언트집단이다.

1) 일반집단(general population)

일반집단은 문제가 있거나 욕구를 가지고 있다고 판단되는 해당 지역의 전체 대상 집단으로 사회복지 프로그램의 대상자 집단 중 가장 포괄적인 인구집단이다. 예를 들어 어떤 사회복지 프로그램이 노인복지 프로그램이라면 일정한 지역 내에 있는 문제나 욕구를 가진 전체 노인 인구이다. 즉 '서울시 거주하는 65세 이상 노인 인구 23년 3월 기준 168만 명'이 일반집단이 되는 것이다.

2) 위험집단(at-risk population)

일반집단 중에서 사회문제에 더 많은 어려움을 보이거나 문제나 욕구 면에서 심각한 상태에 있는 인구집단을 위험집단이라고 할 수 있다. 예를 들면 서울시 전체 65세 이상 노인 1,680,154명 중 독거노인은 309,072명이다. 전체 일반가구 4,098,818 가구(B)에서 65세 이상 1인 가구 수는 309,072(A) 가구이므로, 독거노인 가구 비율(A÷B×100)은 7.5%이다.

3) 표적집단(target population)

위험집단의 하위집단으로서 프로그램 대상자로 일차적인 자격 요건을 갖춘 사람들을 표적집단이라고 한다. 모든 위험집단에 속하는 대상자를 표적집단으로 하여 프로그램을 수행할 수는 없다. 대상자의 특성이나 다른 상황들을 고려하여 위험집단에서 표적집단으로 좁혀가게 된다. 예를 들면, 위험집단 독거노인 중에서 중증의 치매 노인이라든가 아니면 저소득층 노인은 클라이언트 특성에 따라 위험집단에서 표적집단으로 한정된다. 여기에서 말하는 다른 고려할 상황들이란 법률이나 규정, 정부의 지침, 기관의 자원, 지역사회의 자원 등을 말하는데 이러한 요인들이 프로그램 표적집단 범위를 정하는 데 영향을 미친다. 정부의 지침에 적합한 대상 집단을 선정하거나, 기관이 인력이나 지역사회의 자원으로 수용할 수 있는 범위의 대상자로 축소할 수 있다.

4) 클라이언트집단(client group)

표적집단의 하위집단으로서 프로그램에 직접적으로 참여하는 대상자인 클라이언트가 되는 사람들을 클라이언트집단이라고 한다. 일정 자격요건을 갖춘 모든 표적집단의 사람들을 클라이언트집단으로 하여 프로그램을 진행하기는 어렵다. 사회복지기관에서는 누구에게 서비스를 제공하고, 누구에게는 서비스 지원을 보류 및 거절할지를 결정해야 한다. 다음의 세 가지 요인을 고려하여 클라이언트 집단을 결정한다(Rapp & Portner, 1992).

- 실용적 수용성(pragmatic capacity): 가장 보편적인 방법으로서 사회복지기관에서 특정 프로그램의 수행인력과 재정적 여건을 고려하여 적정한 클라이언트집단 규모를 결정하는 것이다. 기관의 인력 상황의 한계를 넘어서는 과다한 사례 수나 예산 범위를 초과하는 클라이언트집단 선정은 프로그램의

질적 수준을 저하시킬 수 있다. 그러므로 적정 수준의 클라이언트 수를 실용적 수용성을 고려하여 정해야 한다. 만약 프로그램에 대한 수요가 많은 경우 대기자 명단에서 신청 순서에 따라 우선순위를 두거나 문제나 욕구 상황을 고려하여 시기적으로 더 필요하다고 판단되는 대상을 클라이언트집단에 포함한다. 이러한 기준을 프로그램 진행 도중에 사회복지기관의 자의적 판단이나 지역사회 영향력 있는 인사의 강권 때문에 결정되어서는 안 되기에 프로그램 설계 단계부터 미리 기준을 정해놓는 것이 중요하다.

- 윤리성(ethical principles): 프로그램 대상으로 충분한 자격요건을 갖추었고, 사회복지사 입장에서도 프로그램 참여가 그 대상에게 도움이 될 것 같다고 판단된다고 하더라도, 자발적 의사에 의해서 프로그램 참여에 동의하는 사람만을 클라이언트집단으로 선정할 수 있다. 프로그램에 참여한다는 것은 수동적으로 서비스를 받는 것만을 의미하지 않는다. 클라이언트가 프로그램에 참여하면서 갖게 되는 의무 수행(예 비밀 유지 등)에도 동의하고, 일정 서비스나 지원이 있을 것을 인지하고 이에 자발적 참여에 동의해야 한다.
- 클라이언트 능력(client capabilities): 프로그램 참여를 원활하게 할 수 있는 개인적인 능력과 자원을 클라이언트가 갖추고 있어야 한다. 예를 들어, 찾아가는 서비스가 아니면 대부분 사회복지기관으로 클라이언트가 이동해서 방문해야 한다. 원거리에 있어서 이동시간이 너무 많이 걸리거나, 혼자 이동이 불편한 건강 상태라든지 할 때는 프로그램 대상자로 선정되기는 어렵다. 또한 여러 회기로 구성된 프로그램의 경우, 지속해서 프로그램에 참여할 수 있는 사람만을 대상자로 선정하기도 한다.

2. 대상자 선정 고려 사항

사회복지공동모금회에서는 최근 배분사업 안내 지침을 제시하면서 사업에 참여하는 대상자를 핵심참여자와 주변참여자로 구분하도록 설명하고 있다(사회복지공동모금회, 2020).

1) 핵심참여자

성과를 측정하게 되는 대상은 누구이며 인원은 몇 명인지, 즉 이 사업에 참여하게 함으로써 누구의 변화를 끌어내려고 하는 것인지에 따라 핵심참여자를 결정한다. 사업명 '아동학대 고위험 가정의 재학대 예방을 위한 심리정서지원 프로그램'의 경우 '○○구, △△구, ◇◇구 내 아동학대 고위험가정 피해 아동 20명과 ○○구, △△구, ◇◇구 내 아동학대 고위험가정 학대행위자 20명'을 핵심참여자의 예시로 제시하였다(사회복지공동모금회, 2020).

2) 주변참여자

성과측정 대상은 아니지만 핵심참여자의 변화를 끌어내는 데 중요한 역할을 하는 사람은 누구인지 인원은 몇 명인지에 따라 주변참여자를 결정한다. 사업명 '아동학대 고위험 가정의 재학대 예방을 위한 심리정서지원 프로그램'의 경우 '○○구 내 핵심참여자 가족구성원 60명'을 주변참여자의 예시로 제시하였다(사회복지공동모금회, 2020).

3) 참여자 선정기준과 모집

사회복지기관에서 어떤 기준을 세워서 프로그램 참여자인 클라이언트를 선정할지에 대해서 다음과 같은 기준이 있다(사회복지공동모금회, 2020). 사업명 '아동학대 고위험 가정의 재학대 예방을 위한 심리정서지원 프로그램'의 경우 1순위와 2순위로 구분하여 선정기준을 제시하였다. 1순위는 '본 기관에 접수된 아동학대 사례 중 아동학대 위험도 평가 척도 측정 결과 재학대 고위험가정으로 판단된 가정의 아동 및 학대행위자'이다. 2순위는 '본 기관에 접수된 아동학대 사례 중

실무진 회의를 통해 재학대 가능성이 크다고 판단된 가정의 아동 및 학대행위자' 이다.

기준에 적합한 참여자를 어떻게 모집할 예정인지에 대해 사회복지공동모금회에서 다음과 같이 예시를 들었다. 사업명 '아동학대 고위험 가정의 재학대 예방을 위한 심리정서지원 프로그램'의 경우 '최근 3년간 접수된 아동학대 사례분석 및 위험도 평가 척도 측정을 통한 참여자 선정과 선정된 참여자에게는 사업 소개 후 참여 여부에 대한 참여 동의서 작성'으로 참여자 모집을 한다(사회복지공동모금회, 2020).

4) 대상자 선정 고려 사항

프로그램 내용이나 실시하는 기관, 지역 등에 따라 대상자 선정 시 고려 사항은 다양할 수 있다. 첫째, 대상자가 이 프로그램에 자발적으로 참여를 원하고 참여에 동의하는지가 중요한 고려 사항이다. 그러므로 프로그램에 적합한 클라이언트에게 프로그램의 목적과 내용, 기간, 유의 사항에 대해 사전에 상세한 설명을 한 후 참여 여부를 스스로 결정하도록 하는 것이 중요하다. 예외적으로 스스로 참여 여부를 결정하기 어려운 아동, 지적장애인 등의 경우에는 보호자 동의가 필수적이다. 다음의 표에서 클라이언트에게 참여 의사를 확인하는 동의서의 예시를 제시하였다.

성교육집단 참여동의서

안녕하세요. ○○상담복지센터에서는 ○○시에 거주하는 청소년들을 대상으로 건전한 성에 대한 이해를 돕기 위해 성교육집단프로그램을 시행하고자 합니다. 성교육 프로그램에서는 청소년들에게 필요한 기초적인 성에 대한 지식과 청소년들이 이해하고 있는 성, 왜곡된 성, 청소년 성 문제 예방을 위한 실제적인 교육 등이 이루어질 예정입니다.

본 프로그램은 참여하는 청소년들의 성교육을 위해서만 이뤄지며, 그 외의 목적에는 활용되지 않습니다. 또한 비밀이 보장됨을 알려드립니다.

프로그램 참여를 희망하시면, 다음에 서명해 주시기 바랍니다. 프로그램과 관련된 자세한 문의는 전화(○○○-○○○-○○○○) 주시면 상세한 설명을 들으실 수 있습니다.

청소년성교육집단프로그램에 참여를 희망합니다.

○○○○년 ○○월 ○○일 성 명: (인)

보호자: (인)

출처: 박재연, 배은경(2021). 사회복지프로그램 개발과 평가.

둘째, 클라이언트의 집단 구성원으로서의 적합성에 대한 고려가 필요하다. 목적이 분명하고 의도가 좋은 프로그램이라 하더라도 클라이언트가 아직 준비되어 있지 않다든지, 프로그램을 수행하기에는 지적 능력이 부족하거나 정서적인 불안도가 높거나 할 때는 집단이 아니라 개별적으로 접근하여 개인 문제를 해결하는 것이 더 효과적이다. 만약 주의력이 매우 부족하고 산만한 아동의 경우 집단프로그램에 참여함으로써 오히려 아동이 진행 상황 진도에 따라가지 못하여 위축되거나 좌절감을 가지게 될 수도 있고, 전체 집단 구성원에게도 방해가 될 수도 있기 때문이다.

제4장
프로그램의 목적과 목표

학습목표

1. 프로그램 가설 설정에 대해 이해한다.
2. 프로그램 목적과 목표 설정 방법을 설명할 수 있다.
3. 산출목표와 성과목표를 구분할 수 있다.
4. 목표설정의 방법을 활용하여 사회복지 프로그램의 목표를 설정할 수 있다.

제1절 프로그램 가설 설정

프로그램 개발을 위해 사회문제 분석, 대상자 욕구 조사, 이론적 배경 조사 등의 기초 준비가 되었다면, 다음 순서로 프로그램 가설을 설정한다. 프로그램 내용으로 대상자의 욕구가 충족되고 문제가 해결될 수 있는지를 검토하는 것이다. 예를 들어 '만약 이 프로그램이 수행되면 대상자의 ○○문제 증상이 감소할 것이다.' 등의 가설을 세운다.

프로그램 가설을 설정하기 위해서 클라이언트의 문제나 욕구가 생기게 되는 원인에 대한 분석이 먼저 이루어지게 된다. 원인이 분석되었다면 원인을 해결하는 방법을 모색한다. 모든 원인을 다 찾고, 모든 방법을 동원할 수는 없기에 접근 가능한 방법 중 프로그램 내용을 구성한다. 〈표 4-1〉은 청소년 자살 예방 문제에 대한 프로그램 가설의 예이다.

〈표 4-1〉 프로그램 가설의 예

만약 청소년의 자아존중감이 높아진다면 청소년 자살 문제가 예방될 것이다. 만약 청소년의 학업 스트레스가 낮아진다면 청소년 자살문제가 예방될 것이다. 만약 청소년의 상호작용 친밀성이 많아지면 청소년 자살문제가 예방될 것이다. 만약 청소년 또래관계에서 정서공감 경험이 많아지면 청소년 자살문제가 예방될 것이다.

프로그램 가설이 〈표 4-1〉과 같이 설정되었다면, 프로그램 내용을 구성하는 개입 전략과 서비스 유형을 결정해야 한다. 프로그램 내용과 개입 전략을 결정할 때는 사회복지·상담 분야에서 주로 많이 활용하는 이론적 관점을 적용한다. 이와 관련된 지식과 기술은 사회복지실천론, 실천기술론, 상담이론 교과목에서 배운 내용을 활용하거나 학술지나 논문, 사회복지 기관의 자료 등을 참고할 수 있다. 〈표 4-2〉에 청소년 자살 예방 문제에 대한 문제요인과 이에 따른 개입 전략으로서의 활동 내용의 예를 제시하였다.

〈표 4-2〉 청소년 자살 예방 프로그램 가설에 따른 개입전략(활동내용)

문제 요인(가설)	이론적 배경	개입 전략(활동 내용)
낮은 자존감	강점 관점	자아존중감 향상 프로그램
학업 스트레스	인지행동 이론	학업 스트레스 관리 기술, 집중력 향상
상호작용과 친밀성	상호작용이론/체계론적 관점	상호작용 놀이 및 여가 프로그램
또래 정서 공감 경험	생태체계이론	또래 친구와 정서 교감 나누기 프로그램

제2절 목적과 목표 설정

I. 목적(Purpose(or Vision))

목적은 프로그램을 통해서 문제해결 할 수 있도록 안내하는 기능을 한다. 목적·목표를 기준으로 하여 프로그램을 평가하기에 목적 및 목표 설정은 프로그램 개발 및 평가에 중요한 부분이다. 목적과 목표는 프로그램 실행을 통해서 달성하고자 하는 성과를 진술하는 것이다. 목적과 목표 설정에 앞서 문제의 원인에 대해서 구체적인 분석을 할 필요가 있다. 또한 목적과 목표는 프로그램 수행 후에 나타나게 될 영향을 서술하는 것이다. '무슨 프로그램 몇 회 운영'과 같은 활동 내용 중심이 아니라 서비스를 받은 대상자들에게서 기대할 수 있는 바람직한 변화를 서술하는 것이다. 그러므로 문제분석과 목적·목표 설정은 상호 관련이 있으며, 표적집단에 대해 실현 가능한 것이어야 하며, 일반적인 사람들이 이해할 수 있을 만큼 분명한 용어로 나열되어야 한다.

목적은 어떤 일을 해야 하는 이유나 어떤 것이 존재하는 이유를 의미한다. 프로그램 목적은 어떤 프로그램이 성취하고자 하는 바를 뜻하며, 사회복지 조직이나 기관의 비전(Vision)과 연결되어 있다. 이상 혹은 희망 상태를 나타내는 것으로 프로그램이 성취하고자 하는 목적지(destination)를 의미한다. 그러므로 목적은 '우리가 문제를 제거하거나 예방 혹은 개선하면 어떤 이상적인 상황이 나타날까', '우리가 고려하고 있는 대상 집단에 바람직한 궁극적인 상황은 무엇인가'와 같은 물음에 대한 답으로부터 도출될 수 있다.

프로그램의 목적은 다음과 같은 특성이 구비되어야 한다. 누구의 어떤 문제를 어떻게 변화시킬 것인지가 프로그램의 목적이 되어야 한다.

① 누구의(구체적 표적집단)

② 어떤 문제를(현재의 문제영역)

③ 어떻게 변화시킬지(바람직한 미래상태)

목적이 달성된다면 프로그램을 통해 기대했던 바가 이루어진 이상적 상태가 구현되었다는 것을 의미한다. 프로그램을 통해 무엇을 추구하는지가 분명하게 드러나야 한다. 그러나 목적은 바람직한 변화의 방향성을 제시하는 것이므로 실제로는 단기간에 목적 달성을 할 수 없는 경우가 많으므로, 목적은 프로그램을 통해 지향하는 방향성으로 이해하는 것이 좋다. 예를 들어 독거노인 생활 모니터링 시행으로 고독사를 예방한다는 목적을 설정하였을 때, 프로그램을 통해 독거노인의 모든 생활을 밀착하여 모니터링 할 수 없을뿐더러, 어느 정도 밀착하여 모니터링하는 노력을 하였다 하더라도 고독사가 발생할 수도 있다. 그러므로 독거노인 생활 모니터링으로 고독사 감소라는 프로그램의 방향성을 목적으로 설정하면서, 구체적으로는 프로그램을 통해 달성하고자 하는 것은 목표를 통해 구체적으로 접근해야 한다.

2. 목표(Goals/Objectives)

목표는 합리적인 의식적 과정을 통해 얻고자 하는 실체나 상태를 의미한다. 목표는 합리적 계획을 통해 행동하거나 성취하기 위해 실제적인 것이다. 프로그램 목표는 프로그램 목적을 이루기 위한 행동이나 과업이 지향하는 바를 말한다. 프로그램이 종료되고 난 후 클라이언트에게 예상되는 결과를 목록화해 본다. 클라이언트의 신념, 행동, 지식, 소득, 지위 등이 어떻게 변화될 것인지 예측하는 과정이다.

목표 설정은 파악된 욕구나 문제의 실태를 바탕으로 그 원인을 분석하고, 프로그램의 개입 방향과 수준을 결정하는 것이다(최일섭 외, 1993: 191). 파악된 문제를 해결하고 욕구를 충족시켜 주는 것이 목표라면, 프로그램 목표는 눈에 보이는 현상만을 제거하는 것은 아니며, 문제의 원인까지 제거하는 것이어야 한다.

예를 들어, '노인 결식'이라는 문제를 제거하기 위해 '무료급식'을 목표로 하여 프로그램을 수행한다면, 언제까지나 무료급식 프로그램을 진행해야 한다. 그러나 만약 노인 결식의 원인이 경제적 빈곤이라면, 프로그램 목표로 소득 증대 등의 경제적 이슈를 정할 것이다. 또는 노인 결식의 원인이 갑작스러운 건강 이상으로 소화 기능의 문제나 초기 치매 증상으로 식욕감퇴 등이라면, 건강 관리 프로그램이나 건강 진단 및 치료 프로그램을 목표로 설정할 수 있다.

위에서 보는 것처럼, 목표 설정은 문제의 구체적인 원인 분석으로부터 도출되고, 향후 프로그램의 활동 내용을 어떻게 구성하여 개입할 것인지와도 연관이 있다. 또한 목표 설정은 개입의 결과가 얼마나 효과적이었는지를 평가하는 것과도 긴밀하게 관련되어 있다.

목표 설정에서 가장 중요한 것은 프로그램을 통해 무엇을 성취할 것인지를 명확히 하는 것이다. 간혹 목적을 이루기 위해 비현실적인 프로그램 목표를 제시하는 때도 있다. 성취하기 어려울 것으로 보이는 허황되거나, 성과를 측정하기 어려울 정도로 지나치게 추상적인 목표를 설정하는 것도 바람직하지 않다

3. 목적과 목표 설정

목적을 구체화하고, 프로그램의 지향점을 의미하는 것이 목표(goal)이지만, 이 또한 명확한 개념은 아니다. 일반적으로 프로그램 개발에서의 목표(goal)는 프로그램 세부목표(objective)를 의미한다. 세부목표는 목적 달성을 위해 구체적으로 실행되어야 하는 것을 의미한다. 미래에 어떤 상태를 달성하기 위한 구체적인 실행방법이 세부목표가 되어야 한다. 세부목표에 대한 실행이 이뤄지면, 결국 목적과 목표가 달성될 수 있어야 한다. 프로그램 성과에 대한 평가는 프로그램의 세부 목표가 달성되었는지를 평가하는 것이다. 세부목표를 작성할 때는 구체적으로, 실현 가능한 정도를 담아서 기술하여야 한다. 세부목표는 사람에 따라 다르

게 해석되어서는 안 되며, 누구라도 동일하게 해석되도록 작성되어야 한다. 다음에서 목적과 목표(세부목표) 간의 특성 비교〈표 4-3〉와 프로그램 목적·목표의 예〈표 4-4〉를 제시해 보았다.

〈표 4-3〉 목적과 목표(세부목표)

목적	목표(세부목표)
• 문제 정의와 인과관계에 대한 설명 • 개입의 포괄적 수준 결정 • 클라이언트 집단의 성격과 규모는 문제의 규모와 범위에 따라 결정되어야 함 • 프로그램 실행의 한계와 지침 제공	• 과정보다는 결과에 중심을 둠 • 명확한 시간 기준과 구체적 성취 수준을 제공 • 산술적인 측정이 가능: 정확하게 측정되고 관찰되어야 함 • 목적의 위계화와 조직의 활동 범위에 맞아야 함.

출처: 이봉주·김기덕(2014: 137). 재인용.

〈표 4-4〉 프로그램 목적 및 목표의 예

목적	산출목표	성과목표
1. 부부간의 문제점과 실태를 파악하여 서비스 질 향상	1-1. 월 2회 지역복지팀과의 협동 사례관리	대상 가정 부부의 문제점 및 욕구 파악
2. 장애인 다문화가정 부부 모임을 통한 세대 간 정보교류 및 부부관계 강화	2-1. 월 1회 부부 모임을 통한 세대 간 정보교류	부부관계 향상 및 유대감 형성
	2-2. 연 2회 부부가 함께하는 등산 프로그램 시행	
	2-3. 연 2회 문화 여가 활동을 통한 문화적 차이 해소	
	2-4. 연 2회 유대감 강화를 위한 부부 체험 시행	
	2-5. 앨범을 제작하여 추억 제공	
3. 배우자에 대한 이해와 문제점 및 갈등 해소	3-1. 연 1회 한마음 캠프를 통해 일체감 형성 및 갈등 해소	부부간의 이해 증진 및 갈등 해소
	3-2. 연 3회 역할극을 통해 서로를 이해	

출처: 김천시 장애인종합복지관(2011). 사회복지공동모금회 배분 사례. 〈장애인 다문화가정 부부의 갈등 해소를 위한 부부관계 강화 프로그램, "환상의 커플"〉

제3절 산출목표와 성과목표

I. 산출목표(output objective)

사회복지공동모금회 등의 단체에 제안서를 제출하거나 기관의 사업계획서를 작성할 때 산출목표와 성과목표를 구분하에 작성한다. 산출목표란 사업 시행을 통해 발생하는 산출물에 대한 목표를 의미하며, 과정목표라고 할 수 있으며, 성과목표는 사업의 결과로 나타나는 효과나 변화를 의미한다. 예를 들어, 프로그램 대상 독거노인 20명에 대한 상담 서비스 월 4회, 총 24회 시행 등으로 표현한다. 반면에 성과목표는 프로그램 대상 노인 20명의 우울 성향이 상담 전보다 10% 감소 등으로 작성한다.

산출목표는 사업의 결과인 성과목표를 가져오기 위해 취해지는 과정이나 단계를 나타낸다. 그러므로 산출목표는 클라이언트에게 미치는 변화나 영향을 나타내지 않는다. '상담 서비스 월 4회, 6개월 24회 실시'는 독거노인의 우울감 감소(변화)라는 효과를 달성하기 위한 과정이다. 무슨 활동과 내용으로 프로그램이 운영되는지를 전체적으로 이해하는 것이 중요하기에 이러한 활동 내용을 산출목표로 공식화한다.

프로그램 목적과 산출목표, 성과목표에 대한 사회복지공동모금회의 예시를 다음 〈표 4-5〉와 〈표 4-6〉에 제공하였다.

〈표 4-5〉 산출목표

세부 사업명	산출목표	모니터링 방법
맞춤형 서비스 지원	20가정 일반상담 5회, 총 100회 실시	방문 일자별 상담기록 작성
	20가정 심리치료 1회, 총 120회 실시	검사 결과/치료일지 확인
	서비스 통합 사례 회의 5회 실시	사례회의록 작성
	일상생활 지원 가정별 1회, 총 20회 실시	자원연계 내역 기록
양육교육 프로그램	전문가 상담 및 교육 가정별 2회, 총 20회 진행	교육일지 및 상담기록 작성

〈표 4-6〉 성과목표

성과목표	평가도구 및 방법	측정 시기
아동학대 행위자의 학대위험요인 감소	• 성과지표: 학대위험 20% 감소 • 평가도구: 학대위험도 평가 척도 • 평가방법: 학대행위자 20가정 대상 사전 사후 설문조사	사전(2월), 사후(12월)
아동학대 행위자의 부모양육태도 향상	• 성과지표: 부모양육태도 20% 향상 • 평가도구: 부모양육태도검사(PAT) 척도 • 평가방법: 부모, 가족구성원 사전 사후 설문조사	사전(4월), 사후(12월)
아동학대 피해가정 가족기능 강화	• 평가주체: 본 기관 담당자 • 평가방법: 참여자 20가정 대상으로 구조화된 질문지를 통해 인터뷰 실시	사업종료 후(12월)

2. 성과목표(outcome objective)

1) 성과목표 개념

성과목표는 사회복지 프로그램 실행 후 클라이언트에게 일어난 변화가 무엇인가를 의미한다. 프로그램 실행 이후 클라이언트에게 예상되는 행동, 지식, 기능, 태도, 상황의 변화를 나타내기 위해 '획득하다, 증가하다, 감소하다, 촉진하다'와 같은 동사 형태로 표현한다(신원식 외, 2022). 궁극적으로 사회복지 프로그램 참여를 통해 클라이언트의 실제 삶에서의 행동, 지식, 기능, 태도, 감정 등이 바람직한 방향으로 변화되거나 현재의 바람직하지 못한 상황에서 벗어나는 변화가 나타나는 것을 의미한다.

프로그램 참여 이후 클라이언트에게 변화가 나타나고, 그 변화를 성과라고 한다면, 성과목표를 도출하기 위해서는 다음과 같은 질문이 유용할 수 있다(사회복지공동모금회, 2015).

첫째, 대상집단이 무엇을 알게 되었는가?

둘째, 대상집단이 무엇을 생각하게 되었는가?

셋째, 대상집단이 무엇을 할 수 있게 되었는가?
넷째, 대상집단이 어떻게 행동하게 되었는가?
다섯째, 대상집단의 상황이 어떻게 변화되었는가?

성과목표는 클라이언트에게 단기간에 나타날 수도 있지만, 장기적인 측면에서 측정하고 분석해야 하는 경우도 있다. 그러므로 성과는 단기성과, 중기성과, 장기성과로 구분하여 측정하고, 1년 미만 사업수행 기간의 프로그램 경우에는 단기성과 또는 중기성과를 제시하는 것이 바람직하다. 즉, 성과란 클라이언트가 프로그램을 통해서 새로운 지식이나 기술을 습득하거나 가치나 태도가 변화하는 단기성과, 클라이언트가 프로그램에 지속적으로 참여하면서 의사결정이나 행동이 변화하는 중기성과, 클라이언트가 장기적으로 프로그램에 참여함으로써 사회적 지위가 향상되거나 삶의 조건이 개선되는 장기성과로 구분할 수 있다(사회복지공동모금회, 2018). 단기성과, 중기성과, 장기성과의 개념과 예시를 〈표 4-7〉에 제시하였다.

〈표 4-7〉 단기 · 중기 · 장기성과

구분	설명	성과 예시
단기성과	활동(프로그램 내용) 참여를 통한 지식, 기술, 태도의 변화	기술의 습득 학습에 대한 흥미, 능력향상 문제상황의 인식, 확인
중기성과	단기성과(지식, 기술, 태도의 변화)로 나타나는 행동의 변화	직업 획득 시험 합격, 상급학교 진학 문제행동 감소
장기성과	조건이나 상황에 대한 궁극적 변화	경제적 안정 자립 문제행동 중지

출처: 신원식 · 신근화(2022). 사회복지 프로그램 개발과 평가: 89.

2) 성과목표 측정 방법

프로그램 개발을 하면서 결정한 성과목표 달성 여부를 어떻게 측정할 것인가를 고려해야 한다. 질적인 방법과 양적인 방법이 있으나 한동우(2001)는 서비스 통계분석, 실증적 조사, 질적 조사로 구분하였다.

(1) 서비스 통계분석

프로그램 운영하면서 얻게 되는 정보들(프로그램의 구조, 예산, 전문인력 수, 자격 여부, 클라이언트의 수, 프로그램 활동 시간, 전문인력 투입 시간, 소요 경비, 장비, 시설, 각종 서류와 보고서, 사례)에 관한 기록들을 분석하는 방법이다. 이는 프로그램 운영 기관의 활동이나 수준을 분석하기 때문에 성과를 달성하기 위해 전제되어야 할 산출물을 반영한다. 프로그램 수행을 위해 필요한 인력 분석이나 인적 자원 대비 물적자원을 분석하기 때문에 프로그램의 효율성을 설명하는 자료가 되기도 한다.

(2) 실증적 조사

성과 측정을 위해 가장 보편적으로 사용되는 방법이 실증적 조사이다. 프로그램에 참여한 클라이언트를 대상으로 설문조사 등을 하여 프로그램의 성과 달성 정보를 객관적으로 검토하는 것이다. 계량화가 가능한 성과지표를 활용할 때 사용이 가능한 측정방법이다. 클라이언트에게 나타난 변화가 프로그램의 효과로 인한 것인지를 명확하게 판단하기 위해서는 실험설계가 요구된다. 그러나 실제 사회복지 현장에서 실험설계를 통해 성과를 검증하는 것은 매우 어렵다. 프로그램 효과 외에도 클라이언트의 변화에 영향을 미치는 외적타당도를 통제시키기 어려운 경우가 대부분이다. 그러므로 가능하면 측정의 신뢰도와 타당도가 확보된 표준화된 척도를 활용하여 실증적 조사를 하는 것이 유용하다.

(3) 질적 조사

사회복지 현장에서 프로그램의 성과를 객관적으로 계량화하여 측정하기 어려운 경우가 많다. 질적 조사를 통해 실증적 조사에 의한 성과 측정을 보완하기도 한다. 참여관찰, 심층면접, 전문가 집단 토론, 사례기록 분석 등으로 질적 조사를 할 수 있다. 첫째, 참여관찰은 사회복지사가 클라이언트를 관찰하는 것이다. 클라이언트의 응답에 의존하여 성과를 측정하는 것이 아니라, 사회복지사가 직접 평가기준을 정하여 그에 따라 현상을 이해하고 해석하는 것이다. 둘째, 심층면접은 클라이언트와 심도 있는 면접을 하는 것이다. 미리 계획된 구조화된 설문지를 기반으로 하기도 하고 면접과정에서 새롭게 질문을 추가하여 면접조사를 하는 것이다. 셋째, 전문가 집단 토론인데, 클라이언트 집단에게 프로그램의 과정이나 결과에 대한 토론주제와 표준화된 진행방식을 제시하고 그 결론을 사회복지사가 종합함으로써 이뤄진다. 넷째, 클라이언트 사례기록 분석이다. 사례기록은 프로그램을 운영한 사회복지사와 참여한 클라이언트의 관계를 잘 설명하는 자료이기에 사례기록 분석을 통해 클라이언트 변화에 프로그램의 어떤 요소가 영향을 주었는지를 유추해 볼 수 있다.

3) 성과목표기술 요소

성과목표기술에는 '누가, 어떻게, 무엇을, 한다'라는 구체적인 내용이 순서대로 포함되는 것이 가장 일반적이다. '누가+어떻게+무엇을+한다' 순서를 가끔 '누가+무엇을+한다+어떻게'로 바꿔서 기술하는 경우도 있는데, 일반적으로 '동사'인 '한다'가 핵심 성과이므로 마지막에 강조하는 것이 좋다. '누가(who)'는 프로그램주 참여자 클라이언트가 해당한다. 예를 들어 사업명 '저소득 독거노인의 우울감 감소 집단상담 프로그램'에서 '누구'는 '65세 이상 저소득 독거노인'이 된다. '어떻게(how)'는 변화를 위한 활동, 사업내용, 계획을 의미한다. 예를 들어 위 사업의 경우에, '어떻게'는 '집단상담 프로그램 참여'이다. '무엇을(what)'은 심리, 정서, 행동, 환경이 내용이다. 위 사업에서 '무엇을'에 해당하는 것은 '우울감'이다. '한다(do)'는 심리, 정서, 행동, 환경의 변화를 일컫는다. 위 사업에서 '한다'는 '감소한다'로 볼 수 있다.

'누가'에 관해 기술할 때 성, 연령, 사회적 기능 정도 등에 대해 구체적이고 명확한 용어를 사용해야 한다. 예를 들어 '독거노인의 우울감을 감소시킨다'와 같은 성과목표의 경우에는 여성 독거노인보다 남성 독거노인의 우울감 호소 비율이 높고, 자살 시도 등 부정적 행동 표출도 많다는 것을 고려하여, '남성 독거노인'으로 구체화하는 것이 좋다. 또한 노년기로의 전환기인 60세에서 70세 사이 노인들의 정서 안정감이 낮기에 '60세 이상 70세 이하'라고 구체화하는 것이 좋다.

'어떻게'는 사회복지사가 클라이언트에게서 기대되는 바람직한 변화 결과를 가져오기 위해서 다양한 활동이나 프로그램을 계획한다. 계획하는 활동과 변화 사이에 이론적 연관이 있어야 하며, 이론적 근거를 포함해야 한다. 예를 들어, 독거노인들에서 자서전 쓰기를 통해 자존감이 향상되고 우울감이 줄어들었다는 연구결과를 기초로 독거노인 우울감 감소를 위해 '자서전 쓰기'라는 활동을 계획할 수 있다. '어떻게(자서전 쓰기)'가 클라이언트의 행동 변화인 우울감 감소와 이론적 근거가 전혀 없는 경우이거나 사전 설명 없이 갑자기 '어떻게'가 기술되는 것은 바람직하지 않다. 프로그램 활동 내용에 대한 이론적 근거는 목표기술에 중요하다. 예를 들어 '이혼 비양육자 캠프에 참여하여 비양육자 부모-자녀 관계 향상'이라는 성과목표 기술의 경우에 더 구체적으로 기술하는 것이 좋다. 즉 '어떻게'는 여기에서 '캠프'이다. 그런데 '캠프'의 내용이 너무 광범위하고 모호하다. '캠프'의 내용을 보다 구체적으로 하여 '1박 2일 상호작용 놀이체험 캠프'처럼 풀어서 제시하는 것이 좋다.

'무엇을'은 성과측정과도 관련이 있으므로, 측정 가능한 개념을 활용하는 것이 좋다. 사회복지공동모금회(2018b)에서 발간한 '공동모금회 배분사업 성과측정을 위한 척도집'에 다양한 척도들이 제시되었다. 일반적으로 빈번하게 사용되는 용어인 '자존감'이나 모호한 개념인 '행복감', 포괄적으로 쓴 '부모자녀관계'와 같은 성과목표 기술을 탈피하는 것이 좋다. 예를 들어, '이혼 비양육자 상호작용 놀이체험 캠프에 참여하여 비양육자 부모-자녀 관계 향상'이라고 포괄적으로 기술된

성과목표를 다시 기술하여 보자. '비양육자 부모-자녀 관계' 중에서 구체적으로 '무엇을' 향상하겠다고 하는지가 명확하지 않다. '비양육자 아버지 역할 정체감'이라고 변경하고, 이를 측정하기 위해 사회복지공동모금회(2018b)의 〈아버지 역할 척도(박은주 외, 2015)〉를 활용할 수 있다.

'한다'는 동사 형태로 변화의 정도와 방향에 대하여, 가능하면 긍정적인 표현으로 기술한다. 예를 들어 '결석률 감소한다' 보다 '출석률 증가한다'라는 표현이 더 좋다. 또한 '한다'를 기술할 때 '~시킨다'로 하는 것은 지양하는 것이 좋다. '~시킨다'는 표현은 클라이언트는 주체적인 존재가 아니고, 사회복지 프로그램 때문에 수동적으로 반응한다는 의미가 내포되어 있다. 그러므로 '비양육자 아버지 역할 정체감을 향상시킨다'라고 표현했다면, '비양육자 아버지 역할 정체감이 향상된다'로 기술하면 좋다.

제4절 목표설정의 방법

I. 목표기술의 원칙

성과목표를 기술하는 데에는 몇 가지 기본적인 원칙들이 있다. 활동 내용이 아니라 성취 의미가 내포된 성과목표를 기술하여야 한다. 정무성(2000)은 다섯 가지 주요 목표기술의 원칙(SMART Objectives)을 제시하였다. Specific(구체적, 명료하게), Measurable(측정할 수 있게), Attainable(실현할 수 있게), Result-oriented(결과 지향적으로), Time frame(시간 구조를 갖도록)의 틀 속에서 성과목표를 제시하는 것이다.

1) 구체적(Specific)

성과목표는 목적과 달리 추상적이거나 포괄적인 용어로 모호하게 기술해서는 안 된다. 구체성은 일반적인 사람들이 모두 같은 의미로 해석할 수 있어야 한다. '바람직한 결혼생활', '행복한 친구 관계'라는 표현은 매우 추상적이어서 주관적으로 해석되고 이해될 가능성이 크다. 이는 보다 구체적인 용어인 '부부 의사소통 기술 높이기', '사회성 기술 향상'이나 '주장적 자기표현 기술 향상'으로 바꾸는 게 좋다.

2) 측정할 수 있게(Measurable)

성과목표를 수치화로 표현하는 것은 논란의 대상이 되어왔고 실제 수치화가 불가능한 것도 있지만 프로그램의 효과성 설명이나 평가와도 직결되기에 중요하다. 측정할 수 있게 수치화된 성과목표나 평가가 없다면, 프로그램에 대해 사회복지사나 관리자에 따라 성과를 다르게 표현하는 문제가 발생할 수 있다. 따라서 가능하다면 비율, 퍼센트, 변화율 등 산술적으로 측정할 수 있거나 측정 도구를 활용할 수 있어야 한다. 기존의 사회복지 분야에서 많이 활용되는 용어를 활용하는 것이 좋다.

또한 성과는 프로그램을 통한 클라이언트의 변화량을 의미하기 때문에 측정 가능한 숫자로 표현된 실적이나 사업량을 성과목표로 볼 수는 없다. 예를 들어 '학교 부적응 청소년의 자기 주장적 의사소통 프로그램 월 4회 3개월 동안 12회 모임 참석, 참석률 90%'를 성과목표로 기술할 수 없다. 모임 참석으로 변화를 보장할 수 없기 때문이다. 즉 청소년들이 프로그램에 열심히 참여했지만, 실제 학교에서 부적응은 여전하고 의사소통에서 자기 주장적으로 표현하는 빈도도 낮다면, 프로그램의 성과가 있었다고 확언하기는 어렵다.

3) 실현 가능하게(Attainable)

현실적이고 성취 가능한 목표여야 한다. 현실보다 지나치게 높은 목표를 설정하면 프로그램 실무자들이 달성할 수 없어서 성취감을 얻을 수도 없고 프로그램 효과도 낮을 수밖에 없다. 반대로 너무 낮은 수준의 목표 설정은 비효율적이고, 기관에서 이를 달성하고자 하는 실천적 노력을 조금만 해도 되기 때문에 프로그램의 질이 낮아질 수 있다.

성취 가능해야 한다는 목표기술의 원칙은 통제 가능한 성과목표여야 함을 의미하기도 한다. 예를 들어 구급차 서비스에 대한 목표는 병원 환자의 구급차 이용률로 나타낼 수 있겠지만, 실제로 구급차 서비스 질에 대한 성과는 이용한 환자 수 만으로 설명할 수는 없다. 오히려 이러한 구급차 서비스는 전화를 받은 후 대응 시간이나 위기 상황에서 대처하는 기술 등 통제 가능한 요소로 목표를 기술하여야 한다(김통원, 2003).

4) 결과 지향적(Result-oriented)

프로그램 수행 후 결과를 고려하여 계획된 활동이므로 목표에 결과를 제시하여야 한다. 예를 들어 '비만 청소년의 체중 감량을 통해 대상자 60% 청소년의 우울함이 20% 감소한다'라고 성과목표를 기술한 경우를 살펴보자. 숫자를 활용한 목표 기술이기에 매우 구체적이고 명확한 목표처럼 표현되었다. 그러나 대상 청소년의 60%만 변화되면 프로그램의 성과가 있다고 해석될 수 있어서 바람직하지 않다. 나머지 40% 청소년의 프로그램 참여는 누락되어 버렸다. 또한 우울의 감소 수준을 20%로 설정한 이론적 근거가 없다. 우울함이 20% 감소하게 되면 어떠 어떠한 궁극적인 성과나 결과가 있다는 이론적 뒷받침이 없으면, 표면적으로는 좋은 성과목표 기술로 보이지만, 이는 의미 없는 수치에 불과하기에 유의할 필요가 있다.

5) 시간 구조(Time frame)

장기적인 프로젝트의 경우는 예외지만, 대부분 프로그램은 제한된 자원으로 제한된 기간 내에 실행된다. 짧게는 1개월에서 1년 이내의 사업 수행 기간에 사회복지 프로그램을 수행한다. 각 사업이나 프로그램의 시간 제한성을 분명하게 제시하는 것이 좋다. 시간제한으로 인해 프로그램 종결 시점을 유추할 수 있고, 이에 따라 평가계획도 달라질 수 있다. 예를 들어 '미혼모가 자조모임에 참여하여 양육 스트레스가 감소한다'와 같은 목표는 시간제한이 없으므로 바람직하지 않다. '20○○년 ○○월~○○월 까지 미혼모가 자조모임에 참여하여 양육 스트레스가 감소한다'와 같이 시간 제한성을 두어 다른 활동이나 서비스를 자조 모임 전후로 계획하여 순차성이나 연계성도 분명히 할 수 있도록 해야 한다.

2. 목표 및 세부목표 설정의 기준

프로그램의 목표 및 세부목표를 설정할 때 몇 가지 조건을 충족시키는 것이 좋다. 다음은 정무성 외(2001)가 제시하는 목표 및 세부목표 설정 기준이다.

1) 목표진술의 기준

(1) 목표는 사회문제 분석과 관계돼야 한다.

프로그램의 목표 진술은 관련 사회문제 진술에서부터 시작된다. 목표를 확인하기 위해 프로그램 개발 및 기획하는 사회복지사는 사회문제를 발생시키거나 유지하는데 기여하는 요인들의 목록을 작성하고 프로그램이 그 요인에 영향을 주거나 변화시키기 위한 방향으로 노력을 기울여야 한다.

(2) 목표는 결과 중심적이어야 한다.

목표진술은 기관을 위해서가 아니라 프로그램이나 서비스 대상자인 클라이언트를 위해 진술하는 것이다. 예를 들어 프로그램의 목표를 '직업교육과 취업 기회 제공 프로그램이 제공될 것이다'로 표현하는 것은 바람직하지 않다. 이는 기관이 무엇을 하겠다는 것을 의미하는 것이지, 프로그램 수행 후에 기대하는 결과를 반영하고 있지 않기 때문이다. 그러므로 '클라이언트들은 직업교육과 취업을 하게 될 것이다'와 같이 결과 중심의 표현으로 목표를 진술하는 것이 좋다.

(3) 목표는 현실적이어야 한다.

목표의 현실성은 목표기술의 원칙에서 '실현 가능한(Attainable)'과 같다. 즉 목표는 재정적, 기술적, 윤리적, 법적으로 실현할 수 있게 설정하여야 한다.

(4) 목표는 분명하게 진술되어야 한다.

목표는 대부분 사람이 일반적으로 이해하기 쉽게 진술되어야 한다. 너무 전문적인 용어나 어려운 용어 사용을 피하고, 프로그램의 존재 이유에 맞춰서 설정한다. 예를 들어 '아동 비블리오 메디컬 테라피를 통한 언어 유창성 증진'이라고 목표가 설정된 경우, 외국어 표현이 많아서 쉽게 이해되지 않는다. 오히려 '아동 독서치료를 통한 언어 유창성 증진'이라고 진술하여 독서치료의 내용을 분명하게 하는 것이 좋다.

(5) 목표는 클라이언트 집단을 명시해야 한다.

목표진술 시 프로그램 표적집단과 실제 참여자인 클라이언트 집단을 진술하여야 한다. 프로그램 개발 및 설계의 첫 단계부터 명확하게 집단을 구조화하고 시작하는 것이 좋다. 예를 들어 '의사소통 부부 대화법 향상' 관련 프로그램을 계획한다고 가정해 보자. 여기서 부부는 매우 포괄적이어서 20대부터 노인까지 다양한 대상 집단이 참여할 수 있다. 집단 구성원의 다양성은 프로그램 진행 시 어느 대상에게 초점을 둬야 할지 혼란스럽고, 프로그램의 효과도 떨어질 수 있는 요인이 된다. 그러므로 '나이, 가족생활주기, 경제생활 형태 등'을 포함하여 '20대 신혼기 맞벌이 부부' 집단으로 클라이언트 집단을 분명히 하는 것이 좋다.

(6) 목표는 정확해야 한다.

목표의 정확성은 목표기술의 원칙에서 '측정 가능성(Measurable)'과 같다. 즉 목표는 관찰할 수 있고 측정 가능해야 한다.

(7) 목표는 성취지향으로 표현되어야 한다.

목표진술은 '무엇을 소멸시킨다' 보다는 '무엇을 달성한다'는 형식으로 진술하여야 한다. 예를 들어 '실업률을 감소시킨다'보다는 '취업률을 증가시킨다'로 성취 지향으로 표현하는 것이 좋다. 또한 성취지향의 목표 진술이라고 무조건 긍정적이어야 하는 것은 아니고 부정적인 표현도 가능하다. 예를 들어 '10kg 체중 줄이기'에서처럼 '줄이기, 마이너스, 감소'와 같은 부정적인 표현을 사용하기도 한다. 그러나 이것도 10kg만큼 체중을 줄여서 달성하게 될 체중을 명시하는 것이 좋다. 즉 '○○kg 몸무게 달성'이라는 성취지향의 표현을 사용할 수 있다.

2) 세부목표 진술의 기준

세부목표는 목표의 하위요소로서 목표를 구체적인 내용이나 성과 요소별로 나누어 실제로 클라이언트가 받게 될 서비스나 프로그램 중심으로 진술한다. 적절한 세부목표 진술을 위해서 여덟 가지 기준이 있는데 네 가지(결과중심, 분명함, 성취지향, 현실적)는 목표 진술 기준과 같기에, 그 외 네 가지(단 하나 기준, 측정가능, 시간기준, 목표와 연관성)를 제시한다.

(1) 세부목표는 단 하나의 기준을 설정해야 한다.

각각의 세부목표는 숫자 또는 백분율 또는 비율로 결과를 나타내야 한다. 예를 들어, 어떤 세부목표는 '일주일마다 최소 10시간에 75%의 클라이언트가 고용될 것이다'와 같이 기준 하나를 진술한다.

(2) 세부목표는 측정할 수 있어야 한다.

세부목표의 측정가능성은 목표기술의 원칙에서 '측정가능성(Measurable)'과 같다. 즉 세부목표는 정확하게 측정되고 관찰할 수 있고 명확해야 한다.

(3) 세부목표는 시간기준을 갖는다.

세부목표의 시간기준은 목표기술의 원칙에서 '시간 구조(Time frame)'와 같다. 즉, 회계연도, 프로그램 연도, 월별, 분기 등으로 한계가 명시돼야 한다.

(4) 세부목표는 목표와 관계있는 것이어야 한다.

세부목표는 프로그램 목표를 최종적으로 달성하기 위해 세분화하여 표현하는 것이다. 그러므로 목표 지향의 세부목표를 진술한다.

제5장
프로그램 과정 설계

학습목표

1. 사회복지 프로그램 기획과 설계에 대해 이해하고 설명할 수 있다.
2. 사회복지 프로그램 설계과정을 단계별로 설명할 수 있다.
3. 사회복지 프로그램을 설계하기 위한 개입전략을 이해하고 활용할 수 있다.

사회복지 프로그램 과정을 설계하는 것은 프로그램의 실현가능성을 높여서 프로그램의 목적과 목표를 달성하기 위해서 사회복지 프로그램 기획과 설계, 프로그램 단계별 설계과정, 프로그램을 설계하기 위한 개입전략에 대해서 제시하였다.

제1절 사회복지 프로그램 기획과 설계

I. 사회복지 프로그램 기획의 개념

사회복지 프로그램에서 기획(planning)을 한다는 것은 사회복지실천현장에서 사회복지의 목적과 목표를 달성하기 위한 꼭 필요한 활동인 반면, 사회복지 실무자들에게는 많은 부담으로 오는 것이 사실이다. 모든 사회복지 실무자들은 훌륭

하고 좋은 프로그램을 기획하여 클라이언트의 문제를 해결하고 기관의 목표를 달성하여 사회복지조직의 책임성을 갖고자 하는 욕구가 높다.

일반적으로 기획(planning)은 구체적인 행동을 실행함에 앞서 그에 대한 일련의 계획을 수립해 나가는 과정으로, 목적이나 행동을 생각하는 특정한 방법을 의미한다. 기획을 이해하기 위해서는 계획의 의미를 이해하는 것이 선행되어야 하며, 계획은 기획의 과정을 통해서 얻어지는 산출물로서 어떤 일을 하기 전에 내용, 방법, 순서, 규모 등을 미리 생각하여 세운 내용을 의미한다(국립국어원 표준국어대사전, 2023). 기획은 연속적 활동, 준비하는 과정, 행동 지향적 활동, 미래 지향적 활동, 목표를 성취하기 위한 활동, 최적의 수단 및 대안을 찾아내는 과정으로 의사결정을 의미한다.

사회복지분야에서도 기획은 사전적 의미를 포함하고 있지만, 사회복지 프로그램 기획은 사회현실, 사회문제와 욕구 해결을 위한 현실성과 실천성을 담고 있다는 점에서 차이가 있다.

사회복지 프로그램을 기획한다는 것은 사회복지 실무자 자신이 속한 기관의 역량을 갖고 사회문제와 욕구를 갖고 있는 클라이언트가 지역사회에서 생활을 할 수 있도록 하는 것이다.

기획은 단순히 제안서(proposal)를 작성하기 위해 서비스 단계들을 계획하는 것이라기보다는 특정한 사회문제를 해결하기 위해 해결의 우선순위를 결정하는 의사결정 과정이다(York, 1982). 사회문제의 원인을 확인하고 규정하며, 문제해결에 필요한 자원의 확보, 그리고 프로그램 설계과정에서 대안을 확인하고 선택하는 일련의 절차가 기획이라고 할 수 있다(Kahn, 1967; 김영종, 2012).

이처럼 프로그램을 기획(planning)한다는 것은 사회문제와 욕구를 해결하기 위한 사업을 추진하기 전에 해야 할 일(work)이 무엇인지와 그 일을 어떻게 수행해야 하는 방법(method)을 결정하는 것이다. 다시 말해 기획은 ① 해야 할 일이 무엇인지? ② 해야 할 일이 왜 필요한지? ③ 어떤 수행방법이 있는지? ④ 시기는 언제인지? ⑤ 책임자는 누가 할 것인지? ⑥ 선택 가능한 모든 대안들은 무엇인지? ⑦ 가장 적절한 대안 및 내용이 무엇인지? 등을 찾는 작업이 이루어진다.

그러나 사회복지 실무자들은 단순한 아이디어를 갖고 곧바로 프로포절을 작성하려고 하다 보니 쉽게 작성되지도 않고 어려움을 겪는 경우가 있다. 이는 실무자 입장에서 기관의 클라이언트 문제를 해결하기 위한 구체적인 분석이 이루어지지 않아 계획한 프로그램을 준비하는 체계적인 설계과정이 없기 때문이다.

드로어(Dror, 1967)는 기획을 적절한 수단을 통해 목표를 달성하기 위한 미래의 가치에 대한 일단의 결정을 준비하는 과정이라고 설명하였고, 길버트 외(Gilbert. et al., 1997)는 기획은 통찰력과 체계적인 사고, 그리고 조사연구를 통해 문제해결을 시도하는 것이고 이 과정에서 어떤 행동을 선택할 것인가에 대한 가치선호 행위로 말하고 있다.

김상곤 외(2014)는 사회복지 프로그램은 사회문제와 욕구를 해결하기 위한 계획을 수립하는 과정으로 합리적 의사결정을 통해 미래를 예측하고 최적의 대안을 설계하는 체계적인 노력을 말한다.

따라서, 사회복지에서 프로그램 기획은 프로그램의 목적과 목표를 달성하기 위한 사회복지 실무자들에게 꼭 필요한 과정이고 프로그램의 목적 설정에서부터 실행, 평가에 이르기까지 일련의 합리적인 결정과 내용을 개발하는 과정이라고 할 수 있다.

2. 기획의 특징

사회복지 프로그램의 기획에 관한 많은 학자들의 견해를 보면, 미래지향적인 활동(futuristic activity), 적극적·능동적 행위(proactive behavior), 사회복지조직의 효율성 제고, 연속적·단계적인 과정, 협동적 노력, 일련의 의사결정과정, 포괄적인 사고과정, 정형적인 활동 등의 특징이 있다(최일섭 외, 1993; 우수명, 2007; 기영화, 2009). 기획은 이러한 여러 가지 특징이 조화롭게 구성되어야 기획의 체계성과 승인의 가능성을 높일 수 있다. 기획의 특징을 종합적으로 정리하면 다음과 같다.

1) 기획은 지속적인 과정이다.

기획과정은 일회적인 행동이 아니고 계획적인 과정이다. 따라서 모니터링(monitoring)과 환류(feedback)를 중요시한다. 또한 일 년 계획을 수립한다고 하더라도 그 계획은 일회적인 연중행사라고 할 수 없으며, 그 계획이 시행되는 동안에 상황이 변화하게 되면 수정이 불가피하기 때문에 기획은 지속적인 과정이라 할 수 있다.

2) 기획은 지향점을 가져야 한다.

프로그램 기획은 무엇을 할 것인가에 대한 해답으로서 지향점을 가져야 한다. 이러한 지향점은 프로그램의 목표로 구체적으로 표현된다. 전문성을 가지고 해결해야 할 과제나 문제를 규정하고, 이를 해결 또는 개선할 수 있는 목표가 명확하게 제시되었다면 기획은 인증받을 가능성이 높아짐은 물론, 실질적인 프로그램의 방향을 잃지 않고 일관되게 수행할 수 있도록 나침반 역할을 하게 된다.

3) 기획은 목표 지향적이다.

기획이란 적절한 수단을 통해서 목표를 달성하려는 과정인 것이다. 특히, 사회복지 프로그램 기획은 특정 집단의 정치적 권력이나 경제적 이익을 유지시키는데 목적을 두는 것이 아니고, 사회에 공헌할 수 있는 방향으로 개진되어야 한다.

또한, 기획은 목표와 수단을 연결시키는 것이다. 계획을 수립할 때 목표를 분명히 설정하여야 하며, 그러한 목표를 달성하기 위한 수단을 분명히 하는 것은 매우 중요한 일이다.

4) 기획은 미래지향적이어야 한다.

프로그램이란 미리 정해진 목표를 달성하기 위해 사용하는 과정이라고 할 수 있다. 따라서 프로그램 기획은 과거와 현재를 토대로 하여 미래의 사건을 꾸미는 것이다. 과거에 있었던 사실을 기술한다거나, 이미 결정이 내려진 것에 대한 정당성을 부여하는 등의 행동은 기획이라고 할 수 없다.

5) 기획은 현장을 중심으로 이루어져야 한다.

현장 중심성이라는 것은 클라이언트와 사회복지사와의 관계가 우선적으로 중요하며, 클라이언트와의 상호작용 과정에서 파악되는 욕구에 대한 사회복지사의 냉철한 문제의식이 현장성을 높이는데 출발점이 된다. 이를 위해서 사회복지사는 현장의 작은 변화나 새로운 출현에 늘 관심을 가지고 지켜보고, 왜 그런 변화가 나타났으며 무엇이 문제이며 과제인가를 늘 고민하고 그러한 것들을 해결할 수 있는 대안과 실천력 등을 다양하게 산출할 수 있어야 한다.

6) 기획은 개방성을 가져야 한다.

프로그램 기획은 개방성을 전제로 한다. 즉, 기획된 프로그램은 수행되는 과정에서도 많은 돌발변수가 발생할 수 있으며, 이에 대처하기 위한 역동성과 가변성을 스스로 갖추거나 준비해야 한다. 이런 의미에서 기획은 확정적이거나 정형적이지 않다. 기획이 가지고 있는 개방성은 다양한 아이디어의 창출과 수용에 있어서 전향적 유연성을 가져야 한다는 것을 의미한다. 기존의 것을 보다 효과적으로 보완할 수도 있으며, 시대적 변화에 대응하는 새로운 아이템들을 개발해야 할 필요성이 기획에서는 더욱더 많이 요구된다.

7) 기획은 다양한 대안들을 탐색하는 과정이다.

기획은 단지 사실이나 경향을 예측하는 것만이 아니고, 여러 가지 선택 대안들의 결과를 예측하는 과정이라고 할 수 있다. 따라서 기획에서는 모든 프로그램 개발의 대안들이 탐색되어야 한다. 프로그램의 목적과 목표를 어떻게 정할지의 경우에도 여러 대안이 있으며, 동일한 목표라 하더라도 해결할 수 있는 실천 프로그램 또한 다양한 방법들이 있을 수 있다. 따라서 폭 넓고 다양한 사고를 통하여 유용하되 최대한 많은 대안들을 기획과정에서 제안해 주어야 할 것이다.

8) 기획은 의사결정이다.

기획이란 의사결정에 초점을 둔다고 할 수 있다. 즉, 기획의 목적은 정책결정과정을 용이하게 하는 것이며, 정책결정과정에 합리적인 방법과 체계적인 절차를 부여하는 데 있다. 따라서 어떠한 활동도 그것이 정책이나 사업을 결정하는 것과 관련을 갖지 못한다면 기획을 위한 활동이라고 할 수 없다.

9) 기획은 인증 가능성을 가져야 한다.

기획은 인증을 받아야 프로그램으로 실행될 수 있다. 따라서 인증 가능성을 가지지 못한 기획은 부족한 것이라고 할 수 있다. 인증의 조건은 타당성, 예산과 자원, 재원을 지원하는 기관(정부, 재단, 사회복지 공동모금회 등)의 특성과 가치에 따라서 달라질 수 있으나, 현실적 실현 가능성이 중요한 요소이다. 이러한 맥락에서 외부 재원을 획득하기 위한 프로그램 기획은 다소 정치적인 과정이라고 할 수 있다.

10) 기획은 학습과 성장을 지향해야 한다.

기획과정에서 지역사회 문제를 검토하고, 새로운 사업이나 기존 사업의 개선을 검토하는 활동 자체가 중요한 학습과정이다. 기획을 통하여 구성된 내용들은 프로그램 실행의 토대가 되며, 프로그램의 수행을 통해 얻어진 경험의 체계화, 문서화 과정은 담당인력의 전문성 향상에 관리능력 성장의 밑거름이 되는 것이다.

11) 기획은 사회구조 속에 위치 지어진다.

사회복지 프로그램의 기획은 사회적 맥락에 기반을 둔 기획을 토대로 복지사회를 지향하는 사회구조를 만들어 갈 때 더욱 사회복지적 가치 실현에 다가가게 된다.

12) 기획은 전문화된 지식체계에 기반을 둔다.

사회문제 해결을 위해서는 가치의 분석과 형성, 정책 형성, 대안구성, 선택, 의사결정, 집행방법 등 사회과학의 핵심적인 문제들에 대한 이해를 필요로 한다. 기획은 체계적인 일련의 과정이며, 사회과학적 지식과 실천력의 수준에 따라 크게 달라질 수 있으므로 보다 수준 높은 전문화된 지식체계가 필요하다. 이를 토대로 합리적이고 타당한 행동의 방안을 제시하는 것이 기획이라고 할 수 있다.

3. 프로그램 기획의 필요성

프로그램의 기획은 바람직한 상태와 현실과의 차이를 줄이려는 필요성에 근거를 두고 있다. 즉, 목적과 현실의 차이를 좁히는 것이 주요 과제인 것이다. 프로그램 기획은 분명하고, 논리적이며, 통일성 있고 클라이언트에 초점을 두고 만들어져야 한다. 또한 프로그램의 효과성과 효율성 혹은 책임성으로 표현되는 사회적인 요구들에 대응하여 프로그램 수행의 정당성을 제시하기 위해서는 특히 합리적인 성격을 띤 프로그램 기획이 매우 필요하다. 프로그램 기획의 필요성에 관한 내용을 구체적으로 살펴보면 다음과 같다(김영종, 2012; 황성철, 2014; 김미자 외, 2014).

스키드모어(Skidmore, 1995)는 사회복지조직체에서 프로그램 기획의 필요성을 바탕으로 프로그램의 과학적 설계의 중요성을 다음과 같이 제시하고 있다.

첫째, 불확실성을 감소시켜 준다. 기획과정이 없다면 사회복지조직은 급변하는 환경과 불확실한 미래상황에 대한 불확실성이 증가할 것이고, 이로 인하여 사회복지조직의 목표가 혼동되거나 조직 성원이나 이용자가 권력 지향적인 행정가들에게 희생당할 가능성도 있다.

둘째, 합리성을 증진한다. 프로그램 진행의 기준마련을 통해 프로그램의 정책수행과 운영에 안전을 기할 수 있다. 프로그램 기획 수립은 프로그램이 계획대로 얼마나 잘 작성되어 수립되었는가를 가름할 수 있는 평가의 기준이 됨과 동시에 그 실행과정에서 미흡하였던 점을 파악하여 이를 개선하는 기초가 될 수 있다.

셋째, 효율성의 증진이다. 확정된 목표를 가장 효율적으로 달성할 수 있는 대안을 선택하게 함으로써 효율성을 증진시켜 준다. 효율성이란 목적을 경제적으로 달성하는 것을 뜻한다. 사회복지조직은 언제나 인력과 재원이 제한되어 있기 때문에 최선의 비용과 노력으로 서비스 목표를 달성하는 것이 바람직한데 이를 위해서는 사전에 치밀한 계획이 필요하다.

넷째, 효과성을 증진한다. 사회복지조직이 이용자에게 제공한 서비스는 그의 문제나 욕구를 해결하는 데 효과가 있어야 하는 데 소기의 효과를 얻기 위해서는 사전에 기획이 반드시 수립되어야 한다.

다섯째, 책임성의 이행이다. 사회복지조직은 사회의 인가를 받아 정부와 개인의 기부금 등을 사용하고 있기 때문에 조직이 목표하는 서비스를 효과적이고 효율적으로 제공할 책임을 지고 있다. 따라서 책임을 잘 수행하기 위해서는 서비스에 대한 기획이 반드시 필요한 것이다. 이는 조직활동에 대한 평가를 하기 위해서이다. 사회복지조직의 기본적인 문제는 사회적으로 인정받을 만큼 좋은 서비스를 제공하는 것이다. 이렇게 사회적인 책임을 이행하기 위해서는 철저한 기획을 하여야만 한다.

여섯째, 프로그램 관리자들의 이해와 욕구를 충족해야 한다. 프로그램 기획에는 그 프로그램에 관련된 전문가, 이용자, 지역사회 관계 인사들이 참여하게 되므로 이들이 프로그램에 적극적인 관심을 가지게 되고 프로그램 자체가 이용자의 욕구에 맞게 개발·적용될 수 있다.

일곱째, 사회복지조직 실무자의 사기가 진작되어야 한다. 프로그램 기획에는 많은 조직성원이 참여할 수 있고, 참여를 통하여 자신들이 조직에 기여하였고, 자신들의 생각이 받아들여졌다고 여긴다. 또한 자신들의 참여로 어떤 계획이 이루어졌다는 데에 타인으로부터 인정받고 성취감도 얻을 수 있기 때문에 기획은 사기진작을 위해서도 필요하다. 이러한 프로그램의 기획과정을 통해 직원들은 직무에 대한 성취감이나 만족감을 가질 수 있다.

하지만 프로그램 기획이 제대로 이루어지지 못하면, 프로그램을 수행함에 있어서 효율성이 떨어지고, 기획하는 사회복지사와 클라이언트는 그들이 무엇을 기대하며, 목적이 무엇인지를 알지 못하게 된다. 또한 목적이 명확하지 않을 경우 프로그램은 대중과 클라이언트, 이해관계자들로부터 지지를 받지 못할 것이며, 회의와 처리할 서류들이 많아져 노력과 시간이 필요 이상으로 투여되게 된다. 또한 프로그램 기획에 신중성을 기하지 않으면, 잠재적으로 더욱 영향력 있는 대안의 탐색을 회피하게 되고, 새로운 대안들이 선택되어진다.

따라서 프로그램의 기획은 꼭 필요하며, 기획하는 데 있어서 신중하고 효과성을 높이고 능률성을 증가하며, 사회복지 실무자들에게 직무만족도를 높이고, 동료들 간의 갈등을 최소화하며 사회복지기관의 지지를 확보해야 한다.

4. 사회복지 프로그램 기획과정

사회복지 프로그램의 기획은 프로그램의 목적과 목표를 달성하기 위한 연속적이며 지속적인 과정이라고 볼 수 있다. 스키드모어(Skidmore, 1995)는 기획의 과정을 ① 구체적 목표의 수정, ② 관련 정보 수집 및 가용자원 검토, ③ 목표 달성을 위한 대안적 방법 모색, ④ 대안의 실시조건 및 기대효과 평가, ⑤ 최종안의 선택, ⑥ 구체적인 실행 계획 수립으로 구분하였다. 케트너 외(Kettner, et al., 2008)는 기획의 단계를 ① 문제분석과 욕구사정, ② 적절한 개입전략 선별, ③ 목적과 목표선정, ④ 프로그램의 설계, ⑤ 경영정보체계 구축, ⑥ 예산수립, ⑦ 프로그램 효과성 평가로 구분하였다. 김상곤·최승희·안정선(2014)은 기획의 단계를 ① 문제와 욕구 확인 및 분석, ② 목적과 목표 수립, ③ 프로그램 개발을 위한 자원의 확보와 규모 확인, ④ 최적의 개입전략과 실행방법 결정, ⑤ 프로그램 평가계획 수립, ⑥ 프로그램 환류계획 수립의 6단계로 구분하였다.

이상 기획의 과정에 대한 학자들의 정의를 살펴보면 〈표 5-1〉과 같다. 사회복지 프로그램 기획의 과정에 대한 견해는 학자마다 보는 시각에 따라 차이가 있다. 이는 프로그램 기획의 범주를 기획안을 완성하는 것으로 볼 것인가? 실제로 프로그램을 실행하고, 평가하고, 환류하는 과정을 포함할 것인가?로 구분하였다. 프로그램의 기획을 목적 설정에서부터 실행, 평가에 이르기까지 일련의 합리적인 결정과 내용을 개발하는 과정으로 규정하는 점을 고려할 때, 기획의 범주는 프로그램을 설계하는 전 과정으로 보는 것이 타당하다. 이러한 관점에서 기획의 과정을 종합해 보면 다음과 같다.

① 문제와 욕구 분석
② 적절한 개입전략을 선택
③ 목적과 목표설정
④ 프로그램의 설계와 실행방법 결정

⑤ 프로그램 평가계획 수립

⑥ 프로그램 환류계획 수립

〈표 5-1〉 기획과정에 대한 주요 학자의 견해

학자	스키드모어 (1995)	케트너, 모로니와 마틴 (2008)	김상곤 · 최승희 · 안정선 (2014)
단계	① 구체적 목표의 수정 ② 관련 정보 수집 및 가용 자원 검토 ③ 목표 달성을 위한 대안적 방법 모색 ④ 대안의 실시조건 및 기대 효과 평가 ⑤ 최종안의 선택 ⑥ 구체적인 실행계획 수립	① 문제분석과 욕구사정 ② 적절한 개입전략 선별 ③ 목적과 목표선정 ④ 프로그램의 설계 ⑤ 경영정보체계 구축 ⑥ 예산수립 ⑦ 프로그램 효과성 평가	① 문제와 욕구 확인 및 분석 ② 목적과 목표 수립 ③ 프로그램 개발을 위한 자원의 확보와 규모 확인 ④ 최적의 개입전략과 실행방법 결정 ⑤ 프로그램 평가계획 수립 ⑥ 프로그램 환류계획 수립

사회복지 프로그램의 기획과정에서 과정에 따른 의사결정이 선행되어야 한다. 정무성(2014)은 의사결정(decision-making)은 조직 혹은 개인에게 있어 문제의 해결이나 불만족스러운 조건을 개선하기 위한 여러 대안들을 모색하여, 그중에서 조직의 목적을 가장 효율적으로 달성할 수 있는 최선의 대안을 최종적으로 선택하는 과정이라고 말한다. 따라서 의사결정은 계속적으로 진행되는 동태적 선택 과정이며, 실천지향적이고 불확실하고 예측이 어려운 미래에 대하여 결정하는 과정이라고 할 수 있다. 프로그램 기획은 의사결정과정으로 다양한 활동이 포함되어 있는 단계별 논리적 과정이다.

사회복지실무자들은 경쟁력 있는 프로그램, 좋은 프로그램, 클라이언트에게 유익한 프로그램들을 제안하고 실행하고 싶어 한다. 목적과 현실의 차이를 좁히고 구체성, 논리성, 통일성이 요구되며 클라이언트에 초점을 둔 프로그램 기획이 요구된다. 최일섭 외(1993)는 프로그램의 기획과정에서 고려해야 할 질문을 〈표 5-2〉와 같이 제시하였다.

〈표 5-2〉 프로그램기획 과정의 주요 질문

국면 / 단계	문제인식 국면	프로그램 국면
문제확인	• 사회적 관심사의 광범위한 경계는 무엇인가? • 이러한 경계 내에서의 주요한 사회문제는 무엇인가?	• 그 문제가 대상집단의 욕구로서 어느 정도나 존재하고 있는가? • 현존 서비스가 욕구를 어느 정도 충족할 수 있는가? • 가장 중요한 충족되지 않는 욕구는 무엇인가?
목표설정	• 어떤 사회적 가치가 적절한가? • 파악된 문제 영역에 대한 사회의 목표는 무엇인가?	• 그 프로그램의 목적과 목표는 무엇이어야 하는가?
프로그램 설계	• 합법적인 조치의 한계는 무엇인가? • 이 문제를 해결하기 위해 어떤 서비스가 계획되었는가? • 이들 서비스는 무엇을 성취하였는가?	• 프로그램 대안은 어떤 것들인가? • 최적의 프로그램 조합은 무엇인가?
평가	• 확인된 문제에 대응하는 데 사회는 얼마나 효과적이었는가? • 서비스는 얼마나 효과적이었는가?	• 서비스는 어떻게 평가되어야 하는가?

출처: 최일섭 · 이창호(1993), 사회계획론

제2절 프로그램 설계과정

I. 사회복지 프로그램 설계란

사회복지 실무자의 가장 중요한 업무 중 하나가 프로그램의 설계이다. 프로그램을 기획하기 위한 실천적 행동으로서 사회복지기관이 조직의 목적을 달성하기 위해서는 프로그램을 수행해야 하며 현실적인 존재의미와 원활한 조직의 통제를 확인할 수 있는 방법은 각 기관의 목적을 달성하기 위해 수행하고 있는 프로그램을 통해서 알 수 있다. 이러한 이유로 사회복지사는 적어도 1개 이상의 사회복지 프로그램을 수행해야 하며, 프로그램의 수행에 앞서 프로그램 설계가 반드시 먼저 이루어져야 한다.

하지만 실천현장에서는 가장 중요한 업무 중 하나인 프로그램 설계가 소홀하게 다루어지기도 한다. 이는 대부분의 프로그램 설계 시, 주변에 자원이 있기 때문에 또는 단순히 사회적 논란거리나 큰 쟁점사항으로 시작되는 경우가 대다수를 차지하고 있기 때문이다. 아동 및 청소년 문제, 장애인 문제, 노인 문제, 다문화가족 등 다양한 사회적 문제가 관심사로 대두됨에 따른 반응으로 프로그램을 개발하기 위한 설계가 이루어지거나 월별계획에 따라 아동, 청소년, 장애인, 노인, 가족 등을 위한 프로그램과 모금활동이나 각종 캠프 프로그램들이 통상적으로 이루어지고 있다.

사회복지 프로그램들은 단지 사회적으로 큰 이슈로 받아들여지고 있거나 혹은 단순히 자원이 있기 때문에 시작되는 되는 경우가 많다. 그러나 충분한 고찰이 결여된 대부분의 사회복지 프로그램은 클라이언트의 욕구를 효과적으로 충족시키지 못한다.

지은구(2007)는 프로그램 설계(design)란 프로그램을 만들기 위한 계획을 수립하는 과정으로 정의하고 있다. 집이나 건물을 짓기 위해서 설계 도면인 청사진을 만드는 것처럼, 프로그램을 만들어서 실행하기 위해서는 무엇보다도 먼저 프로그램을 설계해야 한다.

어떤 프로그램이 필요한지에 대한 구체적인 욕구를 반영하는 것이 바로 프로그램 설계도라는 청사진이라고 말할 수 있다. 어떤 프로그램을 얼마의 재원을 가지고 누구를 위해 제공할 것인지 등의 개략적인 프로그램의 방향은 모두 프로그램 설계에 반영된다.

프로그램 설계에 대한 이러한 정의는 프로그램 기획과 거의 유사하지만 엄격한 의미에서는 차이가 있다. 프로그램 기획을 문제분석부터 평가에 이르는 프로그램 전 과정에 대한 구체적인 계획이라고 한다면, 프로그램 설계는 그 계획에 대한 밑그림이라고 할 수 있다. 따라서 프로그램 설계는 프로그램 기획과정의 전반부로 프로그램 전체에 대한 대략적인 틀을 구상해 보는 것이라고 볼 수 있다.

사회복지 프로그램 설계는 프로그램 개발과정에 있어서 하나의 산출물(player)인 동시에 방법(method)이다(Rapp & Poertner, 1992). 산출물로서의 프로그램 설계와 방법으로서의 프로그램 설계를 구체적으로 살펴보고자 한다.

1) 산출물로서의 프로그램 설계

프로그램 설계는 특정 목적을 달성하기 위해서 다양한 수행자들(player)에게 요구되는 최소한의 행동양식들을 규정하는 문서이다. 단지 자금을 조성하고 다음 연도의 예산을 책정할 때만 꺼내 보는 문서가 아니라 프로그램을 진행하면서 지속적으로 지침이 되고 개선이 되어야 하는 상시적 효력을 갖는 문서로 간주되어야 한다. 따라서 산출물로서의 사회복지 프로그램 설계는 클라이언트에서 도움이 되면서 동시에 정치적인 지지를 얻기 위해서 정확하고 논리적이고 일관성 있게 작성되어야 한다.

2) 방법으로서의 프로그램 설계

방법으로서의 프로그램 설계는 진행상의 중대한 결정을 내리는 데 필수적인 기준과 같은 것이다. 즉, 설계는 구체적으로 사회복지사를 선발하고, 진행상의 결정을 내리는 데 필요한 분석적인 도구를 제공하는 과정이며, 틀(framework)을 말한다. 실제로 사회복지 프로그램 설계과정은 외부 영향력의 작용을 집합시키고 직원을 결집시키기 위한 하나의 메커니즘이 될 수 있다. 프로그램 설계의 효용성을 높이기 위해서는 프로그램을 진행하는 사람들이 그것을 장애물로 인식하지 말고 더 나은 기능을 위한 도구로 이해해야 한다.

2. 프로그램 설계의 중요성

프로그램의 설계는 조직의 업무능력을 증진시키고 개선시킬 수 있는 경영전략뿐만 아니라 지속적으로 수정되고 보완되는 하나의 과정이다. 프로그램 설계가 유용한 것이 되게 하려면 미리 예측 가능한 문제점을 파악하여 수정하고 보완할 수 있게 하는 것이 매우 중요하다. 이와 같은 사회복지 프로그램 설계의 중요성은 다음과 같다

첫째, 사회복지 프로그램 수행에 대한 책임성(accountability) 증진을 위해서이다. 사회복지 프로그램 설계에 따른 책임성의 증진을 통해 현장의 사회복지사와 실무담당자들은 매우 사소한 업무수행에 대한 과도한 업무량을 수행케 하는 지시를 줄일 수 있게 된다.

둘째, 사회복지 프로그램의 효과성과 효율성 증진을 위해서이다. 사회복지 프로그램 설계를 통해 사회복지사와 클라이언트는 그들의 목적이 무엇이고 그들에

게 기대되는 내용이 무엇인지를 이해하게 된다.

셋째, 재정 또는 자원의 공급자(供給者)에게 확실한 행동계획을 보여주기 위해서이다. 사회복지 프로그램 설계를 통해 후원자(sponsor) 또는 기부자(donor)의 비현실적인 기대를 줄이고, 실행되는 프로그램이 어떠한 이익을 발생할 수 있는지에 대해 생각할 수 있게 해준다.

넷째, 다른 기관, 전문직(타 학문영역), 클라이언트 및 일반인(지역사회 주민)이 사회복지 프로그램의 목적과 목표를 분명하게 이해하기 위해서이다. 사회복지 프로그램 설계를 통해 다른 기관, 타 전문직, 클라이언트, 일반인 모두가 수행하고자 하는 사회복지 프로그램의 목적에 대해 명확하게 알고 있음으로써 이들은 사회복지 프로그램을 지지하며 갈등의 발생빈도를 감소하게 해 준다.

다섯째, 사회복지 프로그램 관련 기관과 실무자들의 역할과 역할기대를 분명히 하여 실무자들의 직무 만족도를 증진시키기 위해서이다. 사회복지 프로그램 설계를 통해 관련 기관과 실무자들에게 보다 명확한 역할과 역할에 대한 기대들이 제시된다면, 많은 에너지의 소비와 불필요한 많은 회의, 소모적인 문서 작업들을 크게 줄 것이며, 성과 향상과 위기 상황으로 인해 나타날 수 있는 다른 방식의 조직 행동들을 막을 수 있을 것이다.

여섯째, 지역사회 자원의 낭비를 방지하기 위해서이다. 사회복지 프로그램 설계를 통해 최근에 순간적으로 떠오르는 대안을 설정함으로써 지역사회 자원을 무절제하게 사용하기보다는 잠재적으로 보다 좋은 대안을 신중하게 탐색할 수 있게 된다.

3. 사회복지 프로그램 설계 시 고려해야 할 사항

사회복지 프로그램 설계는 단순한 일회성의 작업이라기보다는 끊임없는 재검토가 요구되는 반복적 작업이다. 정무성(2014)은 프로그램 설계과정에서의 고려할 기준은 여러 가지가 있겠으나 일반적으로 다음과 같이 가치, 실현가능성, 준비성, 합리성의 네 가지가 고려되어야 함을 언급하였다.

첫째는 가치로 프로그램 참여자들이 받아들일 수 있는 가치가 반영되어 있는가?

둘째는 실현가능성으로 프로그램을 실행할 만한 정치적 승인과 경제적 자원을 동원할 수 있는가?

셋째는 준비성으로 프로그램의 주관 기관이나 조직이 제안되는 프로그램을 진행할 만한 준비가 되어 있는가?

넷째는 합리성으로 프로그램이 객관적 사실에 근거하여 준비되고 있는가?

라프와 포트너(Rapp & Poertner, 1992)는 사회복지 프로그램 설계 시 고려해야 할 사항으로 ① 사회복지 프로그램과 사회복지 가치와의 조화, ② 활용 가능한 정보, ③ 프로그램 개입의 수준 등을 지적하였다. 이러한 내용들을 상세히 살펴보면 다음과 같다.

1) 사회복지 프로그램과 사회복지 가치가 상호조화를 이루어야 한다.

사회복지 프로그램은 사회문제 분석에서부터 시작된다. 문제를 분석해 보면 그 안에서는 반드시 사회문제를 일으키는 해로운 요소들이 포함되어 있다. 이러한 요소들을 개별적인 원인으로 보느냐 혹은 환경적인 원인으로 보느냐에 따른 시각차가 있을 수 있다.

문제를 가진 개인을 사회에 복귀시키고 사회를 통제하는 목적과 전략으로 사회복지 프로그램을 제공하고자 하는 경우는 사회문제를 개별적인 원인에서 보는 관점이다. 이러한 종류의 개입을 위한 지원과 승인을 얻는 것은 비교적 쉽다. 반면에 환경적 요소에 책임을 두는 시각은 빈곤, 주택부족, 정보 소외, 지역갈등, 지역 경제, 사회화의 기회 부족 등이 사회문제의 원인이라고 본다. 이러한 문제들은 단일한 프로그램 접근으로 해결하기 어렵거나 이해관계자들이 복잡하여 프로그램의 지원을 받기가 쉽지 않은 경우가 많다.

대부분의 사회문제는 이들 두 가지 요소를 다 포함하고 있는 경우가 많다. 중요한 것은 프로그램을 설계하는 단계에서 사회복지행정가가 가치를 인식하는 것이다. 이러한 가치들이 인식되고 받아들여졌을 때 사회문제를 제대로 구성해서 그 문제에 대한 시종일관적인 대응을 할 수 있는 해결책을 세울 수 있기 때문이다.

최근 사회복지실천의 중요한 목표 중의 하나는 대상자의 역량강화(empowerment)이다. 즉, 일방적인 지원보다는 스스로 자립할 수 있는 힘을 길러주는 것이다. 이러한 관점에서 사회복지기관은 프로그램을 통해 소외계층의 의식을 고취시키고, 인적 자원을 개발하여 개인과 지역사회의 역량강화를 통해 스스로 문제를 이해하고 해결할 수 있도록 도와주며, 생계를 위해 새로운 환경을 창출할 수 있도록 도와주는 역할을 해야 한다.

2) 프로그램 설계 시 활용 가능한 정보를 확보해야 한다.

효과적인 사회복지 프로그램을 설계하는 데 필요한 정보는 매우 방대하다. 사회문제에 관한 자료뿐만 아니라 사회문제에 사람들이 어느 정도 대처하고 있는지에 대한 내용, 이전까지 수행된 대안적 개입들이 포함되어 있다. 이러한 정보와 자료들의 원천은 통계청, 각 시군구의 자료실, 기관의 전문가들이나 전문서적 또는 인터넷, 신문 등과 같은 대중매체 등을 통해 구할 수 있다(지은구, 2007).

특히, 개입방법을 선택할 때 정보를 많이 필요로 하는데, 이때 프로그램설계자는 정보를 취함에 있어 다음의 네 가지 장애물을 극복할 수 있어야 한다.

① 사회복지 프로그램의 이론적 근거는 가장 최선의 이용 가능한 지식에 기초를 두어야 한다. 그러나 연구 성과들이 그것을 토대로 결정을 내려도 될 만큼 항상 적절한 것은 아니고, 때로는 관련 연구가 부족할 수 있다. 그리고 어떤 경우에는 여러분의 조직이 접하게 될 자료보다 훨씬 더 많은 자료를 가지고 있는 사회복지 프로그램이 이미 존재할 수도 있다.

② 한창 이슈화되고 있는 이념에 바탕을 둔 개입을 선호하는 경향이 있다. 그

러나 이런 선택이 항상 바람직한 것은 아니다. 왜냐하면 유행이라는 것은 효과성이 입증되지 않은 현실적인 대안일 수 있기 때문이다.

③ 현재 기관에서 적용하는 방법을 새로운 문제나 새로운 대상집단에 적용하려는 경향이 있다. 그러나 이것은 다른 접근이나 방법이 강구되어야 할 때조차 고수된다면 좋지 않은 결과를 낳을 수 있다.

④ 프로그램 담당자가 당면하는 주요한 제약은 이미 알려진 사실에만 기초하여 접근한다는 점이다. 가장 최근에 발표된 연구를 면밀히 검토하는 실무자가 그리 많지 않다. 대부분은 가장 최신의 연구와 실험에 참여하고 있는 대학 교수진과 활발한 관계를 맺고 있지 않기 때문에 발생하는 오류이다.

이런 제약들에도 불구하고 정보화의 진전과 함께 개입을 선택하는데 유용한 정보를 얻는 방법과 기술들이 눈부신 발전을 이룩하고 있다. 풍부한 정보를 바탕으로 한 명확한 문제분석, 적절한 활동, 전문적 기술에 입각한 구조적인 접근만이 건설적인 변화에 긍정적인 영향을 미칠 수 있다.

3) 개입의 수준(Levels of Intervention)은 단계별로 명확해야 한다.

사회사업의 생태학적인 관점에서 제시되는 것처럼 클라이언트는 다양한 단계의 사회조직체인 개인, 집단, 조직, 공공기관, 지역사회 등으로부터 제공되는 개입들을 통해서 도움을 받는다. 각각의 단계에서 여러 가지 전략들이 이용될 수 있다. 과거의 프로그램들은 개인적 수준에서 협소하게 집중되어 왔고 대개 하나의 전략만이 이용되었다. 하지만 현대사회에 우리가 직면하고 있는 문제의 복잡성으로 인해 합리적인 성공을 거두기 위해서는 다양한 단계의 개입과 개입의 수준이 명확해야 된다. 예를 들면, 클라이언트의 고용을 이루어내고 그 취업상태를 유지하도록 하려는 심리·사회학적 프로그램은 반드시 직업훈련과정과 연관된 서비스, 즉 직업 전 훈련, 계약된 고정 직위, 업무를 가르쳐줄 코치가 있는 업무수행 훈련, 수요 경쟁을 창출할 수 있는 방법, 훈련된 근로자 노동시장, 장기간의 지원과 지지 자원(사례관리직원 혹은 자원봉사자) 등과 같은 요소들을 가지고 있어야 한다. 실제로 고용은 그 프로그램과 관련된 사회화 과정과 주택문제가 먼저 해결되지 않는다면 유지되기 어려운 경우가 많다. 대체로 다양한 수준으로부터 집중해서 이루어진 개입은 보다 쉽게 클라이언트의 이익을 만들어 내고 프로그램의 목적도 원만히 달성할 수 있다.

개입의 수준을 선택하는 데 필요한 원리들은 다음과 같다.

- 사회사업의 핵심과점(생태학적 관점에서 환경 속의 개인)은 사회문제를 바라보고 개입 수준을 결정하는 가장 유용한 방법이다.
- 개입할 때는 대상자를 비난하거나 판단하지 말고 보호를 제공해야 한다.
- 개인적이고 환경적인 장점들을 고려해야 한다.
- 개입은 클라이언트와 사회적 요구가 통합될 수 있는 방향으로 이루어져야 한다.
- 다양한 수준의 개입이 더 좋은 결과를 낳는다.

이상에서 보면, 기획과 설계는 학자에 따라서 유사한 뜻으로 사용되기도 하며 기획의 단계를 설계의 단계로 설명하기도 하고, 프로그램 설계를 프로그램 기획 과정으로서 정의 내리기도 한다. 프로그램 설계 혹은 기획은 책임성과 효과성을 강조하는 이 시대에 보다 경쟁력 있는 문제해결 수단과 방법을 제공할 것이다.

4. 프로그램 설계 단계

프로그램 설계과정에는 많은 단계로 이루어져 있다. 일반적으로 문제 및 욕구 확인, 프로그램 설계, 프로그램 실행, 프로그램 평가 단계를 거치게 된다. 이 각각의 단계는 독립적으로 분리되어 있지만 직선적인 관계가 아니라, 서로 밀접하게 연관되어 규제하면서 주기적으로 반복되는 순환적인 과정을 이루고 있다. 즉, 이 네 단계는 일반적으로 앞선 단계가 다음 단계를 통제하는 일관성의 단계만이 아니라, 각 단계 간의 영향을 주고받은 상호작용적 관계이다(정무성 외, 2001).

프로그램 설계 과정에 관한 학자들의 견해를 좀 더 살펴보면 다음과 같다. 케트너 외(Kettner. et al., 2008)는 프로그램 설계 과정을 문제분석, 욕구측정, 전략선택, 목표 설정, 프로그램 설계, 정보관리체계, 예산 수립, 프로그램의 단계로 나누고, 정무성(2014)은 프로그램 설계과정을 ① 문제의 정의 및 욕구 확인, ② 관련 정보의 확보, ③ 해결 대안의 개발 및 평가, ④ 최선의 대안 선택, ⑤ 대안의 실행, ⑥ 환류의 6단계로 나누며, 김영종(2012)은 ① 문제 확인, ② 목적 설정, ③ 프로그래밍, ④ 실행, ⑤ 평가의 5단계로 나누고 있다. 이상의 견해를 살펴보면, 표현이나 강조하는 과정에 따라 단계를 다양하게 나누고 있지만, 결국 그 과정은 비슷하다고 볼 수 있다. 여기서는 프로그램의 설계 과정을 학자들의 견해를 참조하여 현재 사회복지실천 현장에서 프로그램을 작성하는 일반적인 틀에 적합한 설계 단계를 제시하고자 한다.

1) 문제분석 및 욕구사정

사회복지 프로그램 설계의 첫 단계는 먼저 “해결해야 하는 문제가 무엇인지?, 또 분출되는 욕구는 어느 정도인지?”를 구체적으로 파악하여 분석하는 것이다. 즉, 프로그램 개발에서 가장 우선되어야 할 작업인 셈이다. 문제와 욕구가 정확하게 확인이 되어야 프로그램의 목적과 방향이 설정이 되고 필요한 자원과 활동까지 계획 할 수 있다. 또한 이 단계에서는 미래에 수행하게 될 프로그램에 대한 정당성을 확보하는 단계이기도 한다.

프로그램이 지역사회와 사회구성원의 사회적 지지와 동의를 얻고 바라는 성과인 사회문제를 해결하기 위해서 사회복지 프로그램은 특정 사회문제를 분석하는 것에서부터 시작해야 한다. 이봉주 외(2008)는 프로그램 기획자가 문제를 분석하고 이해할 때 해야 할 일을 단계별로 1단계, 현존하는 서비스가 자원의 공백이나 결함을 찾아낸다. 2단계, 그러한 공백이나 결함의 크기가 특성에 대한 증거자료를 수집한다. 3단계, 왜 그러한 공백과 결함이 생겼는지를 알아낸다. 4단계, 그러한 공백과 결함을 메울 필요가 있다는 의식을 지역사회에 불어넣는다. 욕구를 사정하고 측정하기 위해서는 다양한 욕구 조사 방법들을 사용한다. 욕구를 사정하고 분석하는 데에는 여러 가지 방법들이 있지만 실제로 모든 방법들을 다 사용하지 않고, 대상 집단의 욕구를 가장 잘 측정할 수 있는 방법만을 사용하거나 복합적으로 여러 방법을 함께 사용하는 경우가 있다. 욕구 조사는 일종의 사회조사의 형태를 취하기 때문에 사회조사의 절차와 방법을 그대로 적용한다. 일반적으로 욕구 조사의 방법은 직접관찰법, 사례조사법, 간접증거자료 조사법으로 분류하는 양적조사와 질적조사로 이루어진다.

2) 대상자 선정

프로그램의 대상자는 문제에 노출되어 있는 사람들 가운데 장차 프로그램의 혜택을 받는 사람들이다. 프로그램의 대상자는 문제분석 단계에서 어느 정도 윤곽이 드러난 부류에서 프로그램의 특성과 수용 여부에 따라 구체적으로 규정되어야 한다.

프로그램을 설계하는 데 있어 중요한 과제는 '과연 누구를 서비스의 대상자로 할 것인지'이다. 사회복지현장에서는 한정된 자원으로 서비스를 제공하게 되는 경우가 많기 때문에 늘 대상자를 누구로 할 것이지는 매우 민감하고 중요하게 고려되는 부분이다. 대상자들에 대한 부적절한 정의는 기관 간, 그리고 기관-정부 간 반목, 적절한 클라이언트에게 돌아갈 귀중한 자원의 낭비, 클라이언트 혜택의 감소 등을 야기한다. 누가 혜택을 받고, 받지 않을 것인가는 클라이언트의 욕구, 프로그램의 이론, 기관의 자원 등을 고려하여 사려 깊고 분석적으로 결정해야 한다.

3) 가설 및 목적과 목표의 설정

가설은 프로그램의 목적과 목표를 더욱 구체적으로 뚜렷하게 해주는 데 도움이 될 뿐 아니라 프로그램의 개입방법까지 제시하는 역할을 한다. 이 단계에서는 선정된 프로그램의 대상자들이 가지고 있는 문제를 어느 정도 해결할 것인지를 규정하는 단계이다.

프로그램 기획안을 수립하는 과정에서 문제를 분석하고 대상자를 확인하는 단계를 지나게 되면 프로그램 기획가는 프로그램으로 인한 바람직한 변화와 관련된 가설의 설정과 목표를 설정해야 한다. 프로그램의 목표라는 것은 프로그램의 전 과정에 걸친 방향과 지침을 제공하는 매우 중요한 핵심과정으로 개념과 활용에 대한 충분한 이해가 요구된다.

4) 프로그램의 구체화

이 단계에서는 설정된 목적과 목표를 달성할 수 있는 적절한 해결 방안/대안(활동내용, 세부프로그램)을 선택하여 필요한 자원과 인력을 배치하여 개입전략을 세우는 단계이다. 문제해결을 위한 대안 선정 시 관련 이론을 찾아내어 프로그램 설계에 적용하는 것은 프로그램의 성과 도출을 보증하는 것이다.

프로그램의 목적과 목표를 설정했다면 다음 단계는 그러한 목표를 달성할 프로그램을 구체적으로 설계하는 작업을 해야 한다. 여기서 수행되어야 할 과업은 개입전략과 내용구성, 프로그램 및 서비스의 대상자 선정, 프로그램 수행인력 구성과 예산수립 등이다.

프로그램의 내용으로 구성될 다양한 개입전략과 방법이 있다면 이들 개입전략과 방법 가운데 어떠한 내용을 선정할 것이며 프로그램의 내용을 어떤 순서로 배열하는 것이 바람직한지에 관한 문제를 해결해야 한다. 이러한 문제의 해법은 프로그램 선정의 원리를 준수하고 여러 가지 프로그램 조직의 원리를 고려하여 클라이언트 집단에 적합한 방안을 찾아내는 데 있다.

5) 실행

이 단계는 프로그램 설계대로 행동이 취해지는 단계이며, 프로그램의 효과가 현실적으로 도출되는 때이다. 이 단계에서는 서비스의 전달뿐 아니라 행정구역의 현존법규를 제정하고, 공적·사적 기관과 함께 문제해결을 하며, 행정적 영향력을 행사하게 된다.

프로그램에 대한 설계가 끝나면 마지막으로 설계한 프로그램을 실행에 옮기는 실행(implementation)단계만 남게 된다. 실질적으로 프로그램은 실행되기 위해서 설계되어지는 것이며 프로그램의 실행 또는 수행을 통해서 클라이언트들의 욕구 또는 문제가 해결되게 된다. 실행은 계획을 만들고 프로그램이 움직이는 데 필요한 행동을 실행하는 것을 포함한다(Hardina, 2002).

지은구(2007)는 프로그램을 수행하는 데 있어 가장 중요하게 고려되어야 하는 것은 자원과 클라이언트 만족, 그리고 이 두 측면에서의 조화라고 볼 수 있다. 즉, 자원의 측면에서 직원들이나. 조직들은 안정성 있는 자원을 확보하고 보다 효율적인 자금운용으로 많은 혜택을 줄 수 있는 방안을 찾기 위해 끊임없이 모색할 것이고 또한 혜택이 실질적으로 많은 수혜자들에게 돌아가서 많은 수혜자들의 만족 또는 복지가 증진될 수 있도록 하는 노력을 기울일 것이기 때문이다. 결국 프로그램의 수행을 계획하는 실천가들에 있어 가장 큰 딜레마는 서비스 프로그램에 대한 접근과 결정 과정에 대한 접근이 얼마만큼 수혜 당사자들에게 돌아가야 하느냐에 있으며 이는 프로그램의 적절성과 평등, 형평, 그리고 역량강화에 대한 사회복지의 가치가 얼마나 균형적으로 실현되는가에 달려있다고 볼 수 있다.

6) 평가

설정된 목표가 얼마나 달성되었는가? 해결하려고 하는 문제가 얼마나 해결되었는가를 평가계획에 의거 평가하는 단계이다. 평가의 결과는 프로그램의 방법이나 목표들을 재규정하는 데 사용되고, 추가적인 조사연구를 위한 기반을 찾아준다.

프로그램 평가의 주요 목적은 프로그램 성과(결과)와 프로그램 영향에 관한 피드백을 제공하여 정책 결정자 및 기획가로 하여금 프로그램의 효율성과 이를 강조하는 사회적 개입가설의 타당성을 규명할 수 있도록 하는 것이다. 프로그램 평가에서는 프로그램이 계획대로 기능을 했는가? 프로그램이 성취한 결과는 무엇인가? 프로그램이 성취한 측정 가능한 영향은 무엇인가? 프로그램의 비용 효과성은 어떠한가? 또한 프로그램 평가는 사회적 개입(프로그램)의 긍정적인 결과뿐 아니라. 부정적인 '의도하지 않는 결과'도 알려준다. 이에 따라 사회정책이나 프로그램 설계에 있어서 필요한 변화 또는 수정조치가 제안되게 된다. 결과물(결과)의 사정이라는 면에서 프로그램 평가는 성과측정 및 모니터와 어느 정도 중복된다. 그 차이는 외부 관련 당사자에 대한 결과 자료 및 정보의 보고(성과측정)나 수행 중의 결과 및 영향에 대한 프로그램의 추적(모니터)의 관심을 갖는 대신에 프로그램 평가는 정책과 기획을 개선하기 위한 프로그램 결과 및 영향에 관한 피드백 자료와 정보의 이용과 관련이 있다. 또한 프로그램 평가는 프로그램이 의도된 대로 수행되었음을 보장하는 것과 관련된다는 점에서 모니터와도 중복된다. 다른 점은 모니터가 수행 중의 프로그램을 사정하는 데 비해 프로그램 평가는 수행 후에 사정을 한다는 데에 있다.

제3절 프로그램 개입전략

프로그램을 설계하기 위해서는 기관의 강점과 약점, 사회문제 등을 분석하는 것이 우선적으로 이루어져야 한다. 사회복지기관의 정책과 서비스가 지역사회의 욕구와 기관의 사명에 충실하기보다는 정치, 구조의 변화 등에 더 많은 영향을 받는 시대가 되고 있다. 그러므로 프로그램의 수행도 지역사회 내에서 기관의 위상과 기관에 대한 요구와 활용성 등을 고려한 분석들이 요구된다. 이를 위해 브레인스토밍, 브레인라이팅, SWOT 방법을 적용하는 것이 필요하다.

I. 브레인스토밍

새롭고 좋은 아이디어를 개발하기 위해서는 조직의 분위기가 매우 중요하다. 어떤 대안을 이야기해도 비난받지 않고 지지받는 분위기, 아이디어가 권장되는 분위기는 조직 구성원들의 아이디어 개발을 촉진할 것이다. 브레인스토밍에서는 참여자들이 안전하고 자유로운 분위기 속에서 새롭고 기발한 아이디어를 활발하게 제공할 수 있도록 돕기 위해서 네 가지의 규칙을 설정하고 있다. 브레인스토밍의 네 가지 규칙은 다음과 같다(Jason, 2003).

규칙1. 비판엄금 – 다른 사람의 의견에 대해 반대하거나 비판하지 않는다. 다른 사람의 의견에 트집을 잡거나 비판을 가하면 자유로운 분위기가 훼손된다. 따라서 '좋다, 나쁘다'의 판단은 자유로운 분위기를 해치므로 유보해야 한다. 예를 들어, "작년에 해 봤잖아!", "정신 나갔군!", "그런 바보 같은 소리는 처음 들어 보는군!"과 같이 참여자들을 무시하고 비난하는 표현은 아이디어를 묵살할 뿐만 아니라 이들이 아이디어 내기를 주저하게 하는 결과를 초래한다.

규칙2. 자유분방 – 자유롭게 사고하고 자유분방한 아이디어를 내도록 한다. 기상천외하고 황당무계하며 엉뚱한 의견일수록 명안이 될 가능성이 있다고 본다. 자유로운 사고는 새로운 비결 또는 참신한 접근방법을 제시하는 지름길이라고 본다.

규칙 3. 대량발상–브레인스토밍에서는 아이디어의 양을 중요시한다. 따라서 아이디어를 다량으로 수립한다. 아이디어의 양이 아이디어의 질을 낳는다고 본다. 양이 많으면 선택의 폭이 넓어지고, 그런 의미에서 질도 높아진다고 본다. 심지어는 동일한 아이디어가 반복되어도 기록하도록 한다.

규칙 4. 결합발전–히치하이킹! 다른 사람의 아이디어와 자신의 아이디어 그리고 집단 속에서 나온 아이디어의 연결, 개선, 분해, 삭제 등을 통해 정리한다.

1) 브레인스토밍의 진행 방법

브레인스토밍을 진행하기 위해서는 사전준비가 필요하다. 좋은 아이디어는 저절로 나오는 것이 아니라 수많은 정보와 자료, 경험을 통해서 개발되기 때문이다. 따라서 브레인스토밍을 하기 전에 참여자들을 결정하고, 아이디어를 개발하고자 하는 주체를 미리 공지해서 정보를 수집해 오게 한다. 참여자들은 개발하고자 하는 아이디어와 제시된 주제에 관해 문헌, 인터넷, 경험 등과 관련된 다양한 정보를 수집하고 브레인스토밍 회의에 참석한다. 브레인스토밍의 진행 방법을 정리하면 〈표 5–3〉과 같다.

〈표 5–3〉 브레인스토밍 진행 방법

단계	진행 내용	진행 요령
준비하기	원칙부착	• 브레인스토밍의 네 가지 규칙 부착 • 화이트보드나 칠판이 있을 경우 기록해도 무방
	기록을 위한 전지 부착	• 기록을 위한 전지 부착 • 아이디어가 많아지거나 아이디어 검토를 위해 다수의 전지가 필요 • 화이트보드나 칠판이 있을 경우 전지부착을 생략 가능
	서기선출	• 진행자 1인 이외에 아이디어를 기록할 서기 선출
	문제/목표제시	• 해결하고자 하는 문제 또는 성취하고자 하는 목표 제시 • 문제나 목표 제시는 말로 하는 것보다는 필기 또는 부착을 하도록 하는 것이 좋음

<table>
<tr><td rowspan="3">아이디어 모으기</td><td>원칙 설명</td><td>• 부착된 브레인스토밍의 규칙 소개
• 참여자들이 규칙을 낭독하도록 하는 것이 효과적임
• 규칙을 어길 경우를 대비해서 벨 준비</td></tr>
<tr><td>진행 요령 설명</td><td>• 회의 진행의 절차와 방법 설명
• 아이디어를 15분 정도 진행하다가 10분 휴식하고 다시 15분 시작하다가 휴식하는 것이 효율적임
• 전체 소요 시간은 1시간을 넘기지 않는 것이 좋음</td></tr>
<tr><td>아이디어 모으기</td><td>• 참여자들로부터 아이디어를 제시하도록 하고 제시된 아이디어를 서기가 기록하도록 함
• 두 집단 이상으로 나누어서 아이디어를 모을 경우 순서를 정해서 순차적으로 아이디어를 제공하도록 함</td></tr>
<tr><td>아이디어 검토</td><td>아이디어 수정, 삭제, 결합, 집단화를 통한 1차 대안 탐색</td><td>• 드 보노(de Bono)의 6개 모자기법을 활용하여 대안 1차 검토</td></tr>
<tr><td colspan="2">아이디어 평가 및 대안 결정</td><td>• 아이디어를 분류하고 좋은 아이디어를 선발 · 심사함. 이때 좋은 아이디어에 대해서는 보완 작업을 통해 실제 사용할 수 있도록 개선함</td></tr>
</table>

2) 브레인스토밍의 장단점

역동적이고 활발한 분위기에서 아이디어를 개발하는 브레인스토밍은 다음과 같은 장점이 있다.

- 비판 활동을 제한하므로 구성원들 간의 갈등을 줄인다.
- 짧은 시간 내에 방대한 아이디어를 얻기에 효과적이다.
- 기존 아이디어를 창의적으로 조합할 수 있는 기회를 가진다.
- 경쟁의 효과가 있어 다른 사람보다 하나라도 더 아이디어를 내려고 한다.
- 한사람이 한 아이디어를 낼 때 거의 자동적으로 다른 아이디어를 상상하게 되는 연쇄 반응이 나타난다.

반면, 자유롭고 활발한 분위기에서 진행되는 브레인스토밍은 자칫하면 너무 가볍거나 장난스럽게 진행될 수 있으며 다음과 같은 단점이 있다.

- 정교한 아이디어를 개발하는 데 한계가 있다.
- 언어적인 표현이 어려운 사람들이 참여하기 곤란하다.
- 타인에게 의지하여 진지하게 생각하지 않는 학습자가 나온다.
- 내성적이거나 부끄러움이 많은 사람이 참여하기 곤란하다.

2. 브레인라이팅

브레인라이팅은 독일의 호리겔(Horigel)이 개발한 아이디어 발상법으로서 두뇌에서 떠오르는 아이디어를 브레인라이팅 시트에 돌아가면서 기록하도록 하며 아이디어를 개발하는 발상법이다. 브레인라이팅은 브레인스토밍과는 달리 집단이 조용히 발상회의를 하는 침묵의 발상회의법이다.

창의적인 아이디어 발상법으로서 널리 사용되고 있는 브레인스토밍은 발언하는 사람 중심으로 운영되기 때문에 내성적인 사람이나 수줍음이 많은 사람 그리고 표현하는 데 어려움이 있는 사람들은 참여할 수가 없었다. 또한 브레인스토밍은 차분하게 생각을 정리하고 아이디어를 정리할 시간을 갖기 힘들다는 단점을 가지고 있다. 이와 같은 브레인스토밍의 단점을 극복하기 위한 대안으로서 브레인라이팅이 등장하였다.

1) 브레인라이팅의 6-3-5법

브레인라이팅은 참가자를 원칙적으로 6명으로 제한하고, 원형 테이블에서 실시한다. 한 라운드당 3개의 아이디어를 기록하고, 한 라운드당 5분씩 진행한다. 6명의 브레인라이팅 회의를 실시할 때 6라운드를 진행 할 경우 총 소요 시간은

30분이 걸리며, 총 108개(6라운드×18개 아이디어)의 아이디어가 개발된다. 그러나 브레인라이팅은 6명만 실시하는 것이 아니라 혼자 또는 수많은 사람이 참여할 수 있으며, 이메일이나 온라인을 통해서도 실시할 수 있다. 브레인라이팅에서 활용하는 시트를 소개하면 〈표 5-4〉과 같다.

〈표 5-4〉 브레인라이팅 시트

라운드 \ 아이디어	아이디어 1	아이디어 2	아이디어 3
1			
2			
3			
4			
5			
6			

2) 브레인라이팅의 진행 방법

브레인라이팅의 진행 방법은 다양하다. 오프라인 회의를 통해서도 가능하고, 이메일을 통해서도 가능하다. 혼자서도 가능하고, 다수의 사람이 함께 참여할 수도 있다. 브레인라이팅의 가장 원칙적인 방법인 6명이 참여하는 브레인라이팅의 진행 방법을 정리하면 〈표 5-5〉와 같다.

〈표 5-5〉 브레인라이팅 진행 방법

단계	진행 내용	진행 요령
준비하기	회의실 환경구성	• 조용한 회의실을 준비하고 책상을 원형이나 사각형으로 배치. 원형이 더욱 바람직함

단계	진행 내용	진행 요령
아이디어 모으기	주제 제시	• 리더는 멤버에게 주제를 제시하고 질문이 있으면 질문을 받음 • 진행 요령을 설명함
	브레인라이팅 시트 배분	• 각 멤버에게 브레인라이팅 시트를 배분함
	아이디어 모으기	• 각 멤버는 5분간 첫 번째 줄의 아이디어 1, 아이디어 2, 아이디어 3 칸에 나름대로 아이디어를 적음 • 5분이 지나면 그 시트를 왼쪽의 멤버에게 전달하도록 리더가 지시함 • 각 멤버는 옆의 멤버에게서 온 시트의 아이디어를 보다 발전된 아이디어를 두 번째 줄의 아이디어 1, 아이디어 2, 아이디어 3 칸에 적음. 발전된 아이디어가 생각나지 않을 경우 독자적인 아이디어를 적어도 됨 • 이와 같은 5분간의 발상을 6라운드까지 반복됨. 6라운드를 진행하는 데 30분이 소요되며, 6라운드가 끝나면 18개의 아이디어가 나오게 됨
아이디어 평가 및 대안 결정		• 모든 라운드가 끝나면 각자가 가지고 있는 시트의 내용을 각 멤버에게 평가하게 하고, 좋은 평가의 아이디어를 각각 5개 정도 선정하여 그것을 전원이 평가하게 함

3) 브레인라이팅의 장단점

브레인라이팅법은 브레인스토밍의 아이디어를 한 장의 종이에 조합하는 방법이라고 볼 수 있다. 브레인라이팅의 장점은 다음과 같다.

- 문제해결의 참신한 아이디어를 발굴할 수 있다.
- 참가자들의 상상력과 창의력을 충분히 활용할 수 있다.
- 사람들 앞에서 소극적으로 발언하는 사람의 사고력을 최대한 끌어낼 수 있다.
- 참가자의 다양한 견해를 가감없이 신속하게 모두 게시판에 집합·전시할 수 있다.

- 작성 내용은 익명성이 보장되므로 회의에서 말로 표현하기 어려운 사항 및 조직 내의 감추어진 의견 등이 활발하게 논의될 수 있다.

그러나 브레인라이팅은 브레인스토밍에 비해 역동성이 떨어진다는 단점을 가지고 있다.

4) 브레인라이팅의 특징

- 브레인라이팅은 동일한 공간에 모여서만 가능한 것이 아니다. 순번을 정해서 브레인라이팅 시트를 전달만 할 수 있다면 한 조직에 근무하는 모든 직원이 참여할 수도 있으며, 이메일이나 온라인을 통해서 시간과 장소에 구애받지 않고 활용할 수 있다.
- 특정 주제에 대한 아이디어 개발이 완료되었다고 하더라도 활동한 브레인라이팅 시트를 보관해 둠으로써 관련된 주제가 있을 경우 재활용하도록 한다.
- 개발된 아이디어를 브레인라이팅에서 활용하는 6개 모자기법을 써서 검토할 수도 있다.

3. SWOT 분석

1) 정의

SWOT 분석은 1969년 에드먼드(Edmund) 등에 의해 최초로 거론되고, 마케팅 분야에 먼저 도입되어 활용되어 왔으며, 최근에는 공공조직 역량분석과 조직발전 전략 모색에 있어서도 효과적으로 사용되고 있다. 사회복지기관의 환경분석을 통해 강점(strength)과 약점(weakness), 기회(opportunity)와 위협(threat) 요인을 규정하고 이를 토대로 마케팅 전략을 수립하는 기법이라고 할 수 있다. 구체적으로 설명하면, 경쟁 기관과 비교하여 소비자에게 강점과 약점으로 인식되는 것은 무엇인지, 그리고 외부환경에서 유리한 기회요인과 외부환경에서 불리한 위협요인은 무엇인지 규명한 후에 이를 토대로 강점은 살리고 약점은 최소화하며, 기회는 활용하고 위협은 억제하는 전략대안을 수립하고 결정하는 것이다.

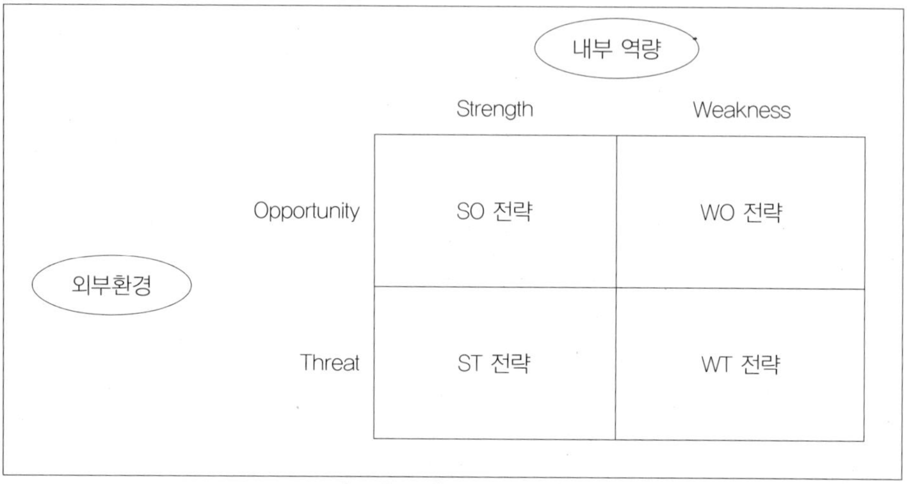

[그림 5-1] SWOT 분석

2) 4요소

강점·약점·기회·위협(SWOT)을 4요소라고 한다. 강점은 (경쟁 기관과 비교하여) 소비자에게 강점으로 인식되는 것은 무엇인지, 약점은 (경쟁 기관과 비교하여) 소비자에게 약점으로 인식되는 것은 무엇인지, 기회는 외부 환경에서 유리한 기회요인은 무엇인지, 위협은 외부 환경에서 불리한 위협요인은 무엇인지를 찾아낸다.

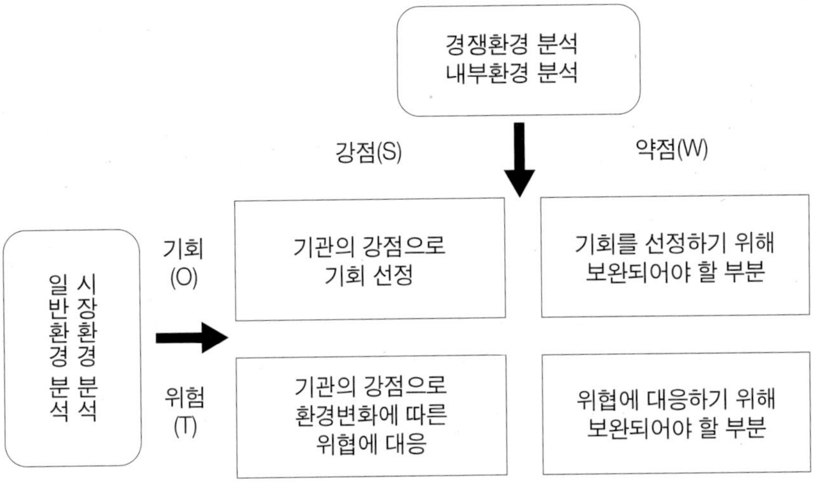

[그림 5-2] SWOT 분석 4요소

사회복지기관 내부의 강점과 약점을 사회복지기관 외부의 기회와 위협에 대응시켜 목표를 달성하려는 SWOT 분석에 의한 마케팅 전략의 특성은 다음과 같다.

- SO전략(강점-기회 전략): 시장의 기회를 활용하기 위해 강점을 사용하는 전략-공격적 전략
- ST전략(강점-위협 전략): 시장의 위협을 회피하기 위해 강점을 사용하는 전략-다양화 전략
- WO전략(약점-기회 전략): 시장의 약점을 극복함으로써 시장의 기회를 활용하는 전략-방향전환 전략
- WT전략(약점-위협 전략): 시장의 위협을 회피하고 약점을 최소화하는데 전략-방어적 전략

학자에 따라서는 조직을 둘러싸고 있는 외부환경을 강조한다는 점에서 위협·기회·약점·강점으로 부르기도 한다. 사회복지기관의 SWOT 분석의 사례를 〈표 5-6〉에서 보면 다음과 같다.

〈표 5-6〉 SWOT 분석의 예: A시의 장애인복지관

외부 내부	기회(opportunity) 가. 지역 내 장애인구의 증가 나. 장애인 바우처 사업의 확대 다. 지역사례관리센터 개소	위협(threat) a. 지방행정부의 장애인예산 축소 b. 해당구청 장애인부서 실무자와의 갈등
강점(strength) ① 첨단장비 구비 ② 법인예산의 안정성 ③ 지역주민의 기관에 대한 호감도 높음 ④ 이용 장애인의 꾸준한 증가	강점–기회(강점을 육성하는 기회활용 전략): 공격적 전략	강점–위협(강점을 육성하는 위협극복전략): 다양화 전략
	①+가 전략: 첨단장비를 활용하는 장애인들의 만족도나 효과성 등을 매체를 통해 홍보 ④+나 전략: 지역 기관들과의 정기적인 네트워크 전략회의 추진	③+b 전략: 지역 주민과 장애인부서 실무자의 간담회를 개최하여 관계개선 ②+a 전략: 복지관 내의 안정적 예산으로 프로그램을 다양하게 운영
약점(weakness) ❶ 기관 실무자들의 잦은 교체 ❷ 기관 접근성이 낮음 ❸ 장애아동을 위한 치료실 공간 부족	약점–기회(기화 활용을 위한 약점보완 전략): 방향전환 전략	약점–위협(위기 극복을 위한 약점보완 전략): 방어적 전략
	❷+다 전략: 사례관리센터에서 지역 장애인들을 일부 관리하도록 협력관계 체결 ❸+나 전략: 바우처 사업을 활용하여 외부 지정기관을 치료센터로 활용	❶+b 전략: 전략: 복지관 내에 구청과의 의사소통 창구를 단일화하여 갈등을 최소화함

출처: 김상곤 · 최승희 · 안정선(2014), 재인용

3) 한계

SWOT 분석은 조직 내부역량과 외부환경 요인을 모두 고려한다는 점에서 매우 유용한 전략수립 방법이다. 그러나 여느 전략수립 과정이 그러하듯이 SWOT 분석도 한계를 가진다.

첫째, 조직의 강점과 약점, 위협과 기회요인에 대한 분류가 인위적이고 피상적으로 진술된다면 구체적인 조직발전 전략을 수립하는 데 한계가 있다. 그러므로 철저한 사실에 입각해서 분석이 이루어져야 하며, 경영자 스스로도 사회복지기관 역량에 대해 충분히 이해하지 못하는 경우 편향성 등에서 자유롭지 못하므로

분석 자체가 객관적으로 이루어지기 어렵다.

둘째, 조직 내부 제반 사항에 관한 충분한 지식과 이해가 없이는 전략적 계획이나 객관적인 분석이 용이하지 않다. 그러므로 이해 관계자 다수의 참여를 통해 다양한 의견을 수렴하는 과정을 충분히 가져야지만 질 높은 전략계획 수립이 가능하다.

제6장
프로그램 자원의 확보 및 배분

학습목표

1. 사회복지 프로그램에 필요한 자원을 이해한다.
2. 사회복지 프로그램 자원을 파악하고 개발할 수 있다.
3. 사회복지 프로그램 수행에 필요한 예산서를 작성할 수 있다.

사회복지 프로그램을 운영할 때 많은 부분은 계획서 작성에 시간과 에너지를 투자한다. 그러나 사회복지 프로그램을 운영하기 위해서 꼭 필요한 것이 자원이다. 프로그램의 목적과 목표를 달성하기 위해서는 프로그램 자원이 충분히 있어야 하고 사용되어야 한다. 프로그램 자원개발과 예산에 대해서 구체적으로 제시하고자 한다.

제1절 프로그램 자원개발

I. 프로그램 자원이란?

사회복지 프로그램은 자원을 어떻게 동원하고 관리하느냐에 따라 개발되고 유지될 수도 있고, 폐지될 수도 있다. 많은 사회복지 프로그램 운영을 보면 대부분

경제적인 어려움을 가장 많이 호소하고 있으며, 프로그램을 위한 자원을 물질적인 것에만 한정하는 경우를 흔히 볼 수 있다. 지역사회 내의 다양한 자원들을 활용하여 문제해결의 파급력을 높임은 물론, 지역 주민의 참여와 프로그램의 질을 제고 할 수 있는 자원 활용 전략을 찾아야 한다(조성우 외, 2021).

1) 자원의 종류

사회복지 프로그램의 주요자원으로는 재정과 인력, 시설, 설비, 물품 등이 있다. 앞서 살펴보았던 논리모형의 투입요소가 바로 투여해야 할 자원이라고 볼 수 있는데 이는 프로그램 활동과 관련하여 직접적으로 활용되는 것들을 의미한다. 대표적으로 인적 자원, 물적자원, 네트워크 자원, 연구조사기반 및 정보 자원, 자연자원 등을 들 수 있다. 사회복지사가 프로그램을 위해 동원해야 할 자원의 종류를 정리해 보면 〈표 6-1〉과 같다.

〈표 6-1〉 프로그램 주요 자원의 종류

구분	자원의 종류
인적 자원	직원, 슈퍼바이저 자문가, 지역사회관련 활동가 자원봉사자, 실습생, 인턴생 프로그램 참여자
물적자원	재원(예산액, 모금액-후원자 및 후원기업 등) 시설 장비, 비품 서비스 이용료, 회비
네트워크 자원	공공기관 및 비공식 조직 실행 네트워크(연계 및 관련 기관 등) 실행 가능성이 있는 현존 네트워크

구분	자원의 종류
연구조사기반 및 정보 자원	프로그램 및 참여자와 밀접한 법률의 제정 및 개정, 관련 정책과 사업동향 기존 연구조사 결과, 욕구 조사 결과보고서 서비스 기술 프로그램 활용 지침
자연자원	프로그램에 활용될 수 있는 공원, 놀이터, 쉼터 등

2) 자원 목록집의 구축 및 활용

프로그램을 기획하면서 새로운 자원들을 발굴하고 신규자원들만을 활용하여 프로그램을 진행해 나가는 것은 사회복지사들에게 많은 부담으로 작용하게 된다. 이러한 부담을 줄이고 프로그램에 적절한 자원을 연결하기 위해서 사회복지사는 먼저 지역사회 및 조직 차원에서 활용되고 있는 기존 자원들을 분석하고 자원 목록화를 〈표 6-2〉와 같이 작성하여야 한다. 일반적으로 자원 목록집을 기관 전체 차원에서 마련하여 주기적으로 내용을 통합·관리할 필요가 있다.

일반적인 자원 목록집에는 자원명, 주소 및 연락처, 주요활용 용도, 활용빈도와 활용 결과에 대한 만족도, 주요 활용자 등을 기록하게 된다. 조사해야 할 자원들에는 공공기관, 사회복지시설, 교육기관, 의료기관, 민간단체, 동 행정복지센터 자치조직, 민간 자치조직, 금융기관, 공원과 쉼터, 지역사회 내 전문가 및 자원봉사자들이 포함된다.

〈표 6-2〉 자원 목록화 기준과 내용

자원목록 기준	내용
보건의료기관	지역 내 특성별 병원, 치과병원, 요양병원, 보건소, 약국, 특수 치료 기관 등
정신건강 및 각종 상담 기관	지역 내 정신과 진료 기관, 알코올전문기관, 심리상담센터, 자살예방센터, 인터넷 중독 상담센터 등
직업 및 고용관련 기관	자활센터, 고용안정센터, 국비지원 교육기관, 직업훈련기관 등

복지관련 시설	각종 대상자별 시설, 노숙인 시설, 장기요양시설, 미혼모 시설, 아동보호 시설, 다문화가정 시설, 양로원, 쉼터 등
사회공헌 관련 기관	사회공헌기업, 복지재단, 사회복지법인 등
교육관련 기관	학교, 학원, 교육기관, 특수교육기관 등
프로그램 및 사업	기업의 사회복지사업, 복지관 제공서비스, 보건소프로그램 등

출처: NCS학습모듈(2023), 사회복지프로그램 운영-사회복지프로그램 자원개발, 교육부

3) 자원동원 계획 수립 시 고려 사항

기본적으로 프로그램을 위한 자원동원 계획을 수립할 시에는 다음의 것들이 고려되어야 한다.

첫째, 프로그램의 수행에 필요한 인적 자원의 종류와 수 및 필요 인력의 모집 계획을 세운다.

둘째, 프로그램에 소요되는 필요한 예산의 총량과 조달계획을 세운다.

셋째, 전체 프로그램에 기본적으로 필요한 물품들을 기록하고, 단위 프로그램별 혹은 프로그램 내용별로 분리해서 필요한 물품들을 할당한다.

넷째, 할당된 예산 내에서 물품을 구입하여 집행과정 중에 물품의 소요를 점검하여 프로그램의 진행을 원활하게 한다.

2. 인적 자원

사회복지 프로그램에서 인적 자원 개발은 인간을 보는 기본적 관점에 있어서 비롯된 것이라고 볼 수 있다. 즉 '인간'은 그 자체로서 의미가 있다고 보는 반면, 자원은 활용적이고 도구적인 가치가 있을 때 '인간적'이라는 의미를 부여하는 관점이다. 그러나 인간과 자본은 매우 이질적 특성을 지닌다고 볼 수 있다. 따라서 인적 자원이라는 개념은 인간을 자원으로서 활용할 가치를 고려하는 도구적

존재로서 보는 것이며, 개인적 차원에서 이를 논할 때는 자원으로서의 인간보다는 목적적 존재로서의 인간의 존재를 인식하고 이를 발달시키는 부분이 강조되어야 하기 때문에 인적 자원이라는 용어를 사용할 때는 신중함을 기해야 할 것이다. 따라서 인적 자원개발에 대한 개념을 개인적 차원보다는 조직적 차원에서 접근하여야 하며, 분명한 것은 훈련, 교육, 개발과 학습과 같은 영역을 포함한 것으로써 본 연구에서 인적 자원개발(HRD)은 조직의 목표를 성취하기 위해 인적 자원의 효과성을 향상시키려는 개인, 집단, 조직 수준에서의 학습으로 정의할 것이다(김미숙 외, 2001).

1) 인적 자원 관리

인적 자원 관리는 조직목표를 달성하는 데 가장 도움이 되는 방향으로 직원을 채용하고, 능력을 개발하며 근무의욕을 갖고 조직에 헌신할 수 있도록 동기부여하고 유지하는 관리활동을 말한다. 또 조직이 요구하는 인력을 조달, 유지, 개발, 활용하는 계획, 조직, 통제의 관리 기능이 연결되는 일련의 관리활동 체계를 의미하며 조직편성, 즉 역할과 직책의 구조를 의도한 바대로 설정하는 것과 밀접히 연결되어 있다.

일반적으로 조직에서 인적관리를 하는 목적은 조직의 생산성 향상, 조직업무 생산성 고양, 그리고 인적 자원을 이용하는 데 따른 법과 규칙을 준수하도록 하는 것이며 의사소통과 합의점을 개발하는 데 있다. 사회복지조직에서 인적 자원 관리는 사회적 약자인 복지서비스 이용자들의 복지를 향상시키고 지역사회문제를 효과적으로 해결하기 위해 기관 내 사회복지사 및 자원봉사자를 개발하고 관리하는 것까지를 포함하는 개념이라고 할 수 있다.

특히, 사회복지기관 내 사회복지사는 프로그램 계획가이면서 실천가로서 클라이언트의 욕구를 충족시키는 데 그 목적을 두고 있기 때문에 이를 달성하기 위해서는 어떻게 인적 자원을 확보하여 그 능력을 배양시켜 나갈 것인가가 매우 중요하다. 사회복지사의 손에서부터 프로그램이 시작되고 실행되고 종결된다는 점에서 사회복지조직의 인적관리가 중요하다.

2) 지역사회 인적 자원으로서의 자원봉사자 개발

지역사회문제 해결을 위해서는 다양한 지역사회 주체들의 참여가 수반되어야 한다. 그래서 지역사회의 자원개발은 사회복지현장에서 매우 중요한 자원주제이다. 사회복지현장에서 자원은 크게 물적자원과 인적 자원으로 구분하게 되고 인적 자원은 '자원봉사자'를 말한다. 자원봉사의 속성에는 자발성, 무보수성, 사회적 활동의 참여, 이타성, 타인에 대한 배려 등을 들 수 있다. 기관이나 조직 차원에서 보면 자원봉사 활동은 지역사회와 기관과의 가교 역할을 하여 시설의 사회화를 촉진하고, 시설이나 기관 이용자의 삶의 질을 향상시켜 지역사회 발전에 기여한다. 사회의 빠른 변화에 따라 핵가족화, 도시화가 가속화되었고, 생활 수준의 향상에 따른 욕구의 다양화, 의학의 발달로 인한 노인인구의 증가 등이 자원봉사자의 필요성을 부각하게 되었다. 그리고 장애인을 이해하고 옹호하며, 이웃이 되어 줄 수 있는 역할을 하는 자원봉사자의 필요성과 중요성은 점증되고 있는 실정이다.

사회복지 프로그램에서 인적 자원으로 자원봉사자가 꼭 필요한 만큼 자원봉사자 모집, 교육, 봉사활동, 행정관리 등이 이루어져야 하고 구체적인 내용은 〈표 6-3〉과 같다.

〈표 6-3〉 자원봉사 모집 관련 계획 사항

구분	세부 내역	추진 부서
모집	자원봉사 운영계획 수립	
	소요인력 파악 및 모집공고	
	모집 접수, 선발	

<table>
<tr><th>구분</th><th>세부 내역</th><th>추진 부서</th></tr>
<tr><td rowspan="5">교육</td><td>자원봉사 교육 운영 계획수립</td><td rowspan="8">프로그램 주무 부서에서 할 수 있고 기관의 조직 특성에 따라 자원봉사담당 부서에서 일괄적으로 담당하여 추진할 수 있다.</td></tr>
<tr><td>교육 내용 개발</td></tr>
<tr><td>발대식 및 오리엔테이션</td></tr>
<tr><td>집합교육 및 온라인 교육 시행</td></tr>
<tr><td>교육 관리</td></tr>
<tr><td>운영</td><td>봉사자 배치와 관리</td></tr>
<tr><td>모집 · 홍보</td><td>매체 홍보(신문, 방송 등), 홍보물 제작</td></tr>
<tr><td>행정관리</td><td>봉사자 사후관리, 증명서 발급</td></tr>
</table>

출처: NCS학습모듈(2023), 사회복지프로그램 운영-사회복지프로그램 자원개발, 교육부

3. 물적 자원

사회복지 프로그램을 실행하기 위해서는 물적 자원이 확보되어야 하며, 물적 자원으로는 재정확보가 선행되어야 한다. 자원개발을 위한 관계 관리와 기부자 관계 관리를 위한 방안을 살펴보고 구체적인 재정의 원천으로는 정부나 민간재원으로 나누는데 보조금, 클라이이언트의 서비스 이용료, 다양한 자선기금과 특별모금의 세 가지로 나눌 수 있다.

1) 자원개발을 위한 관계 관리

많은 모금기관들이 신규 기부자 개발을 통해 폭넓은 기부자층(Donor base)을 확보하는 데 보다 큰 관심을 갖고 있다. 그러나 동시에 현재 보유하고 있는 기부자들과 양질의 관계를 구축하고 서비스 질을 제고함으로써 이들의 모금기관에 대한 신뢰도 및 만족도를 제고시켜 충성기부자로 성장시키는 것도 중요하게 인식하기 시작하고 있다. 이러한 인식 전환은 영리 기업에서부터 먼저 도입된 관계마케팅(Relationship marketing)적 접근이 지속적으로 이어지고 있다. 관계마케팅

이란 기존 고객에 초점을 두면서 이들과의 관계를 강화 및 확대하는 방식에서 마케팅을 지향해 나가는 것을 의미한다. 즉 고객을 기업의 자산으로 인식하면서 고객과의 관계를 형성·유지·고양시키기 위한 마케팅 활동으로 이해할 수 있다. 이는 기존 고객에 대한 관리 노력, 즉 고객관계관리(Customer relationship management)와 밀접한 연관성을 갖는 개념이자 전략이라 할 수 있다. 영리기업의 관계마케팅이 비영리기관에 도입되어 새롭게 적용되어진 개념이 바로 '관계기반 모금'이라 할 수 있다. 관계기반 모금이란 아래의 〈표 6-4〉에서 제시되는 바와 같이 관계를 구축하고 성장 발전시키는 방식의 모금 활동을 통해 쌍방의 만족과 충성도를 보다 더 높은 수준으로 제고시키는 쌍방 간의 win-win하는 교환이 그 무엇보다도 중요하고 비용 효과적이라는 것에 기반한 모금이다. 또한 먼저 찾아가고, 만나고, 소통을 통하여 상호 신뢰 형성이 필요하다.

〈표 6-4〉 거래기반 모금방식과 관계기반 모금방식의 비교

차이점	거래기반 모금방식	관계기반 모금방식
중점	일시기부 호소	기부자 보유
주요측량기준	즉각적 ROI, 기부금액, 응답률	생애가치, 기부자 유지
방향	일회성, 긴급성	기부자 관계
기간	단기간	중 · 장기간
고객서비스	중요도 낮음	중요도 높음

출처: Sargeant & Jay(2004).「기부자 로열티」. 사회복지공동모금회 내부 자료 재인용

2) 기부자 관계 관리(Donor relationship Management)를 위한 방안

첫째는 정확한 기부자 정보를 파악하는 것이다. 즉 현재까지의 기부기록, 기부자의 인구통계학적 자료, 심리 행동적 특성 등을 총망라해서 상세한 프로파일을 구축하여, 우량기부자 및 잠재적 충성기부자들의 정확한 명단을 보유할 수 있어야 한다. 둘째는 기부자의 피드백을 체계적으로 관리하여 기부자의 욕구(needs)를 만족시키는 것이다.

이 과정에서 만족과 불만족에 대한 이해가 필수적인데, 어쩌면 만족보다도 더 중요한 것은 불만족스럽지 않게 하는 것이다. 그 이유는 불만족했을 때에 기부단절이라는 즉각적인 응답이 오기 때문이다. 셋째는 기부자를 만족시킴과 동시에 기부자가 모금기관을 신뢰하게 하는 것이다. 신뢰하게 하는 것은 쉽지 않은 일이다. 신뢰는 다양한 요인으로부터 온다. 그런데 무엇보다도 약속의 이행 및 투명성 등의 통합성으로부터 신뢰는 기인하고, 또 모금기관이 지니는 역량으로부터 온다. 즉 역량이 없는 기관은 그 무슨 일이든 신뢰를 구축할 수 없기에 기부자의 신뢰를 구축하기에 매우 제한적일 수밖에 없다. 마지막으로 신뢰는 모금기관을 위해 기부자의 헌신을 강요하지 않고 반대로 기부자를 위해 모금기관이 헌신하는 모습을 보여줄 수 있을 때 찾아오는 것이다. 마지막으로는 관계 관리 및 관계 마케팅은 모두가 대상일 수는 없다는 것이다. 즉 관리 가능한 기부자, 특히 공헌도와 충성도가 높은 기부자들을 대상으로 집중맞춤형 서비스를 개발하여 수준에 적합한 관리서비스 및 보상요인을 개발할 수 있어야 한다. 간단하게 말하면, 비용효과성의 원칙이라는 시각에서 기부자들을 세밀하게 이해하면서 접근해야 한다는 것이다.

3) 재정원천 결정하기

(1) 보조금 및 지원금 검토

사회복지조직의 중요한 예산 확보 수단으로 정부보조금과 법인지원금, 민간재단으로부터의 보조금이 있으며, 민간재단이나 기금으로부터의 보조금은 기관의 특정사업이나 프로그램에 대한 자금신청 및 평가를 통해 이루어진다.

그러나 기업복지재단 등 민간보조금의 경우 프로그램을 확대하고 계속적으로 유지하며 사업에 대한 인식확대 면에서는 의미가 있지만, 일시적인 외부지원은 일시지원이 종결된 이후에 사업 유지에 문제가 될 수 있으므로 지속적이고 장기적인 지역사회 후원금의 확보로 이어지는 것이 더욱 필요하다.

또한, 기금확보에 있어 법인전입금, 즉 사회복지기관을 운영하는 중앙법인으로부터의 지원금은 매우 중요하다. 여러 가지 논란에도 불구하고 법인의 재원확보 및 지원능력은 기관위탁 결정에 있어서 중요한 변수로까지 작용하고 있는 실정이다. 재원확보 및 지원능력만으로 법인의 전문성이나 운영능력을 평가하는 것은 심사숙고하고 검토해야 할 과제이나, 법인의 안정적인 지원은 프로그램의 질과 안정화에도 기여하는 것이 사실이다. 기관의 입장에서는 중앙법인이 지속적으로 소속 법인기관들을 후원할 수 있도록 사업의 책무성을 입증하려는 노력을 게을리해서는 안 될 것이다.

(2) 서비스 이용료 및 회비 유무 결정

민간 부분의 재원 충원에서 생겨난 기금조성 방법으로 클라이언트에게 비용을 부과하는 방법이다. 이러한 방법은 비용을 공정하게 할당하면서 간단하게 사용할 수 있고, 클라이언트의 피드백이 용이하고 서비스 이용료의 지불로 클라이언트가 더욱 동기부여되고 목적 지향적으로 협력할 가능성이 높다는 장점이 있다. 반면에 단점으로는 사회복지기관에서 비용을 징수하는 것은 저항이 클 수도 있다는 점과 클라이언트의 위기상황에서 비용을 징수하는 것은 비현실적이라는 점 등이 있다.

이러한 장단점에도 불구하고, 실질적으로 사업비용은 지역사회 자체에서 충당하는 것이 가장 이상적이다. 특히 지역주민조직화사업이나 주민동아리사업과 같이 장기적으로 지속되는 사업들의 경우 가장 빈번하면서도 안정적인 재원 충당 방법은 구성원들의 자체 회비 납부이다. 그리고 결속력과 조직력이 강화된 주민조직의 경우는 조직원들의 네트워크와 모금후원 행사 등을 통해 비용을 충당하기도 한다.

지역주민의 유사 욕구에서 출발한 동아리모임의 경우 자체 회비를 내규를 통해 모임이 유지·발전되는 것이 일반적이다. 이러한 조직들이 더욱 발전하여 조직화사업의 예산 확보를 위해 기관과 함께 바자회를 운영한다든가, 일부 판매코너에 참여하는 방법 그리고 주민의 네트워크를 통해 후원금을 발굴해 오는 방법도 가능하다.

(3) 자선기금 및 특별모금 확보 여부 및 방법 결정

프로그램 예산의 부족한 부분을 충당할 수 있는 중요한 재원으로 개인 기부금, 유산, 지정기탁, 법인, 특별행사 수입금 등이 있다.

연간 특별모금은 조직의 세입을 증가시키는 측면 외에 지역사회 관심을 창출하는데 도움이 된다. 또한 모금 기획과 수행 경험이 있고 금융 및 기업 등과 밀접하게 접촉하는 인사로 구성된 특별위원회를 구성하여 기획할 수도 있다. 지역사회 내에서 기업 등과 연계로 개발된 프로그램의 경우, 기업 구성원의 참여를 촉진하고 공동의 관심을 유지하며 사업을 발전시킬 수 있다는 이점이 있다.

개인 기부금은 단위당 금액은 적을 수 있으나, 지역사회 주민의 참여와 인식도모, 지속적인 자원 확보 차원에서 가장 효과가 높은 재원 중 하나인 것으로 평가되고 있다. 많은 사회복지기관이 소액기부금이라 하더라도 아동, 청소년 세대부터 어르신 세대까지 복지사업에 동참하도록 하는 방법을 사용하고 있다. 또한 최근 베이비붐 세대가 점차 노년과 그 이후를 생각하는 나이가 되어 감에 따라 개인유산의 사회기부에 대한 관심도도 높아지고 있어, 이에 대한 재원 확보 전략의 필요성이 논의 되고 있다.

일반적인 자원 확보 방법에는 우편발송, 이벤트 개최, 대중매체 광고, 자동응답시스템(Automatic Response System: ARS), 인터넷, 명분지향 마케팅(Cause-Related Marketing: CRM), 제안서 공모 참여 및 기업 프로젝트 제안 등이 있다.

DM(Direct Mail)은 후원을 요청하는 편지를 잠재적 후원자들에게 발송함으로써 후원자를 개발하는 방식으로 가장 전통적인 마케팅 방법 중의 하나이다. 이벤트는 후원의 특정 동기를 부여하기 위하여 특정 기간과 장소에서 사전 계획하에 특별한 활동을 벌이는 커뮤니케이션 과정이다. 예를 들어, 공연, 강연, 요리, 전시회, 마라톤 등 각종 체육대회, 축제, 바자회, 노래대회, 영화시사회, 경매, 만찬, 견학, 특별여행, 파티, 게임, 책 발간과 사인회, 동전모금 등 다양한 형태의 이벤트를 기획하여 자원을 확보할 수 있다. 자동응답 시스템(ARS)은 모금방송 시청자들이 이 시스템을 통하여 전화를 걸면 통화 당 일정 금액의 후원금이 자동으로 전화요금에 부과되어 전화요금과 함께 기부금을 제공하도록 하는 방식이다. 기업의 명분지향 마케팅(CRM)은 1980년 이후 사회복지기관을 포함한 비영리기관들이 모금을 위해 많이 활용하는 마케팅 기법이다. 이는 미국의 아메리칸 익스프레스 카드(American Express Card)에서 처음 사용한 방법으로, 회사는 카드 속에 그려져 있는 자유의 여신상을 활용하여 판촉을 하기 위해 자유의 여신상 복원사업을 펼치는 시민단체와 연계하여 개인이 사용한 카드 금액의 일정비율을 시민단체에 기부하였다. 이러한 방식은 기업의 이미지를 높여주어 기업의 상품 판매에 긍정적인 영향을 미치는 동시에 사회복지기관의 후원자 개발에도 기여하게 된다(정무성, 2013).

프로그램 재원 확보와 관련하여 가장 많이 활용하고 있는 것이 바로 제안서 공모 참여 및 기업 프로젝트 제안이라고 할 수 있다. 프로그램의 확대와 질적인 발전을 위해 사회복지사는 논리적이고 타당성 높은 제안서를 작성하여 모금재단이나 기업을 직접 접촉하거나 공모사업에 참여하여 재원을 확보할 수 있다.

4. 정보 자원

1) 정보개념

정보는 수신자에게 의미 있는 형태로 처리된 데이터이며, 현재 또는 미래의 결정이나 행동에서 실제적이거나 인지된 가치를 갖는 것이다. 정보란 인간의 감각을 통해 인지되는 알림의 내용으로서 어느 특정한 목적 달성을 위한 행동의 선택(의사결정)에 도움을 주는 것이다. 정보는 다음과 같은 특징을 가지고 있다. 단순히 자료가 아니며, 사용자에게 의미가 있어야 하며, 어떤 업무나 처리 과정을 지원하는 것이며, 미래의 불확실성을 감소시키는 것이고, 불균형·불안정·갈등·무질서 등을 감소시켜 주는 것이며, 인간 또는 조직과 환경 사이에 교환되는 어떤 내용이다.

2) 정보자원관리

① 정보 자원개념

정보자원관리란 협의의 개념으로는 정보 자체를 말한다. 그리고 광의의 개념으로는 하드웨어, 소프트웨어, 통신네트워크, 데이터베이스 등 정보를 제공하기 위해 필요로 하는 제반의 요소로 정보 자원은 조직에 전략적 우위를 창출하기 위해 중요한 역할을 수행한다. 그래서 정보 자원에 대한 책임소재를 명확히 규정하고 그와 관련된 권한과 의무의 계통을 상세히 정의하는 것이 중요하다. 그리고 정보 자원계획은 조직의 전략계획과 밀접하게 결합되어야 한다. 또 여러 가지 정보 자원 관련 기술은 그 생산성의 극대화를 위하여 통합적으로 관리되어야 한다. 정보자원관리에서는 조직의 모든 구성원 각자가 효과적인 정보생산자이며 동시에 정보소비자가 될 수 있다. 즉 정보 자원이란 정보 그 자체와 그것을 다루는 기술, 즉 컴퓨터 하드웨어와 소프트웨어·통신·사무자동화체계와 인적·재정적 자원을 포괄하는 것이며, 정보자원관리란 조직의 정보시스템과 관련된 하드웨어·소프트웨어·인력·데이터베이스·원거리 통신시스템·조직구조와 절차 등을 관리하고 조정하는 것이다.

② 정보자원관리의 필요성

과학기술의 급격한 발달로 정보의 홍수 속에서 정보의 입수가 곤란해져 풍요 속의 빈곤 현상을 가져올 수 있다. 따라서 합리적 의사결정을 위한 필요성에서 정보관리가 필요하며, 정보서비스 욕구가 증가함에 따라 더욱 정보자원관리가 필요하다.

③ 효율적인 정보자원관리를 위한 요인

첫째, 정보자원관리의 변화가 최고위 관리자층의 리더십과 지휘하에 이루어져야 한다. 둘째, 정보자원관리에 대한 의사결정을 전략적인 관리 과정에 통합해야 한다. 셋째, 성과관리를 통해 조직의 업무목표와 정보자원관리의 결과를 연결한다. 넷째, 성공적인 조직에서는 정보자원관리와 관련된 비용을 단순히 비용적인 차원이 아닌 조직에 장기적인 효용을 주는 투자로 간주한다. 다섯째, 정보자원관리를 효율적으로 수행하기 위해 조직의 전반에 걸쳐 업무 재설계와 같은 혁신적인 조치를 수반한다. 마지막으로 조직의 리더십과 기술적인 요소를 고려하여 정보자원관리의 담당자와 인간관계를 효율적으로 정립한다.

3) 사회복지조직의 정보관리

사회복지조직의 정보 자원 관리시스템 구축의 필요성은 첫째, 사회복지의 개념이 구제에서 권리로 변화함에 따라 효율성이 강조된 것과 관련이 있다. 둘째, 사회복지행정 확대 및 증가로 사회복지 정보 자원 관리체계의 혁신이 필요하게 되었다는 점이다. 셋째, 프로그램 담당 직원들의 동기와 전문적 학습, 보상의 인식 등을 증가시킬 필요성이 높아졌다는 점과 관련된다. 넷째, 사회복지기관의 성과관리가 중요한 관심 사항이 되었다는 점과 관련이 있으며 지속적으로 관리를 해야 한다.

4) 사회복지조직의 정보 자원 관리시스템 구축의 효용

사회복지조직의 정보 자원 관리시스템 구축의 효용은 다음과 같다. 첫째, 사회복지서비스를 신속하게 제공할 가능성이 확대되고 있다. 둘째, 사회복지조직 업무의 효율성 증가 가능성이 확대되고 있다. 셋째, 사회복지조직의 비용효율 증대로 경제적 효과가 증대되고 있다. 넷째, 사회복지서비스의 책임성이 강화되어 서비스 질 향상에 도움이 되고 있다. 다섯째, 사회복지조직 업무의 표준화를 통한 조직운영의 효율성, 효과성을 제고 할 수 있다.

5. 네트워크 자원

1) 사회자본 이해

① 사회자본의 정의

사회자본(Social Capital)은 대인 간의 관계뿐만 아니라 그 관계 속에 자리매김 된 자원으로 정의한다. 즉 사회자본은 조직이나 혹은 개인이 보유한 사회적 관계의 네트워크로부터 파생된 네트워크를 통해 이용 가능한 네트워크 내에 자리매김 된 자원의 집합이다. 사회자본에 관한 이러한 관점의 주된 전제는 관계의 네트워크가 개인 혹은 조직에게 가치 있는 자원이라는 것이다. 한 개인의 내부에 갖고 있는 능력을 인적자본이라고 한다면 사회자본은 개인 간 관계 혹은 개인 간 관계의 구조 사회적 네트워크에서 나타나는 자본이라고 설명할 수 있다. 사회자본에 따라 인적자본의 투입에 따른 회수율은 저마다 차이가 날 수 있다.

② 비영리 조직과 사회자본

비영리 조직은 영리를 목적으로 하는 기업과는 조직 운영상 많은 차이를 나타내고 있다. 비영리 조직의 목적은 무엇보다도 공익에 입각한 비전과 사명을 바탕으로 시민의 삶의 질을 향상시키거나 사회적 이슈를 다루는 것이다. 기업은 성장하기 위해 그들이 생산하는 재화와 서비스의 수요를 증대시키려 하지만 비영리 부문에서는 공익에 기여하고자 시간과 돈을 자발적으로 기부하고자 하는 사람들이 활동함으로 조직이 유지가 된다. 비영리 조직의 이런 특성으로 말미암아 비영리 조직의 성공은 재화 가치에 의해서 결정되는 것이 아니라 얼마나 공익에 기여하였는가에 의하여 측정될 수 있을 것이다. 비영리 조직의 이러한 가치 지향적 성격으로 말미암아 이에 참여하는 조직 구성원들은 사회에 가치 있는 사명과 이러한 사명을 실현하고자 하는 의지를 가지고 있다고 볼 수 있다. 그러므로 비영리 조직은 사명감과 이를 실현시킬 수 있는 책임감을 가진 자원봉사자들에 의해서 유지된다고 볼 수 있다. 비영리 조직의 관리자들은 자원봉사자들의 욕구를 충족시키고 봉사활동의 만족도를 높이기 위해서 자원봉사자들의 특징을 잘 알아야 할 필요가 있다. 비영리 조직에서는 사명감과 책임감을 가진 조직 구성원들이 조직의 효과성을 높이는 데 주요한 요인이 되지만 이러한 조직 구성원들을 늘 보유하기는 쉽지 않은 문제이다. 비영리 조직을 구성하는 자원봉사자들은 임금과 관련된 계약에 종속된 인력들이 아니기 때문에 이들을 정기적으로 혹은 장기적으로 조직에서 보유하는 것은 어려운 문제이다. 즉 이들은 임금과 관련된 기타 어떤 계약에도 종속되어 있지 않기 때문에 그들에게 있어서 조직을 이탈하는 것은 쉬운 일이다. 또 이들은 보상적 권력에 의한 통제도 쉽지가 않다. 그러므로 비영리 조직에서 조직 효과성을 높이기 위해서는 자원봉사자들의 욕구를 충족시켜주고 봉사활동 과정에서 만족도를 높이며 내적 동기부여를 자극하도록 다양한 노력을 하여야 한다.

자원봉사자들은 공익을 성취하면서 보람과 자긍심을 느끼는 사람들이다. 공익활동에 참여하면서 개인적 성취와 만족을 추구한다. 이러한 사람들을 이끌기 위해서는 권위나 금전적 인센티브 혹은 매력적인 직함보다는 비전, 영감, 열정, 설득, 리더의 솔선수범 등이 더 효과적이다. 이들은 공익과 관련된 업무에 대해서 자신의 가치관이 뚜렷하여 다른 사람의 통제에 쉽게 영향을 받지 않는다는 특징이 있다. 이런 면에서 본다면 자원봉사자들은 모두가 스스로 '리더'라고 할 수 있다. 비영리 조직에 오래 남는 자원봉사자들의 특징을 보면 임금을 받는 사람들에 비해서 조직에 감정적 몰입과 규범적 몰입이 더 높은 경향이 있다. 감정적 몰입은 조직에 대한 감정적인 애착이다. 감정적인 몰입은 조직의 가치를 인식하며 그것들에 내면적으로 동조하고 실현하고자 하는 내적 동기부여를 일으킨다. 반면에 규범적 몰입은 조직에 대한 의무감과 충성심으로 나타날 수 있다. 상호 호혜적 관계에서 나타나는 것으로 상호의무감이라고 할 수 있다. 장기간 자원봉사자로서 활동에 참여하는 사람들은 그들이 속한 지역에 대한 애향심이나 공동체 의식이 높은 것으로 나타났다. 또 자원봉사자들의 만족을 높이기 위해서는 내부 의사소통이 활발하고 조직에서 권한위임을 하는 것이 중요한 것으로 나타났다.

제2절 프로그램의 예산

1. 예산의 개념

프로그램 기획에서 예산은 프로그램 수행에 필요한 재정계획이다. 다시 말하면 프로그램의 목적과 목표 달성을 위한 구체적인 사용 지출 내용과 재원 조달 계획을 의미한다. 프로그램 예산서 작성은 세부사업 내용, 단위 서비스를 구체화하면서 관련 예산을 산출하는 과정이다. 세부사업내용은 예산과 직결되는 부분이며, 프로그램에서 예산은 프로그램 내용을 금전적으로 작성한 것이다.

2. 사회복지조직에서의 예산

사회복지조직은 비영리 조직으로서 재원에 대한 외부 의존도가 매우 높다. 황성철 외(2021)는 외부 재원의 영향을 많이 받는 사회복지조직과 재원의 관계는 다음과 같은 특성을 가진다.

첫째, 사회복지조직은 일반적으로 재원의 지속적인 조달을 직접적으로 통제할 수 없다. 따라서 재원 조달을 직접적으로 통제하려고 시도하지도 않는다. 사회복지조직은 법적으로 위임된 서비스의 경우에도 재정할당에 대한 재량권이 제한되어 있다. 특히 영리부분과 비교할 때 서비스에 대한 전체 비용을 지불할 수 있는 소비자들에 대한 홍보, 마케팅 등의 시도를 충분히 하지 못하고 있다. 이런 시도는 오히려 영리조직들로부터 '부당한 경쟁'이라고 비난받을 수도 있다.

둘째, 사회복지조직의 재원은 매우 다양한 형태로 구성된다. 사회복지조직의 재원 조달방법을 보면 ① 중앙정부 및 지방정부로부터 직접적으로 지원받거나 계약의 형태로 지원받은 정부보조금이며, 사회복지조직의 예산 중 가장 많은 부분을 차지한다. ② 법인전입금, 협찬 후원금, 직접적인 개발 기부나 유증 등의 형태로서의 기부금이다. ③ 서비스이용자들로부터의 요금, 기관의 시설이나 장비 대여료, 상품판매 등을 통한 수익금이다. ④ 기타 특별행사를 통한 모금이나 기증, 투자 등의 수입원이다. 사회복지조직의 재원의 비중은 사회복지시설 운영형태에 따라 차이가 있다.

셋째, 다양한 원천으로부터 재원을 확보하기 위해 사회복지조직은 특별한 업무를 수행해야 한다. 이러한 특별한 업무는 각 기금주의 특성에 따라 다양하며, 사업제안서(proposal)를 제출하거나 정부와 계약을 맺고, 기부자에게 후원금을 요청하거나 사회복지기관들과 연대하여 모금행사를 개최하고, 클라이언트들에게 요금을 지불하도록 마케팅하고, 특별행사를 조직화하는 등의 재원확보 전략을 추진해야 한다.

사회복지조직의 예산은 주로 인건비, 사업비, 관리운영비로 구분하고 있으며, 인건비가 가장 높은 비중을 차지하고 있다. 지역사회나 클라이언트들에게 서비스를 제공하는 주체가 바로 사회복지사들이기 때문이다.

3. 프로그램 예산의 속성

프로그램의 목적을 성공적으로 달성하기 위해서는 실행활동의 수행에 필요한 자원이 충분히 확보되어 있어야 한다. 이러한 자원은 대체로 예산과 직결이 된다. 따라서 적절한 예산의 수립과 효율적인 집행은 실행활동을 원활히 하여 프로그램을 성공적으로 이끄는 데 결정적인 역할을 하기도 한다. 예산수립은 아래와 같은 몇 가지 성격을 가진다는 측면에서 중요하다(황성철, 2014).

첫째, 예산수립은 정치적 과정이다. 예산은 조직 내에서 자원배분이 핵심적 부분인데, 이러한 자원배분에 대한 의사결정은 정치적으로 이루어진다는 의미이다. 둘째, 프로그램 기획의 과정이다. 예산수립은 조직의 목표 달성을 위한 프로그램을 수행하기 위한 것이고, 예산수립과정은 목표 설정, 대안 개발 및 기대효과 분석, 효과성 평가기준 설정 등의 프로그램 기획절차와 동시에 진행되기 때문에 프로그램 기획의 과정이라 할 수 있다. 셋째, 프로그램 관리의 과정이다. 예산수립은 조직의 관리자가 조직 각 단위의 프로그램 활동과 시행 일정 등을 검토하므로 프로그램 관리 과정이 된다. 넷째, 회계절차이다. 예산서는 회계담당자가 자금의 내적 및 외적 흐름을 통제하고 재정활동을 승인하는 근거가 되므로 예산수립은 회계절차의 성격을 가진다. 다섯째, 인간적 과정이다. 예산은 클라이언트와 예산을 집행하는 조직성원, 지역일반인에게 커다란 영향을 미치게 되므로 예산수립을 잘하려면 이들과 접촉하여 대화하는 기회를 가질 필요가 있기 때문에 예산수립은 인간적 과정이라 할 수 있다. 여섯째, 미래지향적인 과정이다. 예산은 장래의 활동계획에 따른 성격을 갖는 재정계획이므로 미래의 목표를 새로 설정할 수 있고 이에 따른 새로운 활동을 할 수 있기 때문에 미래를 변화시키는 과정이 된다는 것이다.

4. 프로그램 예산수립 방식

예산의 유형은 학자들마다 차이는 있으나 일반적으로 항목별 예산, 성과기준 예산, 기획예산, 영기준예산으로 분류된다.

1) 항목별 예산

항목별 예산은 프로그램에 수행에 필요한 예산을 항목별로 구분하고 계산하여 제시하는 예산수립 방식이다. 항목별 예산의 특징은 예산 작성이 비교적 간편하고, 항목에 대한 지출이 분명하게 표시되기 때문에 예산이 어떻게 지출되는지 파악하기가 대체로 수월하다는 것이다. 따라서 관리자가 예산 항목별 지출 현황에 대한 감독이 쉽다는 장점이 있다. 하지만 프로그램의 목적에 맞게끔 사용되고 있는지 여부를 확인하기는 쉽지 않다는 단점이 있다.

2) 성과기준 예산

성과기준 예산은 프로그램 예산 또는 기능주의 예산이라고도 부른다. 이것은 프로그램에 사용할 예산과 프로그램의 활동을 연결시켜 예산을 수립하는 방식이다. 프로그램의 내용을 실행 활동별로 구분하고 각 활동에 필요한 비용을 단위비용과 실시 횟수, 또는 분량 등에 대입하여 환산하여 작성한다. 성과기준 예산은 프로그램의 목표와 실행활동을 이해하는 데 도움이 되고 성과를 비용과 연계하여 평가할 수 있고, 각 항목별 비용을 구분하기에 쉽다는 특징이 있다.

3) 기획예산

기획예산은 조직의 장기적인 전망이나 발전계획, 또는 사업계획에 따라 목표를 수립하고 이를 달성하기 위한 프로그램들을 효과적으로 진행할 수 있도록 예산을 수립하는 방식을 의미한다. 기획예산 방식은 사업계획과 예산수립이 대체로 일치가 되기 때문에 조직 전체의 활동을 포괄적으로 파악할 수 있어 효율성을 높일 수 있다는 특성이 있다.

4) 영기준예산

영기준예산은 이전의 사업에 대한 결과나 성과 등을 배제하고 원점(0, zero) 상태에서 새롭게 예산을 수립하는 방식이다. 매해, 혹은 매번 원점에서 프로그램 계획을 평가하여 우수한 프로그램에 예산을 배정하기 때문에 프로그램 운영 주체의 책임성과 프로그램의 효과성을 높이는 데 유리한 예산수립 방식이라 할 수 있다.

사회복지 프로그램의 예산수립은 특정 유형의 방식 한 가지만을 적용하는 경우가 드물다. 보통은 항목별 예산 방식과 성과기준 예산 방식을 더하여 사용하는 경우가 많다. 또 외부 배분 조직의 프로그램 공모사업의 프로그램 계획서를 작성하는 경우, 예산 계획은 영기준예산 방식까지 더해지는 경우가 대부분이다.

5. 예산집행 개념

예산집행(budget execution)이란 세입세출예산이 담고 있는 정책목표와 프로그램을 성취하는 데 필요한 수입과 지출을 실행하는 일체의 행위를 말한다. 모든 예산은 사업을 수행해서 업적을 올려야 할 많은 계획을 내포하고 있는데 이러한 사업계획을 실천에 옮기는 것이 예산집행이다. 아울러 예산집행에는 효율성 차원에서 집행통제라는 의미도 강하게 내포하고 있는데, 학자들의 공통된 의견을 근거로 예산집행통제를 살펴보면 다음과 같다(양승일, 2015).

1) 예산집행통제의 원칙

예산집행통제에는 다음과 같은 원칙이 준수되어야 한다(신복기 외, 2002)

(1) 개별성의 원칙

재정통제체계는 개별 기관 그 자체의 제약조건, 요구사항, 그리고 기대사항에 맞게 고안되고 집행되어야 한다.

(2) 강제성의 원칙

재정통제체계는 강제성을 띠는 어떤 명시적인 규정이 있어야 한다. 즉, 강제성이 없는 규칙은 효과성이 없다. 강제성은 때로 개별성을 무시할 수 있으나 규칙의 동일한 적용을 통한 공평성과 활동을 공식화하는 것이다.

(3) 예외의 원칙

규칙에는 반드시 예외상황을 고려하여야 하고 그러한 상황에 적용되는 다른 규칙도 명시되어야 한다.

(4) 보고의 원칙

재정통제체계는 보고의 규정을 두어야 한다. 재정활동에 대한 보고의 원칙이 없으면 재정 관련 행위를 공식적으로 감시하고 통제할 수가 없다. 예를 들면, 예산의 남용이나 개인적 유용, 그리고 항목 변경 등의 사실들이 있는 그대로 보고되지 않으면 재정활동에 큰 문제가 생길 수 있는 것이다.

(5) 개정의 원칙

규칙에는 일정한 기간 동안만 적용할 수 있도록 제한되어 있거나, 적용할 때 부작용이 나타날 경우를 대비하여 일정한 기간이 지난 후에는 규칙을 새로 개정할 수 있어야 한다.

(6) 효율성의 원칙

재정통제에는 시간과 비용이 높은 수준으로 소요되는 경우가 있다. 따라서 통제는 비용과 노력을 최소화하는 정도에서 이루어질 수 있어야 한다.

(7) 의미의 원칙

효과적인 통제가 되기 위해서는 규칙, 기준, 의사소통 및 계약 등에 있어서 관계되는 모든 사람들이 잘 이해할 수 있도록 전달되어야 한다. 그러므로 규칙은 명확하게 쓰여지고, 통제자료는 쉽게 얻을 수 있어야 하며, 절차의 분류와 해석을 위한 사항도 명확히 명시되어야 한다.

(8) 환류의 원칙

재정통제에 관한 규칙, 기준, 의사소통, 계약 등을 적용할 때 발생할 수 있는 여러 가지의 부작용 및 장단점 등을 관련자들로부터 들어서 개정과 개선의 기초가 되어야 한다.

(9) 생산성의 원칙

재정통제는 서비스가 효과적이고 효율적으로 전달되도록 하기 위한 수단이므로 이로 인하여 서비스 전달이라는 생산성에 장애와 갈등이 발생하지 않도록 유의하여야 한다.

2) 예산집행 통제의 기제

예산 집행을 통제하는 기제는 여러 가지로 접근할 수 있지만 여기에서는 주로 많이 활용되는 기제는 다음과 같다(김치영 외, 2006).

(1) 분기별 할당

수입예산이 계획된 대로 들어오지 않을 경우도 있고 또 한 기간에 집중되어 들어오는 경우가 있는가 하면, 비용의 지출이 월별로 또는 분기별로 동일하지 않고 어떤 시기에 집중되는 경우도 있다. 이러한 경우 수입예산의 수입과 지출예산의 지출을 분기별로 조정하여 수입과 지출의 균형을 유지할 필요가 있다. 행정책임자는 이러한 재정집행의 사정을 하부활동 책임자에게 이해시키고 상의하여 할당의 효과가 나타나도록 하여야 할 것이다.

(2) 지출의 사전승인

조직에서 일정액 이상의 지출을 할 경우 최고 행정책임자의 사전승인을 받도록 하거나 또는 지출액수에 따라 중간 행정책임자의 사전승인을 받도록 하는 것이 일반적이다. 이와 같은 사전승인은 수입과 지출의 균형을 유지하는 데 도움이 되고 때때로 승인을 의도적으로 연기하여 지출을 억제할 수도 있다.

(3) 자금지출의 취소

예상된 재정원칙으로부터의 수입이 인가되지 않거나 또는 삭감정책에 의하여 예상된 수입액이 입금되지 않을 경우는 자금지출을 잠정적으로 취소하거나 또는 최종적으로 취소할 수밖에 없다.

(4) 정기적 재정현황보고

행정책임자는 월별, 분기별로 재정현황을 보고받아 검토하여야 한다. 보고서의 내용은 수입 지출의 현황, 변제비용, 인원당 비용, 기능별 비용, 그리고 서비스 단위당 비용 등이 포함되는 것이 바람직하다.

(5) 대체

회계연도 말쯤에 재정현황이 사업별 또는 계정별로 과다지출이 되었거나 또는 과소지출이 된 경우에는 과소지출분에서 과다지출분을 메우기 위하여 대처할 필요가 있다. 이러한 대체는 조직의 구조와 액수에 따라 중간 행정책임자 또는 최고행정책임자의 승인을 받아야 한다.

(6) 지불연기

이 방법은 조직의 내·외부로부터의 지불요청에 대하여 의도적으로 적당한 방법을 통해 연기를 함으로써 수입예산의 입금 여유를 갖는 것이다. 특히, 지불연기로 벌칙이나 벌금이 없는 경우는 요청자의 양해를 얻어 최대한으로 지불연기를 할 수 있다.

(7) 차용

차용은 은행 또는 특별단체(협회, 연합회, 정부 기관 등)로부터 자금을 빌리는 것을 말한다. 다시 말하면, 수입예산이 계획대로 확보되지 않아 불가피하게 지출을 하기 위해서는 일반적으로 은행, 사회복지 관련 특별단체 또는 정부의 기금으로부터 장기적 또는 단기적인 대부를 받을 필요가 있는 것이다.

6. 프로그램 예산항목의 구분

1) 산출 항목별 구분

(1) 인건비

프로그램을 운영하는 데 들어가는 인적 자원을 확보하고 활용하는 데 필요한 비용 부분으로 직원, 외부전문가, 자원봉사자 등에게 급여나 강사료 등의 항목으로 지출되는 비용이 이에 해당한다. 외부 공모사업을 통해 예산 확보를 할 경우 프로그램 수행 조직의 직원 인건비를 예산에 포함하지 않는 것이 보통이지만, 사업에 따라서는 프로그램을 수행하는 데 필요한 시간을 대입하여 인건비를 산정하거나 사업 수행을 전담하는 인력을 채용할 수 있는 인건비를 반영하기도 한다.

(2) 사업비

프로그램 운영에 직접 소요되는 비용이 이에 해당한다. 프로그램에 직접 사용되는 물품의 구매나 대여에 사용되는 비용, 이동을 할 때 소요되는 교통비, 외부 장소를 이용할 때 사용되는 대여비나 입장료, 실행활동 중에 사용되는 다과나 음료의 구입비, 실행활동의 단위 시간이 길거나 평가를 위한 회의가 있을 경우 사용되는 식사비 등이 이에 해당한다.

(3) 관리운영비

프로그램 운영을 위해 실행 조직에서 보유하고 있는 장소나 차량, 장비 등을 이용하기도 하는데 이러한 경우에도 직간접적으로 비용이 발생한다. 이러한 유형의 비용은 일반적으로 관리비로 구분하여 예산을 책정한다.

(4) 기타

예비비와 같이 인건비나 사업비, 관리비 등에 넣기 어려운 항목의 경우 기타로 구분하여 예산 책정을 한다.

2) 예산의 성격별 구분

(1) 직접비

직접비는 프로그램의 실행활동에 직접적으로 소요되는 비용을 의미한다. 직접비는 해당 프로그램만을 위해 온전히 사용되는 예산이기 때문에 구분이 명확하여 예산 계획을 세우기가 비교적 쉽다.

(2) 간접비

직접비를 제외한 나머지 비용은 간접비에 해당한다. 일반적으로 관리운영비가 이에 해당되는데 다른 프로그램이나 사업과 공유해서 사용되는 비용 부분이라 할 수 있다. 따라서 해당 프로그램의 간접비를 산출하기가 쉽지 않은데, 일반적으로는 전체 업무에서 해당 프로그램이 차지하는 시간 비중을 고려하여 간접비를 산출하는 경우가 많다.

3) 예산 조달 방식별 구분

(1) 외부 재원

사회복지 프로그램의 경우 실행 조직이 자체적으로 재원을 마련하여 운영하는 경우도 있지만 많은 경우 외부에서 재원을 조달하여 프로그램을 운영하기도 한다. 외부의 재원은 정부나 지방자치단체, 사회복지공동모금회, 각종 복지재단, 기업 등 다양한 배분 조직의 공모나 지원을 통해 조달하는 것이 일반적이다. 외부의 배분 조직에 프로그램의 계획과 '신청 예산'이 담긴 제안서(프로포절)를 제출하여 심사를 거쳐 선정이나 승인이 되어야 예산을 지원받을 수 있다. 신청 예산은 전액 지원을 받기도 하지만 경우에 따라서는 심사 과정에서 조정이 된 금액을 지원받기도 한다.

(2) 자체 부담 재원

프로그램 운영에 필요한 전체 예산 중 조직에서 자체적으로 부담하는 '자부담

예산'이 이에 해당한다. 일반적으로 해당 프로그램에 국한하여 외부에서 지원받거나 받고자 하는 '신청 예산'을 제외한 나머지 부분의 예산을 자부담으로 잡는다.

7. 예산서 작성 방법

1) 예산항목 구체화하기

예산항목은 통상적으로 관(사업비)–항(신청사업비)–목(인건비, 사업비, 관리운영비 등)–세목(프로그램 단위 사업비)으로 구분하여 제시하게 된다. 앞에서 신청기관은 예산항목 가운데 관과 항을 제외하고 목과 세목 부분을 작성하게 되는데, 각 기관이나 자금처에서 정한 기준을 숙지한 후 구체화한다.

2) 타당성 있는 산출 근거 제시하기

산출 근거를 표현하는 데 일반적으로 나타나는 오류는 사업 예산을 통으로 편성하거나 사업비 단가가 비합리적인 경우이다. 앞서 세목 작성예시에서 보듯이 사업비의 산출 근거는 서비스단가, 인원, 횟수 등이 포함되어서 명확하게 제시되어야 한다.

3) 현실성 있는 자금조달 계획 수립하기

대부분의 기금배분 사업에서는 대응투자 방식으로 재원을 배분하고 있다. 일반적인 사업제안서 양식에서는 신청금액과 자부담으로 표현된다. 자금조달계획은 프로그램을 제안하는 기관의 수행 의지와 능력을 판단하는 근거가 된다. 일반적으로 신청금액은 직접경비 중심으로 배당되고, 자부담은 간접경비 중심으로 이루어지는데, 간접경비가 행정적인 요인으로 인식되는 경향이 있으므로 직접경비 가운데 일부를 자부담함으로써 기관의 수행능력과 의지를 강하게 나타낼 필요가 있다. 일반적으로 자부담 비율은 정해진 것은 없지만, 차후 프로그램의 자립 가능성 등을 고려했을 때 직접경비와 간접경비를 포함해서 20% 내외 수준이면 적정한 것으로 보고 있다. 자금의 출처는 기관에서 부담하는 것 뿐만 아니라 프로그램 이용자의 납부금, 후원금, 다른 재원을 통한 확보 등 다양한 방법이 가능하다.

4) 최종 예산안 완성을 위한 검토 기준

세부적으로 프로그램 예산안을 작성하기 위해서 기획가는 다음과 같은 하위 내용들을 구체적으로 정리해야 한다. 일반적인 품목별 예산모형과 더불어 성과주의 모형을 결합하여 사용하는 요소들이다. 특히, 서비스 단위당 비용, 서비스 종결까지의 클라이언트당 비용, 성공한 클라이언트당 결과비용은 사업의 비용효율성과 비용효과성을 평가하는 주요한 기준이 된다.

- 프로그램 항목별 예산(경비)
- 직접비용 총액
- 간접비용 총액
- 전체 프로그램 비용
- 서비스 단위당 비용
- 서비스 종결까지의 클라이언트당 비용
- 성공한 클라이언트 결과당 비용
- 프로그램 목표 달성을 위한 비용
- 외부 지원사업인 경우에는 자부담경비와 지원금 비용

케트너 외(Kettner et al., 2008)는 성과주의 예산서에 포함되어야 할 내용들을 제시하고 있는데, 세부 요소는 여섯 가지로 투입(금전적 자원, 인간적 자원), 산출(중간 산출물, 최종 산출물), 품질(클라이언트 만족 백분율, 품질 차원의 산출물), 효과(중간 및 최종 성과–명확한 삶의 질 변화를 이룩한 클라이언트의 수 내지 백분율), 비용효율성 비율(중간 및 최종 산출물당 비용), 비용 효과성 비율(중간 및 최종 성과당 비용)이다.

지속적으로 실행되는 프로그램인 경우에는 연도별로 결산평가를 비교해 보면 효율성을 제고할 수 있는 방법을 모색해 보는 과정도 필요한데, 결국 성과주의 모형은 성과가 높은 프로그램을 선택하거나 보다 성과를 높이기 위한 전략을 구축하는 것이기 때문이다.

〈표 6–5〉는 일반적인 항목별 예산 모형에 성과주의 예산에서 고려해야 하는 요소들을 적용하여 제시한 예산 수립 형식이다. 또한, 〈표 6–6〉 항목별 예산산출기초에 따른 예산 수립 예시이다. 프로포절 제출 시에는 인건비, 사업비, 관리운영비 등의 기본 항목을 기준으로 세부 프로그램 활동내용에 따라 산출 단가를 최대한 구체화하여 예산을 수립한다.

〈표 6–5〉 예산수립형식예시

○○○ 기관 프로그램 예산

	A 프로그램	B 프로그램	C 프로그램	D 프로그램
수입	**세부내역 및 산출근거**			
기부금 정부보조금 회비 프로그램수입 기타				
지출	**세부내역 및 산출근거**			
급여 고용관련기타비용 임대료 시설비 소모품비 통신비				

장비비 우편비 인쇄 및 복지비 여비 회의비 기타				
총프로그램 비용				
서비스 단위당 비용 종결까지의 클라이언트당 비용 성공한 클라이언트 결과당 비용 직접비와 간접비당 비용 자부담과 지원금당 비용				

〈표 6-6〉 프로그램 예산계획의 예시 (단위: 원)

관	사업비							
항	공동모금회 “저소득층아동야간보호”사업비							
목	세목	계	산출근거	예산조달계획				
				신청금액	비율(%)	자부담	비용(%)	자부담 재원
총계		16,000,000		13,100,000	100	2,900,000	100	
인건비	담당인력 야근수당	4,800,000	담당인력2명×1시간 5,000d원×1일×4시간×월 10일×12개월	4,800,000				
	소계	4,800,000		4,800,000	36.6			
사업비	야간귀가 차량 운행	2,000,000	주 5회×10,000원×40주	600,000		2,000,000		자체예산
	기초학습 지도 프로그램	2,600,000	학습교재비 국/영/수×연간 6권× 5,000원×20명	2,000,000				
	가족관계 개선 프로그램	4,800,000	자원봉사자 교통비 대학생 2인 × 주 5회 × 5,000원× 40주	4,800,000				
	소계	9,400,000		7,400,000	56.5	2,000,000.0		

관리운영비	야간 난방비	900,000	상담 및 특별활동 프로그램			900,000.0		자체예산
	전기료	900,000	(나들이, 체육대회, 요리, 영화보기)		900,000.0			
	소계	1,800,000	20가족×가족당 20,000원×12개월	900,000	7	900,000		

출처: 사회복지공동모금회(2015). 2016 배분사업 안내

1) 항의 " "부분에 사업명을 기입하고, 목은 인건비, 사업비, 관리운영비로 구분한다. 해당 목에 대한 예산이 없을 경우 삭제하고 작성한다. 인건비의 경우 이 프로그램을 위해 새롭게 투입되는 인력에 대한 것만 편성한다.
2) 세목에는 해당 사업에 필요한 프로그램을 편성한다. 각각이 세목에 포함되는 항목은 다음과 같다.

① 세목에 포함되는 항목

목	설명	해당항목
인건비	해당사업을 직접적으로 수행하는 인력에게 투입되는 비용	프로그램 담당자, 보조담당자 인건비
사업비	프로그램 수행에 필요한 직접비용 (클라잉언트에게 제공되는 서비스에 필요한 비용)	강사비, 자원봉사자 수당, 자문비, 회의비, 행사진행비, 홍보물품 구입, 사업결과보고서 제작비 등
관리운영비	프로그램의 수행에 필요한 간접비용	사무용품비, 냉난방비, 우편료, 사업담당자 교육비 등

② 세목은 너무 구체적으로 작성하거나 포괄적으로 작성하기보다는 다음 표와 같이 프로그램 단위나 세부목표별로 작성하는 것이 회계업무 처리에 있어 효율적이다.

프로그램 단위로 세목을 설정하는 경우(○)	
세목	산출근거
가족관계 증진을 위한 나들이 프로그램	버스대여(25인승) 300,000원
	도시락/다과 5,500 × 30개 165,000원
	입장료 2,000원 ×30명 60,000원
계	525,000원

개별활동별로 세목을 설정하는 경우(×)	
세목	산출근거
나들이 버스 대여	버스대여(25인승) 300,000원
도시락/다과	5,500 × 30개 165,000원
입장료	2,000원 ×30명 60,000원
계	525,000원

3) 산출근거는 구체적으로 어떠한 내역으로 예산이 산출되었는지 실제 단가, 수량과 인원수, 건수나 횟수 등의 순으로 기재한다. 산출근거에서 단가(단위당 비용)를 제일 앞부분에 그리고 수량, 횟수 등의 순으로 기재하면 다른 세목의 예산과 비교하기가 훨씬 쉽다.

4) 예산조달 계획에는 신청금액 및 자부담 금액을 기입한다. 배합자금(matching funds)으로서의 자부담의 제시는 매우 중요하다. 자부담 능력을 보여준다는 것은 향후 이 프로그램을 기관의 독자적인 능력으로 수행할 수 있다는 것을 의미한다(물론 예외적인 사항도 있다). 앞에서도 언급했지만 향후 수년간 이 프로그램에 대한 자부담 능력이 없다면 기관의 능력을 벗어나는 사업으로 보일 수 있기 때문이다.

5) 신청금액에 대한 비율은 신청금액 총액 대비 각 항목이 차지하는 비율을, 자부담의 비율은 전체 자부담 대비 해당 항목의 백분율을 산출하여 기재한다.

6) 자부담 재원은 자체예산, 외부지원(지원처), 수익금(참가비), 기금, 기부금 등 세부적으로 구분하여 기입한다.

제7장 프로그램 실행과 관리

1. 사회복지 프로그램을 실행하기 위한 사회복지사의 역할을 이해한다.
2. 사회복지 프로그램 실행을 위한 이용자 선정과 프로그램 진행방법을 설명할 수 있다.
3. 사회복지 프로그램 관리방안을 이해한다.
4. 사회복지 프로그램 관리를 위한 기록 · 문서관리, 모니터링관리, 프로그램 질 관리, 프로그램 인력관리를 설명할 수 있다.

잘 계획된 프로그램, 선정된 프로포절 만으로 프로그램이 잘 실행되고 좋은 성과를 만들어 낼 수 있는 것은 아니다. 기획가가 계획하였던 문제해결의 성과로 나타나기 위해서는 조직 차원에서 프로그램 실행과 관리 전략을 체계적으로 구축하고 실행해야 한다.

프로그램 실행의 주요 과업에 대해 패티(Patti, 1983)는 자원확보, 조직구조 개발, 직원능력 개발을 과업으로 제시하였다. 황성철(2014)은 실행 단계의 주요 과업을 자원 확보의 관리, 기록 및 정보 관리, 프로그램 모니터링, 서비스 질 관리로 제시하였다. NCS 학습 모듈(2023)은 프로그램 실행으로 이용자 선정하기, 프로그램 진행하기, 행정 처리하기, 프로그램과정 기록하기를 제시하였다. 제7장에서는 프로그램 실행 단계에서 사회복지사가 직접 프로그램을 실행하고 참여하거나 간접적으로 관리하는 역할을 모두 담당하는 것으로 고려하여 프로그램 실행으로 이용자 선정과 프로그램 진행, 프로그램 관리로 프로그램 기록과 문서관리,

프로그램 모니터링 관리, 프로그램 질 관리, 프로그램 인력관리 등으로 효과적인 프로그램 실행과 관리 전략을 제시해야 한다.

제1절 프로그램 실행

I. 프로그램 이용자 선정

1) 프로그램 정보안내

사회복지 프로그램이 설계되어 실행단계로 접어들어서는 표적 집단의 클라이언트를 확보하고 예산에 포함된 재원을 마련하는 일이 프로그램 관리자의 중대 관심사이다. 특히 프로그램 관리자는 지역사회에 있는 잠재적 클라이언트를 프로그램에 참여하도록 유도하고 필요한 재원확보를 위해서 홍보, 모집, 광고 등의 활동을 전개한다. 또 기관에서 의도적으로 특정프로그램을 기획하고 실행하는 경우 잠재되어 있는 클라이언트들을 직접 접촉하여 면담을 진행하기도 하는 등 참여 대상자를 확보하기 위한 노력을 하는데 이러한 활동의 방법과 제공하는 정보는 다음과 같다.

(1) 클라이언트 확보를 위한 정보안내 방법

① 인쇄 및 홍보물

사회복지기관에서 프로그램을 홍보하기 위해 가장 흔히 사용되는 마케팅 방법의 하나가 인쇄물과 홍보물을 제작해 배포하는 방법이다. 그 기관의 특성에 맞게 소식지, 팸플릿, 전단지, 현수막을 제작하여 광고하고 기념품과 같은 별도 홍보물을 제작하여 배부함으로써 클라이언트나 지역주민의 관심을 유발하기도 한다.

② 우편물

우편물은 전통적으로 사회복지기관의 프로그램을 홍보하기 위한 수단이 되어 왔다. 우편물은 수신자의 주소와 이름이 분명한 사람들에 한정되므로 기존 프로그램 이용자나 후원자에 국한되는 점에서 한계가 있다. 우편물 발송 시의 내용에 관해서는 짧고 분명한 메시지로 잠재적 클라이언트 집단에 호소할 수 있어야 한다.

③ 전화

기업에서 판촉을 위해 텔레마케팅 방법을 사용하는 것과 같이 사회복지기관에서도 전화를 이용하여 잠재적 클라이언트 집단에 홍보할 수 있다. 전화를 통한 프로그램의 홍보는 실제로 통화 거부율이 높기 때문에 시간에 비해서 홍보의 실적이 저조하고 프로그램 담당자의 소진을 불러일으킬 가능성이 크기 때문에 이용 가능성이 높은 집단을 사전에 선별해서 전화 작업을 하는 것이 유리하다.

④ 신문 및 방송매체

신문과 방송은 대중의 인지도를 높이는 방법으로 광범위한 표적 집단을 대상으로 홍보하는 데 매우 유리한 수단이 되고 있다. 그러나 신문이나 잡지의 광고란을 이용하는 데에는 상당한 비용을 지불해야 하므로 영세한 사회복지기관으로서는 좀처럼 시도하기 어려운 광고 방법이다.

⑤ 온라인

온라인 홍보는 인터넷 홈페이지, 각종 유관기관 협회나 단체 홈페이지상의 행사나 프로그램 안내 게시판을 활용하여 프로그램 정보를 홍보하는 것을 말하고, 최근에는 페이스북, 트위터, 카카오스토리, 밴드 등 SNS(Social Network Services) 즉, 사이버공간에서 사람과 사귈 수 있는 방법이 많이 활성화되고 있다.

⑥ 기타

사회복지 프로그램의 참여자를 모집하기 위해서 그밖에 사용될 수 있는 클라이언트 홍보 방법에는 개별 면담에 의한 소개, 기관의 게시판과 홍보코너를 이용하는 방법 등이 있다.

(2) 참여를 원하는 클라이언트들에게 제공하는 정보

① 프로그램 설명서

프로그램 설명서는 참여를 원하는 클라이언트의 이해를 돕고자 세세한 내용을 길게 작성하여 만든 것으로 프로그램 참여 시의 중요 내용 즉, 장소 및 일정, 프로그램 세부 내용, 비용, 주의 사항 등을 정리한 것으로 참여한 클라이언트가 궁금해하는 것들을 쉽게 이해하고 참여할 수 있도록 하는 매뉴얼이다.

② 프로그램 참여 시 이용자의 권리와 역할

각 기관마다 이용자의 권리에 관한 규정을 마련해 기관의 사업 참여 시 이용자의 편의 증진 및 서비스를 개선하고 이용자들이 부당한 일을 겪는다거나 불편이 없도록 하는 등 이용자의 권리침해를 예방하고 인권을 보장하여 이용자 중심의 서비스라는 궁극적인 목적을 달성하고자 이에 대한 정보를 제공한다. 또 이용자들이 프로그램 참여시 역할에 대해서도 구체적으로 명시하여 정확한 책임과 의무에 대한 이해를 돕도록 한다.

③ 이동 편의와 담당자 연락처

프로그램 실행 기관에 대한 소개 및 약도와 찾아가는 교통편과 이동 편의 시설을 자세하게 안내합니다. 그리고 프로그램 담당자의 연락처를 기재하여 쉽게 프로그램에 대해 상담할 수 있도록 한다.

2) 프로그램 신청접수

(1) 프로그램 신청서 접수 방법

프로그램에 참여를 희망하는 이용자들이 신청서를 접수할 수 있도록 하는 다양한 방법을 확인하고 안내할 수 있어야 한다. 일반적으로 사회복지기관에서 진행되고 있는 프로그램 접수 방법을 살펴보면 다음과 같다.

① 방문 접수

이용자가 직접 프로그램의 문의를 위해 방문하는 것으로 이용자가 직접 방문한 경우를 제외하고는 간단한 문의 후 이용자가 반드시 동행할 것을 안내하고, 기관의 프로그램 접수 절차 규정에 따라 접수를 안내한다.

② 온라인 접수

전화나 인터넷 홈페이지를 통해 간단한 사항에 대하여 접수하면서 기재된 정보 범위 내에서 연락하여 이용자나 그 보호자와 통화를 하거나 방문을 유도하여 접수할 수 있도록 안내한다.

③ 아웃리치

방문이나 온라인을 통해 이용자가 내방하지 못하는 경우나 불특정 이용자를 발굴하기 위해 사회복지사가 지역의 이용자를 직접 찾아가서 접수하고 프로그램을 안내한다.

(2) 클라이언트의 정보를 얻는 방법

① 클라이언트의 이야기

클라이언트의 문제, 그가 느끼는 기분이나 감정, 클라이언트의 생각, 문제를 해결하기 위한 노력, 문제의 역사, 문제의 원인, 문제에 대한 클라이언트의 의견 등이 모두 포함된다. 여기에서 클라이언트의 진술은 주관적 경향이 있기 때문에 본인의 편견이나 감정에 의한 왜곡이 있는지 주의해야 한다.

② 클라이언트가 작성한 서류

프로그램 신청 시에 클라이언트가 직접 작성한 인구사회학적 정보 등은 클라이언트를 이해하는 중요한 정보원이 될 수 있다.

③ 사회복지사의 관찰

클라이언트와 그의 삶에 중요한 사람들, 즉 부부나 가족 구성원 간의 상호작용을 사회복지사가 관찰함으로써 많은 정보를 얻을 수 있다. 가족뿐만 아니라 필요한 경우에는 친구나 동료 간의 상호작용도 중요한 정보원이 될 수 있다.

④ 심리검사 결과

심리검사의 결과는 심리학자에 의해 실시되는 다양한 성격검사, 지능검사 등으로부터 얻은 결과의 정보이다. 심리검사가 필요하다고 생각될 경우에는 심리학자에게 의뢰하여 받을 수 있는데 성격과 지능 등에 관한 정보로서 MMPI, MBTI, 사회성숙도, 자아존중감, 결혼 만족도, 가족관계 친밀도 등이 있다.

⑤ 클라이언트의 비언어적 행동

클라이언트의 언어적 표현뿐만 아니라 비언어적 행동, 즉 몸짓, 얼굴표정, 어조, 눈빛, 손과 팔 등의 몸동작, 옷차림과 외모 등을 통하여 경우에 따라 클라이언트의 감정과 사고를 더 정확하게 판단할 수 있기 때문에 사회복지사는 세밀하게 관찰하고 클라이언트의 비언어적 행동까지도 읽을 수 있는 능력을 갖추어야 한다.

⑥ 클라이언트의 주위환경

클라이언트의 친척이나 가족, 이웃, 친구, 직장동료나 상사, 학교 선생님 등으로부터 얻게 되는 정보가 귀중한 정보원이 될 수 있다. 이러한 정보를 얻을 때에는 클라이언트의 동의를 얻어야 한다. 때로는 정보를 얻는 과정에서 상반되는 정보를 얻을 수 있으므로 사회복지사는 얻어진 정보들이 일관성이 있는지에 대해 주목할 필요가 있다.

⑦ 사회복지사의 개인적 경험

클라이언트와 사회복지사가 상호작용하는 패턴을 보면 클라이언트가 다른 사람들과 어떻게 상호작용하는지 상호작용의 유형을 짐작할 수 있게 해 줄 뿐만 아니라 문제행동을 이해하는 데 실마리를 제공한다. 사회복지사는 클라이언트와 상호작용하는 과정에서 자신이 느끼는 감정이 다른 사람에게도 비슷할 것이라는 생각을 하게 되고, 사회복지사의 이러한 감정이 결국은 문제행동에 대한 중요한 정보를 제공할 수 있다.

2. 프로그램 진행

1) 클라이언트와 프로그램 계약

(1) 계약의 의미

프로그램 대상자로 확정된 이후 클라이언트와 기관의 의무와 과업, 구체적 실천 활동을 상호 약속하는 것을 의미한다. 프로그램 실행의 성공 여부는 클라이언트가 자기가 해야 할 일과 역할을 분명하게 인식하고 적극적 참여가 요구된다는 사실을 인정하는데 달려 있다고 해도 과언이 아니기 때문에 계약은 중요하게 다루어진다. 또 계약은 클라이언트로 하여금 문제해결 과정에서 자신이 수동적 존재가 아니라 중심적 역할을 하며 사회복지사와 동등한 인격으로 대우받는다는 사실을 일깨워 줄 수 있다.

(2) 계약에 포함될 내용

① 구조적 요인: 프로그램명, 대상자, 날짜, 시간, 장소

② 문제: 클라이언트가 규정한 문제, 사회복지사가 규정한 문제, 개입활동을 위한 합의된 문제개요, 최종목표

③ 최종목표: 명확하고도 구체적으로, 목표달성 정도가 측정될 수 있도록 기술

④ 계획: 접근 방법, 클라이언트 과제, 사회복지사의 과제, 세션 내의 과제, 평가계획(목표와 과정에 대한 평가)

⑤ 비용: 합의된 목표를 달성하기 위하여 사용될 비용

⑥ 서명날인: 클라이언트 서명날인, 사회복지사 서명날인

2) 계약의 장단점

(1) 계약의 장점

계약은 목적을 분명히 함으로써 클라이언트와 사회복지사의 갈등을 줄일 수 있으며, 우선순위를 정하고, 역할과 책임을 설명하고, 측정 과정에 합의된 방법을 제공할 수 있다. 이러한 측면에서 서비스 계약은 비자발적인 클라이언트와의 활동에 중요한 의미를 지닌다. 특히 동기가 없거나 불분명한 클라이언트와 계약을 맺음으로써 그에게 분명하지 않은 상태에서 클라이언트가 모르게 처리되지 않는다는 것을 보장해 줄 수 있다.

(2) 계약의 단점

계약이 가지는 단점은 서면계약을 준비하기 위하여 시간이 필요하다는 점이다. 서면계약과 관련된 다른 문제는 불확실한 법적 지위, 사소하지만 쉽게 개념화된 목표에 집중하면서 복잡하거나 성공하기 위해 위험을 감수해야 하는 목표를 회피할 가능성, 무력한 클라이언트가 처벌의 두려움으로 계약에 동의할 위험

성이 있다는 점이다.

3) 진행 보고

프로그램 진행상황에 대해 상급자, 지원기관, 관할행정기관, 프로그램이용자 등에게 보고가 되어야 하고, 이에 따라 보고의 원칙과 사회복지기관에서의 보고 유형은 다음과 같다.

(1) 보고의 원칙

① 필요성: 업무 수행상 필요한 경우 작성

② 완전성: 중요 고려요소나 영향요소를 포함하고, 육하원칙에 의한 보고

③ 정확성: 보고내용의 정확한 파악, 출처나 근거의 정확

④ 적시성: 필요한 시점에 보고 실시(지연 및 누락 방지)

⑤ 적량성: 적절한 분량의 보고

⑥ 간명성: 보고내용의 최소화

⑦ 상대성: 보고 받는 사람의 직위, 업무 이해정도, 취향 등 고려

(2) 보고의 유형

① 서면보고 – 프로그램 계획서, 프로그램일지, 진행일지, 평가서 등

② 구두보고 – 상급자 슈퍼비전, 동료슈퍼비전 등

③ 회의보고 – 팀별회의, TFT회의, 팀장회의, 전체 회의 등

제2절 프로그램 관리

I. 프로그램 기록과 문서관리

1) 프로그램 기록의 종류

먼저 기록과 관련하여 사회복지 실천 및 교육 현장에서 활용되고 있는 방법으로는 과정기록, 교수/학습기록, 핵심기록, 이야기체 기록, 문제 중심 기록, 단일사례 기록 등이 있다(Kagle & Kopels, 2008; 홍순혜 한인영 공역, 2010). 이러한 기록 방법들은 거의 임상적 실천에서 유용하게 사용되는 것이다. 사회복지 프로그램을 실행하는 과정에서도 프로그램의 내용상 상담과 치료 서비스가 포함되는 경우, 이러한 기록 방법들이 적절히 활용될 수 있을 것이다. 기록은 항상 클라이언트와 프로그램의 내용에 관한 유용한 정보를 얻기 위해서 이루어진다는 점에 유념하여, 항상 문제의식을 갖고 기록지의 형태와 내용을 개선하는 노력이 필요하다.

최근 과정평가와 질적 평가의 중요성이 강조되고 있는 측면에서 프로그램 실행 과정과 클라이언트의 참여 및 반응, 직접적인 클라이언트의 이야기 및 소감 등의 표현, 프로그램 담당자의 평가 기록 등이 매우 중요한 평가 자료로 인식되고 있다. 이렇듯 프로그램의 평가와 원활한 진행 및 모니터링을 위해 어떠한 양식을 활용하여 기록을 남기고 문서로 정리할 것인가를 결정하고 기록체계를 수립하는 것도 프로그램 관리자가 담당해야 할 주요한 과업이다.

또한, 사회복지사는 실천의 결과물을 어떠한 형태로든 정리하여 이해관계자들에게 인정을 받아야 하는 입장에 처해 있다. 프로그램 기획에서부터 프로그램의 시작과 진행, 성공과 관련이 있는 실질적인 이해당사자들이 누구인가를 규명하고, 그들의 요구에 부합하는 정보들을 수집하고, 기록물을 남기고, 문서화해 낼 수 있는 역량이 필요한 것이다. 이러한 이해관계자들의 요구와 그에 기반을 둔 정보의 수집, 기록과 문서 정리는 결국 해당 프로그램이 다양한 이해관계자의 욕구를 충족시키고 요구하는 결과를 이루어 냈는가를 평가하는 평가설계로 이어지게 된다.

프로그램을 실행하면서 사회복지사는 기본적으로 두 가지 차원의 기록물들을 정리해야 하는데, 전체 참여자 집단, 즉 전체 프로그램 차원의 기록물들과 프로그램에 참여하는 참여자 개인 차원의 기록물들이다.

더불어 일반적으로 프로그램 계획서 작성 이후에 과정이나 사례 기록 외에도 프로그램 진행과 모니터링을 위해 사용되는 서식들이 있다. 진행과업의 달성 여부를 평가하는 것으로, 그 항목의 경우 프로그램 일정표에서 설정된 진행과업(예 클라이언트 참여 확보, 홍보 등)의 시기별 공정표를 작성하여야 한다. 수행 시기는 진행 과업별로 분기별, 월별 등 어느 구분이나 가능하며, 또한 진행과업의 달성 여부를 평가할 수 있는 평가 방법을 제시하여야 한다. 여기서 제시한 진행과업의 수행 시기별 목표 달성도를 평가하여 중간보고서에 기재하여야 하며, 목표가 미달성되었을 경우에는 그 사유와 대처방안을 상술하여 중간 시기 이후에 목표를 달성할 수 있는 방안을 실행하여야 한다.

이렇듯 프로그램과 관련하여 다양한 정보를 수집하고 분석하고 기록물을 남기는 것은 기관 차원에서 적절한 서식들이 마련되고 보고하는 체계가 갖추어져야만 가능한 것이다.

2) 프로그램 실행과 관련된 기록 서식

일반적으로 프로그램 실행과 관련하여 준비되어야 할 서식의 예는 다음과 같다.

- 프로그램 준비단계
  - 프로그램 계획서
  - 프로그램 욕구 조사서(개별/집단)
  - 개별 구성원 목표서, 계약서(동의서)
  - 프로그램 평가를 위한 다양한 양식(평가설계에 따라 사전·사후 검사지, 개별 평가를 위한 도구들, 관찰일지, 소감 기록지, 만족도 평가지, 출석표 및 과제 수행지 등)

- 프로그램 실행 단계
  - 개별 기록: 사례관리 차원의 통합적 기록(개별 구성원별 파일), 개별 구성원별 정보 수집 및 분석 기록(표준화된 척도 검사치, 일반적 특성, 프로그램 참여 목표, 기대사항 등), 상담기록, 관찰기록
  - 집단 기록: 집단과정 기록, 프로그램 실행 내지 진행 일지 등
  - 중간평가서
- 프로그램 평가 및 종결단계
  - 전체 프로그램 평가서, 종결기록
  - 개별 구성원 목표성취 기록
  - 의뢰서
  - 사후지도 계획서

기획가는 프로그램을 기획하고 진행해 나가면서 어떠한 정보들에 대해 수집하고 기록을 남길 것인지를 결정해야 하고, 다양한 기관의 서식들과 활용법에 대해서는 오리엔테이션 시기부터 교육이 이루어져 지속적으로 슈퍼비전을 통해 강조되어야 한다.

개별 구성원 기록체계는 주로 사례관리체계와 연동되어 진행되고, 여기서는 개별 상담진행기록과 집단과정기록에 포함되어야 할 내용을 제시한다. 일부 현장에서 과정기록은 없고 간단한 일지만으로 기록을 남기는 경우가 있는데, 전반적인 개입 과정, 프로그램 진행평가, 모니터링을 위해서는 과정기록이 있어야 한다.

- 개별 상담진행기록 포함내용
  - 일시, 장소, 회기 수 등
  - 상담목표 및 내용
  - 상담자의 의도적 개입 및 역할
  - 목표 달성 평가
  - 차기계획

- 집단과정기록(매 활동 시 진행 담당자가 기록) 포함 내용
  - 일시, 장소, 참여자, 결석자 등 일반적 사항
  - 활동 목표 및 내용, 진행계획과 실행
  - 진행과정에 대한 서술적 보고(활동 전 단계, 활동단계, 활동 후 단계)
  - 지도자의 의도적인 개입 및 역할 기록
  - 문제점 및 해결 방안(개별 구성원, 진행과정 등)
  - 진행활동 목표 성과, 세부 활동내용, 지도자 자신에 대한 평가
  - 차기계획

ㅁ 예시) 상담진행 기록지

상담진행기록

상담자 :	상담일시(회기수) :
내담자 :	장소 :

상담목표

상담준비과정

상담진행과정

상담자의 의도적 개입 및 결과

상담자의 역할 및 목표 달성 평가

다음 상담의 목표 및 계획

□ 예시) 집단과정기록지

집단과정기록

집단지도자 명		집단명	
집단진행 날짜		집단활동 장소	
참석자(　명)명단		결석자(　명)명단	

목표 및 세부 목표

2. 집단진행 요약

시간	프로그램 내용	사회복지사의 역할

3. 진행과정 기록
   1) 모임 전 단계(자리 위치 표시)
   2) 모임단계
   3) 모임 후 단계

4. 평가
   1) 목표 달성 및 프로그램 평가
   2) 집단의 역동성(성원–성원, 성원–지도자)
   3) 성원의 개별 평가(개인의 변화, 참여도, 지도자 · 타 회원과의 관계)
   4 지도자 자신에 대한 평가(역할 및 의도적 개입)

5. 문제점 및 해결 방안

6. 다음 집단모임 계획

3) 프로그램 기록 시 유의 사항

프로그램 기록과 관련하여 사회복지사는 다음과 같은 사항을 유의하여 기록하여야 한다.

- 프로그램 활동에서 일어난 모든 내용을 세밀하게 기록할 수 없으므로 요점을 잡아서 기록한다.
- 프로그램 진행자의 판단내용만을 제시하는 것이 아니라 판단에 대한 정확한 관철의 근거를 기술한다. 또한 관찰한 상황과 상호작용에 대하여 기록자의 평가와 시각을 제시한다.
- 기록 문서에 사용하는 표현은 전문가로서의 객관적 시각이 나타나도록 사회복지사의 가치, 편견, 판단 등을 통제하여 기록한다.
- 이해되기 어려운 영어체, 은어 사용은 지양한다. 기록은 사회복지사의 전문성을 뽐내기 위한 도구가 아니라는 점을 기억한다.
- 집단활동을 실행하면서 기록을 남겨야 하는 사회복지사는 자칫 프로그램 전체 진행에만 집중할 가능성이 있는데, 항상 집단 전체의 역동과 함께 개발 구성원의 반응을 관찰해야 한다.
- 기록 시에 '사회복지사는 ~' '지도자는 ~'과 같이 3인칭을 사용하여 기록하는 것이 일반적이다. 간혹 실습생이나 훈련생의 경우 '나는 ~을 했다.'라고 1인칭을 표현하는 경우가 있는데. 이는 적절하지 않는 표현이다.

4) 프로그램 관련 문서 보관 및 관리하기

실천현장에서 정리된 기록물은 공식적인 문서 보관 규정에 따라 정리되고 관리되어야 한다. 문서의 종류에 따라 보관 연한을 정하고 정해진 기관이 지나면 폐기 처리를 하여야 한다. 특히, 클라이언트에 관한 다양한 정보가 담겨져 있는 문서들의 경우에는 비밀보장을 철저히 할 수 있도록 관례체계를 갖추어야 하며, 폐기 시에도 문서의 내용이 노출되지 않도록 주의해야 한다.

프로그램 계획 및 보고서의 경우 일반적으로 2주 이내에는 문서를 제출하여 슈퍼바이저의 결재를 받도록 하고, 전체 조직의 구성원에게 공유·협조가 필요한 프로그램, 대행 프로젝트로 진행해야 하는 프로그램의 경우에는 결재 일정을 앞당기는 등 문서 결재체계를 갖추는 것도 필요하다.

프로그램의 성공적 실행을 위해서는 조직 내부의 자원을 수집하고 연계할 필요가 있는데, 사회복지사는 철저한 문서작성과 필요시 공유를 통해 슈퍼바이저와의 협력, 타 부서 및 타 직무자와의 협력체계를 구축하여야 할 것이다.

2. 프로그램 모니터링 관리

1) 프로그램 모니터링의 개념과 내용

프로그램 모니터링(program monitoring, 일명 중간결과보고)란 일반적으로 프로그램 수행과정에서 그 프로그램이 원래 의도했던 표적집단에 적절한 서비스가 제공되고 있으며, 인력은 계획에 따라 배치되어 적절한 역할을 수행하고, 예산은 충분히 지원되어 소기의 결과가 산출되고 있는지를 종합적으로 점검·검토·확인하는 과정이다. 따라서 사실상 모니터링은 조직이 목표 달성을 위해서 수행해야 하는 필수 활동으로, 프로그램을 수행하는 도중에 문제점을 분석하는 것이 가능하고 모니터링의 결과가 다시 피드백되어 프로그램의 개선으로 이어진다는 장점이 있다. 그런데 프로그램 모니터링은 과정평가와 매우 유사한 평가로서 많은 실무자에게 혼란을 주기도 하는데, 간단히 개념적 차원에서 프로그램 모니터링과 과정평가의 공통점과 차이점을 살펴보면 〈표 7-1〉과 같다.

〈표 7-1〉 모니터링과 과정평가 비교

구분	모니터링	과정평가
공통점	• 프로그램 운영 중에 실시한다. • 프로그램 성과(outcome)보다는 과정(process)에 집중한다. • 클라이언트의 변화보다는 프로그램 품질 개선에 관심이 많다.	
차이점	• 운영 전반에 대한 거시적 관점을 활용한다. • 필요시 산출과 성과도 평가한다. • 양적 평가 방법을 선호한다. • 독자는 기관 관리자들과 기금 제공자이다. • 책무성을 입증할 수 있다.	• 작은 문제점을 찾는 미시적 관점을 활용한다. • 주로 투입과 과정을 평가한다. • 질적 평가 방법을 선호한다. • 독자는 일선 실무자이다. • 품질을 강화할 수 있다.

모니터링과 과정평가의 공통점은 프로그램으로 인한 참가자의 변화, 즉 성과를 입증하는 것보다는 일차적으로 운영상의 문제점을 찾아내고 해결책을 마련하기 위해서 실시한다는 데에 있다. 따라서 프로그램이 운영되는 과정 중에 평가가 이루어진다. 반면에 몇 가지 차이점이 존재한다. 우선 과정평가는 투입과 과정체계에 초점을 두지만, 모니터링은 보통 산출까지 평가하고 필요시 결과도 평가한다. 모니터링에서는 현재까지 참가한 클라이언트의 수, 참여율, 실시 횟수 등을 매번 꾸준하게 확인한다. 이를 통해서 프로그램이 제대로 가동되고 있는지 판단한다. 또한 합리적이고 객관적인 판단을 해야 하므로 주관성이 반영된 질적 평가보다는 객관성을 높일 수 있게 측정 도구를 활용한 양적 평가를 선호한다. 이러한 차이점이 나타나는 이유는 모니터링이 주로 관리자가 관심을 갖는 영역이기 때문이다. 일선 실무자들은 프로그램을 더욱 충실하게 운영하고자 어떤 점이 문제인지 매우 구체적인 문제점(예 프로그램 기자재 작동, 담당자와 클라이언트 간의 대화방식 등)에 초점을 두지만, 기관의 관리자들은 미시적 관점보다는 거시적 관점을 적용해서 모든 프로그램이 제대로 운영되는지를 종합적으로 확인하고 싶어 한다. 따라서 상세한 질적 평가보다는 한눈에 파악할 수 있고 객관성이 높은 양적 평가를 선호한다.

게다가 외부 기금제공자들에게 기금을 지원받아 운영하는 프로그램의 경우 기금제공자들이 중간보고를 요구할 가능성이 있다. 이때는 기존의 너무 세부적이고 질적 자료 중심의 과정평가보다는 전반적인 운영 상태를 쉽게 확인할 수 있는 양적 평가 중심의 모니터링 결과가 적합하다. 그러므로 모니터링은 중간시점에 프로그램이 잘 운영되고 있음을 보여줄 수 있어 책무성을 입증하는 데 도움이 된다.

프로그램 모니터링을 하기 위해서는 다음의 구체적인 질문이 필요하다.

- 프로그램의 목적은 달성되어 가고 있는가?
- 프로그램이 표적 집단에 속하는 사람 가운데 어느 정도로 많은 사람에게 서비스를 전달하고 있는가?
- 프로그램을 통해 적합한 내용과 적절한 양의 서비스가 전달되고 있는가?
- 원래의 계획대로 각 사업들이 진행·운영되고 있는가? 사업운영에 변화가 필요한 것은 무엇인가?
- 프로그램 수행자는 적합한 능력을 갖추고 있고, 그 수와 업무 비중은 적절한가?
- 프로그램 수행에 필요한 시설, 기자재, 물품 등은 적절히 지원되는가?
- 프로그램의 자원은 예산의 범위 내에서 적절히 집행되고 있는가? 계획된 예산이 잘 집행되고 있는가? 조정되거나 재편성되어야 할 예산이 있는가?
- 세부 서비스들은 적절한 전달체계를 통해서 표적집단에 전달되고 있는가?
- 프로그램이 정부 또는 자원제공자가 부과한 기준과 요구에 따르고 있는가?
- 사업운영에 변화가 필요한 것은 무엇인가? 특별한 어려운 점과 지원이 요구되는 부분은 무엇인가?

사회복지사는 프로그램 모니터링을 위해 앞선 질문을 스스로에게 해 보는 것은 물론, 다양한 모니터링 방법을 통해 세부 요소들을 점검해 나가야 한다.

2) 논리모델에 따른 프로그램 모니터링

프로그램 모니터링 유형은 크게 성과측정을 통한 모니터링, 과정평가를 통한 모니터링, 관리정보 시스템을 통한 모니터링 등으로 나눌 수 있다. 이 책에서는 프로그램의 성과와 과정을 논리모델을 토대로 모니터링하는 방법을 제시한다.

(1) 논리모델 요소에 근거한 지표의 선정

프로그램을 시행하는 과정에서 사회복지사는 현재 수행되는 프로그램이 과연 원래 의도한 방향으로 나아가고 있는지를 반드시 확인해야 한다.

사업계획 시 수립한 투입, 과정, 산출, 성과의 논리모델에 의거하여 명확하게 프로그램이 수행되고 있는지, 각 실행 전략들은 경과를 달성하는 데에 효과적이라고 판단되는지 등에 관한 과정평가가 이루어져야 한다. 특히 모니터링은 사업의 산출과 성과 달성률이 계획 대비 결과로 잘 이루어지고 있는지, 그 대안은 무엇인지 등 프로그램 기획 시 사회복지사의 가설이 잘 검증되고 있는지를 검토하는 과정인 동시에 문제가 발견되거나 달성도가 낮은 경우 대안을 모색하기 위한 과정이어야 한다.

논리모델의 관점에서 보면 모니터링의 관심 영역은 산출과 결과까지 확대된다.

일반적으로 모니터링에서는 다음 지표에 대한 분석을 한다([그림 7-1] 참조; Smith, 2010). 지표의 내용을 보면 기관의 관리자들이 관심을 가질 만한 사항들이다.

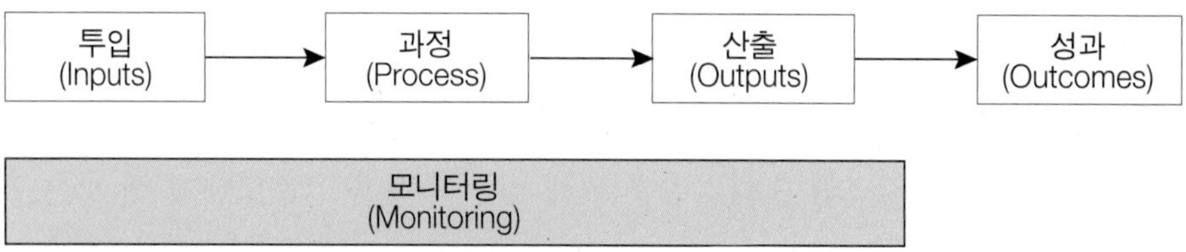

[그림 7-1] 모니터링의 초점

(2) 논리모델에 따른 모니터링(중간평가)

이와 같은 기본적인 모니터링 평가지표 외에 다음과 같은 논리모델에 따른 평가지표에 따라 달성률을 평가하는 중간평가의 방법으로 양식을 개발하여 모니터링을 시행할 수 있다.

- 논리모델에 따른 주요 평가지표 달성도 양적 평가(〈표 7-2〉 참조)
- 주요사업 추진 개요: 주요 내용과 실적, 미 추진된 경우 사유와 차후 추진 계획
- 중간결산 및 차후 집행계획
- 주요사업 중간성과 평가
- 사업 진행 시의 어려운 점과 장애물과 대안/기관에의 건의 사항
- 기획자의 논리모델 평가, 수정 논의: 기획 시 수립한 논리모델의 수정·보완에 대한 의견

〈표 7-2〉 논리모델에 따른 주요지표 중간평가 예시

투입			활동 내용	산출지표				성과 내용	성과지표			
계획	결과	집행률		기준값	목표값	결과값	달성률		기준값	목표값	결과값	달성률
1) 예산:	(중간) 결산			1) *****지표명					1) ****지표명			
2) 인력:												
3) 기간(일시):				2) *****지표명					2) *****지표명			
4) 장소:												

(3) 개입의 효과성 검증을 위한 중간평가 실시

프로그램 진행 과정은 단순히 활동과 서비스를 제공하는 과정이 아니라 개입의 효과성을 검증하는 과정이다. 사회복지사는 프로그램 실행을 통해 개입방법과 전략의 강점과 한계점을 확인하고, 이를 좀 더 접근 가능하고 효과적이며 만족스러운 형태로 수정·발전시켜나가야 한다. 만약 프로그램 실행의 과정이 불만

족스럽게 이루어지고 있거나 예측 불가능한 방향으로 나아가고 있다면, 개입방법과 전략을 재설계해야 할 필요가 있다. 실행의 과정에서 문제점과 장애요인이 나타났다면 그것을 해결하고 재설계할 수 있는 중간평가가 이루어져야 한다.

사회복지사가 프로그램 실행을 적절히 하면서 기획 시의 방향대로 프로그램이 진행되고 있다면 다음과 같은 정보들을 얻을 수 있어야 한다.

- 프로그램 실행 시 나타날 수 있는 문제들에 대한 대처방안
- 재설계가 필요한 수정 전략
- 개입방법과 전략의 현실적 적용 가능성
- 클라이언트와 상황에 맞는 개입의 적절성
- 개입 절차의 적절성
- 클라이언트에게 나타나고 있는 성과

이러한 개입의 효과성을 위한 중간평가를 위해 프로그램 실행 시에 모니터링해야 할 내용들을 구체적으로 정리해 보면 다음과 같다(Thomas, 1984; 홍순혜·이시연, 2007).

- 어떤 개입이 클라이언트에게 적용하기에 적절한가? 그리고 어떤 개입이 적절하지 않거나 실행 가능성이 없는가?
- 어떤 개입이 실행 가능하고, 어떤 개입이 실행 가능하지 않는가?
- 사회복지사가 따르기 용이한 절차는 무엇인가? 또한 어려운 절차는 무엇인가?
- 어떤 개입이 만족스러운 클라이언트 성과로 나아가고 있는가? 성과가 낮거나 불만족스러운 개입은 무엇인가?
- 재설계를 필요로 하는 개입이나 절차는 무엇인가?
- 개입이 충분히 반복적으로 적용되고 있는가?

사회복지사는 프로그램 실행, 즉 개입의 효과성을 위한 전략들에 대해 명확한 논리를 가지고 있어야 한다. 그런데 때로 예상하지 못한 방향으로 진행되거나 문

제점이 발견되는 경우가 있다. 사회복지사는 사업 수행에 있어 예상되는 장애물이나 한계에 관한 논의를 기획 단계에서부터 모니터링하며 도달하기 원하는 프로그램 성과를 제약하는 위험요인은 무엇인지에 대해 폭넓은 시각을 가지고 분석하며 대안을 모색할 수 있어야 한다.

3) 프로그램 관리 기법을 활용하기

(1) 활동별 시간 계획표·공정표

활동별 시간 계획표·공정표(갠트 차트: Gantt chart)는 하나의 프로그램을 완성하기 위해 일정기간 동안 행해질 의도적인 활동들을 일목요연하게 정리한 것으로, 추진 과업과 프로그램이 어떤 일정으로 진행되는지를 한눈에 파악할 수 있도록 돕는다. 〈표 7-3〉의 갠트 차트는 1919년에 핸리 갠트(Hanry Gantt)가 고안한 것으로서 프로젝트 일정 관리를 위한 바(bar) 형태의 도구로 각 업무별로 일정의 시작과 끝을 그래픽으로 표시하여 전체 일정을 한눈에 볼 수 있도록 돕는 차트이다(위키백과사전, 2022). 갠트 차트에는 다음과 같은 내용들이 포함된다.

- 한 프로그램 혹은 프로젝트를 구성하는 개별 활동들의 규정
- 각 활동을 끝내는 데 필요한 시간의 결정
- 도표 위에 그 활동들의 진행일정표 제시

갠트 차트 작성 요령은 다음과 같다.

- 세로축에는 과업을 작성할 란을, 가로축에는 월별 일정란을 만든다.
- 세로축의 왼쪽 란에 프로그램의 운영을 위해 필요한 과업이나 세부 프로그램 내용을 나열한다. 과업은 최대한 구체적으로 작성하고 해당 과업의 수행기한을 예측하여 선정한다.
- 기록된 과업이나 세부 프로그램의 진행 시기는 음영이나 화살표로 표현

한다.

- 해당 과업의 담당자(책임자들)를 선정한다.
- 갠트 차트는 통상적으로 월 단위로 1년 기간을 표현하지만 주 단위로 세분화할 수도 있다.
- 갠트 차트에는 프로그램만이 아니라 프로그램 기획, 홍보, 보고서 제작 등과 같은 과업도 포함된다.

〈표 7-3〉 갠트 차트 예시

내용 \ 기간	1월	2월	3월	4월	5월	6월	7월	8월	9월	10월	11월	12월
사업세부계획 수립	■											
대상자 선정/ 보호자 동의	■											
야간아동보호		■	■	■	■	■	■	■	■	■	■	
안전귀가동행서비스		■	■	■	■	■	■	■	■	■	■	
기초학습지원/숙제 지도		■	■	■	■	■	■	■	■	■	■	
가족관계 개선프로그램		■	■	■	■	■	■	■	■	■	■	
사업평가, 보고서작성												■

(2) 프로그램 평가검토 기법

프로그램 평가검토 기법(Progarm Evaluation and Review Technique: PERT)은 프로그램의 실행 과정을 모니터링하는 데 사용되는 기법이다. 이 기법은 프로그램의 목적과 목표가 설정되고 이를 달성하기 위한 활동들이 조직화되어 실행계획에 따라 재원과 인력이 투입되고 프로그램 진행 상황을 추적함으로써 모니터링에 매우 유익한 기법이다(황성철, 2014). 목표 달성을 위한 기한을 정해 놓고 세부 목표 또는 주요 활동들의 상호관계와 소요 시간을 연결하여 하나의 도표로 나타내는 프로그램 평가검토 기법이다.

프로그램 평가검토 기법(PERT)은 1958년에 미 해군 군수국 특수 프로젝트부에서 잠수함용 미사일의 개발 진척 상황을 측정·관리하기 위하여 개발한 것으로, 목표와 수단을 합리적이고 체계적인 양식으로 연결시키고자 하는 노력이다. 즉, 활동 간의 상호관계를 일련의 행사망 형태로 파악하기 위해 행사를 묘사하는 원과 화살표를 이용하여 나타내는 기법으로 활동 간, 행사와 활동 간의 관계를 보여준다. 주로 대형 프로젝트 관리에 사용되고 있다. PERT는 개별 과업 정보, 시간 정보, 선행 과업 정리 및 과업의 순서 정리와 어떤 경로가 가장 빠르고 느린가를 보여주는 도식이다(조성우 외, 2021).

PERT는 활동 및 시간에 의해서 [그림 7-2]와 같은 네트워크 모양으로 표시된다. 전 작업이 A에서 시작되어 G에서 완료된다고 하면, 이 전체의 소요시간은 최장경로 (A→B→E→D→G)에 의해 규정된다. 이와 같은 최장 시간 경로를 단축하는 것이 대형 프로젝트일수록 중요해진다. 프로그램 개발의 과정도 장기간 소요되며 조직 전반 및 외부 네트워크와 함께 이루어짐을 볼 때, PERT의 방법으로 개별 과업들 및 시간 정도, 과업들 간의 연계성을 검토하는 것이 필요하다.

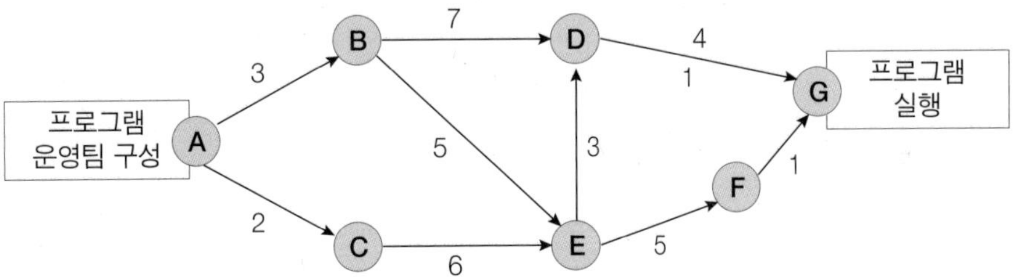

[그림 7-2] PERT 예시

(3) 총괄진행표

총괄진행표(flow chart)는 흐름을 나타내는 그림 차트로서 사전적으로 프로그램 논리 순서, 작업, 제조 공정, 조직도, 비슷한 형식을 갖춘 구조 등을 그래픽으로 표현하기 위한 형식으로 정의된다.

프로그램 기획서에서는 단순히 활동의 흐름을 보여 주기보다 전체적인 조직도와 활동 및 서비스 구성도를 함께 보여 주는 것이 좋은 방법이다. [그림 7-3]은 총괄진행표의 예시이다.

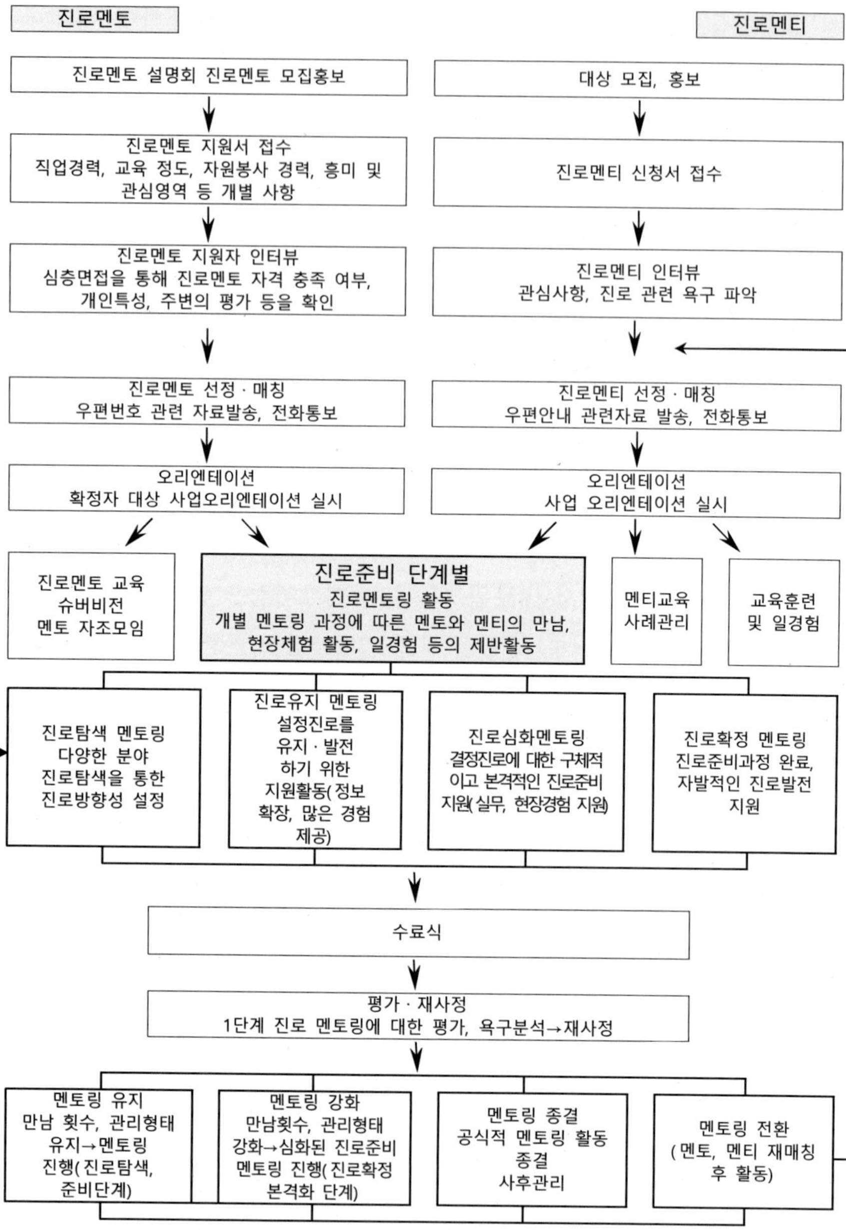

출처: 홍진주(2007), 재인용

[그림 7-3] 총괄진행표 예시

3. 프로그램 질 관리

1) 서비스 질이란

급변하는 사회환경에 따른 복지 욕구의 증가로, 다양한 복지정책의 수립과 관련 인력의 양적 증대가 이루어지는 변화 속에서 사회복지 조직은 새로운 도전에 직면하게 되었다. 즉, 전문적 서비스 수요 확대, 복지 수혜자들의 권리의식 강화, 주민생활 지원서비스 전달체계로의 행정체계 전면 개편, 그리고 지역사회보장협의체 구성과 협력 강화 등 질 높은 서비스 수행과 책임성 확보 요구가 증대되고 있는 것이다. 따라서 사회복지 조직이 이러한 환경 변화 속에서 국민의 복지 욕구에 적절한 서비스를 제공하고 책무성을 다하기 위해서는 서비스의 질적 제고와 이를 강화할 수 있는 전략을 지속적으로 모색해야 한다.

서비스 질이 더욱 중요하게 된 배경에는 휴먼서비스의 전반적인 환경 변화도 있다. 휴먼서비스 환경은 다음과 같은 변화의 흐름으로 이동하고 있다(김통원 외, 2005)

- 양적 문화 → 질적 문화
- 시장 중심 → 고객 중심
- 성과 모니터링 → 과정 모니터링
- 결과 지향적 운영 → 지속적 품질 개선
- 개인별 수행 → 팀워크 수행
- 개인 변화 → 과정 변화
- 프로그램 평가 → 조직평가
- 연구자 중심 → 실천가 중심
- 총괄평가 → 과정 평가

사회복지사는 이상의 두 가지 측면을 모두 고려하되, 변화의 방향을 강화하면서 서비스 질을 모니터링 할 수 있어야 할 것이다.

2) 서비스 질 개념

서비스 질이란 사용의 적합성, 요구의 순응성, 욕구 만족의 가능성을 포함한 개념으로 서비스나 결과물을 산출할 수 있는 능력을 의미한다. 20여 년 전 제조업 분야에서 품질 표준화, 기준에 대한 관심, 품질관리 통제의 측정을 강조하기 시작했다. 품질보증의 역사는 군수 사업에서 도입되었다고 볼 수 있으며, 이후 품질보증제도의 기준을 발전시키게 되었다(ISO 9000). 일반적으로 서비스 질은 고객에 의해 지각된 서비스의 우월함과 관련된 전반적인 판단 혹은 태도로 정의되며(Parasuraman et al., 1988), 고객 만족에 영향을 미치는 선행변수로 여겨진다. 즉, 고객에게 제공되는 서비스 질이 높아질수록 고객 만족도는 높아지게 된다. 따라서 고객을 만족시키고자 하는 기업은 서비스 접점의 직원을 통해 제공되는 서비스 질을 우선적으로 고려해야 한다.

특히 제조업은 만질 수 있고, 측정할 수 있고, 정의할 수 있는 상품이 기반이나 서비스 사업의 품질은 정의하기가 어렵다. 그 특성상 서비스에 대한 태도, 즉 소비자 보호에 초점을 두어야 한다. 사회복지서비스는 서비스를 생산하고 소비하는 과정이 동시에 일어나고 그러한 과정에서 클라이언트의 참여와 평가가 필요하다는 것이 인정되기 때문에, 질 관리의 문제에서 핵심적 요소는 클라이언트의 만족도이다. 따라서 사회복지서비스의 질 관리는 서비스를 제공하는 과정에서 나타나는 사회복지사의 태도와 활동, 서비스 내용, 전달방법 등 다양한 차원에서 내리게 되는 클라이언트 평가와 밀접한 관련성을 갖는다.

3) 서비스 질의 요소와 모니터링

서비스 질의 일반적인 측정에 있어서는 파라슈라만 등(Parasuraman et al., 1988)의 'SERVQUAL'이 많이 사용되고 있다. SERVQUAL은 신뢰성, 대응성, 보증성, 공감성, 유형성의 5개 차원으로 구성되어 있다. 연구의 목적에 따라 지각된 서비스 질에 대한 예측력이나 설명력을 알고자 하는 경우에는 서비스 수행 결과에 대해서 측정하고, 제공 서비스의 정확한 부족분을 측정하고자 하는 경우에는 고객의 질 기대수준과 실제 서비스 성과의 차이를 비교하는 방식이 바람직하다고 보고되고 있다(Parasuraman et al., 1994). 신뢰성은 믿을 만하고 일관된 서비스 수행 정도, 대응성은 적정하고 신속하게 대응하는 능력, 보증성은 확신을 주는 서비스 수행 정도를 의미한다. 그리고 공감성은 배려, 관심, 고충, 민감한 감정이해 정도, 유형성은 기관의 물리적 장비, 시설, 도구, 직원 외형준비 정도를 의미한다.

사회복지사는 서비스 질의 대표적인 요소인 신뢰성, 대응성, 보증성, 공감성, 유형성의 다섯 가지 내용을 기본으로 다음과 같이 전반적인 서비스 질 관리를 위한 중간평가 질문을 할 수 있어야 한다.

〈표 7-4〉 SERVQUAL의 하위차원

차원	만족도 요소
신뢰성	고객과 약속된 서비스를 제공할 수 있는 서비스 기관의 능력
대응성	신속한 서비스 제공 및 고객을 도우려는 자세
보증성	서비스 제공자가 보유한 지식, 예의, 신뢰와 확신
공감성	고객을 배려하고 개별적인 관심을 보이는 태도
유형성	시설, 장비, 직원복장 등 서비스의 외형적 품질

[서비스 질 관리의 요소와 평가 질문]

- 접근성: 클라이언트가 서비스에 접근할 수 있는 통로는 열려 있는가?
- 확보성: 서비스 제공에 적합한 담당 직원이 있는가?
- 의사소통: 클라이언트와 잠재적 클라이언트가 프로그램에 관해서 정보를 얻을 수 있는가?

- 능력성: 직원은 필요한 지식과 기술을 갖추고 발휘하는가?
- 준칙성: 최선의 서비스를 위해서 일반적으로 인정된 기준에 적합한가?
- 무결함성: 질적 향상을 위해서 필요한 요소에 결함은 없는가?
- 지속성: 프로그램에 의해서 이루어진 변화의 영향이 오래 지속되는가?
- 감정이입: 직원과 사회복지사들은 클라이언트를 잘 이해하고 있는가?
- 인간성: 클라이언트는 존엄한 인간으로 취급되고 있는가?
- 수행성: 프로그램에 의한 개입은 의도한 바대로 이루어지고 있는가?
- 신뢰성: 프로그램에 의한 개입은 변함없고 신뢰할 만한가?
- 대응성: 서비스 제공에 관한 클라이언트의 요구는 즉시 이루어지는가?
- 안정성: 서비스에 접근하고 제공받는 과정에서 위험요소는 없는가?
- 용이성: 시설의 물리적 환경은 쉽게 이용될 수 있는가?

사회복지사는 서비스 질을 측정하는 도구들을 활용하여 직접 프로그램 참여자에게 설문이나 토론 내지 인터뷰를 통해 서비스 질에 대해 평가받을 수 있다. 프로그램 담당자들 간의 중간평가 시에도 서비스 질에 관한 세부 내용과 기관의 질 관리체계에 대해 논의하는 것이 필요하다.

4. 프로그램 인력관리

1) 프로그램 참여인력 선정 및 협조체계 구축

(1) 인력별 주요 과업 선정과 실행 점검

효과적인 프로그램 수행을 위해서는 슈퍼바이저, 준전문인력, 자원봉사자 등의 팀 체계나 협력체계가 필요하다. 프로그램 수행은 사회복지사만의 역할 수행 결과는 아니며, 프로그램의 전체적 인적 자원들이 협조적인 상황에서 효과적으로 이루어질 수 있는 것이다. 그러므로 프로그램의 기획 단계에서 프로그램 주

담당자, 슈퍼바이저, 자원봉사자, 프로그램 강사, 자문가, 참여자 등의 역할과 과업이 충분히 논의되고 명시되어야 한다.

각 프로그램에 투입된 자원인 인력들이 어떤 역할을 하고 있고 각각의 과업을 잘 수행하고 있는지 검토할 필요가 있다. 〈표 7-5〉에서 살펴보면, 인력은 프로그램을 기획하는 조직이 프로그램을 추진할 수 있는 전문적인 역량을 가지고 있는지, 사업을 실행할 수 있는 준비가 되어 있는지를 판단하는 중요한 근거가 된다. 인력 부분에는 이름(역할), 경력 및 주요 업무, 투입시간, 자격증 등의 항목이 제시된다. 이름과 역할 항목은 프로그램의 담당자 그리고 구체적인 역할을 기술한다. 프로그램 담당자는 조직 내부의 인력은 물론, 강사, 자원봉사자, 자문가 등과 같은 외부 인력을 포함하는데, 가능하면 실명으로 기록하도록 한다. 투입시간은 프로그램 담당자가 주당 프로그램에 투입하는 시간 수를 기록한다. 이는 간접경비의 인건비를 계산하는 근거가 된다. 경력과 자격증 항목에는 경험하거나 보유하고 있는 경력 및 자격증을 기록하되, 개발하고자 하는 프로그램과 관련된 경력과 자격증을 강조하면 좋다.

〈표 7-5〉 수행인력 구성표 예시

이름 (역할)	담당 부서 /직위	투입시간 (단위:1주일)	경력(년)/주요업무	자격증 (신청사업 관련)
김희망 (주담당)	생활복지팀 사회복지사	12시간	– ☆☆종합복지관 1년/아동복지담당 – 열매종합사회복지관 2년 1개월 – 본사업 기초학습, 가족관계프로그램 담당	사회복지사 1급 보육교사 1급
이사랑 (부담당)	생활복지팀 사회복지사	8시간	– ◇◇어린이집 2년/교사 – 열매종합사회복지관 1년 – 본사업차량운행/회계 담당, 프로그램 보조진행	사회복지사 1급 보육교사 1급
박복지 (슈퍼 바이저)	생활복지팀 부장	3시간	– ○○아동보호전문기관 1년/상담원 – △△복지관 2년/가족복지담당 – 열매종합사회복지관 4년 – 본 사업 전체 총괄 및 슈퍼비전	사회복지사 1급

(2) 보조인력 관리체계 마련

사회복지사가 프로그램을 기획하고 직접 실행하고 참여하는 경우라면 전체 참여인력과의 소통에 있어 큰 어려움이 없을 것이다. 그러나 현장에서는 기획자가 직접 참여하지 않고 주로 강사 등 진행인력을 별도로 확보하여 프로그램을 진행하는 형태가 종종 발견된다. 이러한 간접적인 프로그램 실행의 경우에는 다양한 보조인력에 대한 구조적인 관리체계를 구축해야 한다. 참여강사 등 보조인력에 대한 오리엔테이션, 지속적인 소통과 보고체계, 주기적인 관찰과 모니터링, 정기적인 평가회 개최, 프로그램 기본 운영 지침의 마련 등 프로그램 관리자의 역할에 더욱 초점을 두어야 한다. 그래야만 당초 기획한 프로그램의 의도대로 프로그램이 진행되고 있는지를 확인할 수 있다.

2) 사업수행 인력의 역량 개발 및 슈퍼비전 강화

(1) 프로그램 역량 강화를 위한 교육과 훈련 계획 명시

해당 프로그램을 잘 담당하기 위해서는 어떤 역량이 있는 인력이 필요한지를 파악한 후 담당자를 선정하는 것이 이상적일 것이다. 그러나 현재의 이슈나 욕구에 부응하여 지속적으로 프로그램을 개발해야 하는 사회복지 영역의 특성상 다소 부족한 역량을 가지고 프로그램을 실행해야 하는 경우기 빈번히 발생한다. 담당인력에 대한 전문성 강화와 능력 개발을 위한 교육 및 훈련, 전문 자문, 슈퍼비전 계획 등이 프로그램 기획 시 함께 논의되어야 한다.

(2) 슈퍼비전 및 자문체계의 실질적 실행

슈퍼비전은 클라이언트를 위해 최선의 서비스를 전달하기 위한 간접적 실천의 기제이다. 사회복지사의 성장을 통해 서비스의 질을 확보하기 위한 중요한 도구인 슈퍼비전으로써, 사회복지사는 증거 기반의 명확한 프로그램 기획자, 프로그램 개발자와 보급자로서의 기능을 할 수 있을 것이다. 실질적으로 슈퍼바이저가 담당해야 하는 슈퍼비전 기능과 관련하여 카두신 외(Kadushin et al., 2002)는 행

정적 기능의 하위 과업으로 업무 수행에 관한 모니터링을 주요하게 제시하고 있다. 슈퍼바이저는 사회복지사가 기관의 행정절차에 부합하는 방법과 시간에 맞추어 과제가 이루어지는지를 관찰하기 위해 과제 수행을 모니터링해야 한다고 했다. 모니터링은 구두보고, 청취, 기록물 읽기, 통계적 보고 등을 통해 이루어지고 슈퍼바이지가 합의한 기간 동안에 업무를 처리할 수 있는지와 업무 수행 관련 능력과 기술이 있는지에 대해 판단해야 한다고 제시하고 있다. 사회복지사는 조직 내부 슈퍼비전 체계 및 외부 자문체계를 통해 프로그램 실행에 대한 정기적인 모니터링과 평가를 받아야 한다.

슈퍼비전의 유형은 주로 개별, 집단, 동료 슈퍼비전으로 분류되는데, 기관의 슈퍼비전 규정에 따라 슈퍼비전을 실행하고 필요시 관련분야 전문가로부터의 외부 자문을 활용하게 된다. 프로그램 실행은 조직적 맥락과 효과성 검증 및 프로그램 개발이라는 학문적 맥락 속에서 동시에 이루어지기 때문에, 내·외부 슈퍼비전 체계를 적극 활용하여 프로그램을 진행할 필요가 있다.

일반적으로 개별 슈퍼비전은 월 1~2회, 집단 내지 팀 슈퍼비전은 주 1회 정도 진행되는 것으로 보고되고 있다. 프로그램의 실질적인 관리와 모니터링을 위한 기제로 개별 혹은 집단 슈퍼비전이 이루어져야 한다. 프로그램을 함께 담당하는 인력들 간의 주기적인 평가회의도 동료 슈퍼비전의 형태로 병행되어야 한다. 프로그램을 담당하는 사회복지사의 슈퍼비전에 있어서 가장 일반적으로는 기록이 활용된다. 관찰 또는 참관, 역할극 또는 시연 등 프로그램 활동을 보다 잘 진행하도록 사전훈련을 시키거나 진행 과정을 참관하고 피드백을 주는 방법도 빈번하게 사용되고 있다. 이해관계자들의 요구에 따라 새롭게 시도하는 프로그램 개발인 경우에는 사회복지사와 슈퍼바이저에게 익숙하지 않은 분야가 있기도 하다. 이러한 경우에는 함께 책을 읽거나 토론하는 방법을 사용하는 것도 좋겠다.

사회복지시설의 프로그램 평가에 있어서 프로그램별로 내부 슈퍼비전이나 외부 자문이 포함되어 있는지 지표로 선정하고 있다. 이만큼 슈퍼비전과 자문은 사회복지 전문직의 직무 수행에 있어 기본적인 도구로 기능하고 있는 것이다. 각 기관은 기관 내부의 지침을 마련하여 프로그램에 관한 전문적인 슈퍼비전과 자문체계를 갖출 필요가 있다. 부서의 핵심사업이거나 특화사업, 신규사업인 경우 전문가 자문을 받는 것이 필요하다. 가능하다면 지역사회 내의 전문 인력 중에서 자문가의 역할을 할 수 있는 인적 자원을 모색하는 것이 적절하고, 기관은 이를 적극적으로 지원해야 한다.

제3부

프로그램 성과 평가와 보고

제8장
프로그램 평가의 이해

학습목표

1.평가, 사정, 측정, 검사, 감사의 개념을 구분하여 설명할 수 있다.
2. 프로그램 평가의 유형을 설명할 수 있다.
3. 형성평가와 총괄평가의 개념을 구분하여 설명할 수 있다.

제1절 프로그램 평가의 이해와 배경

프로그램 평가는 다양한 사회문제를 다루고 이해하기 위한 일반적인 연구 방법의 하나이다. 중앙정부 차원에서부터 작은 민간 사회복지기관에 이르기까지 사회복지 프로그램의 효과성을 높이기 위해서는 무엇보다도 정확한 평가작업이 필요하다. 사실 평가의 기원은 인류 초기의 역사까지 거슬러 올라가야 할 정도로 매우 뿌리가 깊다. 이미 B.C. 2000년 고대 중국의 정부관리들이 하위 공무원들의 업무 숙련도를 측정했던 기록이 문헌에 남아 있으며 서양에서도 기원전 소크라테스(Socrates)가 제자들의 학습 과정의 일부로 구술로 평가하는 방식을 도입했다는 사실이 전해 내려오고 있다. 그러나 체계를 제대로 갖춘 현대적 의미의 공식적 평가는 19세기에 와서야 급속한 발전을 이루기 시작하였다고 보는 것이 타당하다(worthe & sanders, 1987; 김학주, 2005; 재인용). 이후 100여 년 동안 일어난 이념적, 정치적, 군사적, 인구학적 변화는 프로그램 평가 과정의 발전과 밀접한 관련성을 가지고 있다.

1980년대 초, 영국 정부 산하의 왕립위원회는 교육 및 사회 프로그램들과 관련한 불만들을 해결하기 위해 정부주도의 평가 작업을 시작한 바 있다. 비슷한 시기 미국의 경우에도 교육분야에 관한 평가가 중요한 사회적 주제로 부각되면서 학생의 학업 성취도에 초점을 맞춘 평가가 시행되었다. 1840년대 매사추세츠주 교육을 실시한 호레이스 만(Horace Mann)의 연차 교육 평가보고서나 1845년 보스턴 교육위원회 과목별 지필평가가 최초의 교육체계의 질을 평가하기 위한 초기 사례들로 지적될 수 있다.

이후 20세기 초 직업훈련 프로그램과 공공보건 분야를 필두로 유럽에서는 평가 연구가 발전되기 시작하였다. 이를 시초로 하여 다양한 사회문제를 일정한 원칙에 따라 사정하는 체계적 연구방법으로 평가 과정이 시작되었다. 특히 2차 세계대전 이후에 전후 복구가 절실히 필요했던 선진국들을 중심으로 이를 목적으로 하는 도시개발, 주택, 건설, 청년기술교육, 실업자 직업훈련, 공중보건 등 다양한 분야에 걸쳐 많은 공공(public or human service) 프로그램에 대한 수요가 폭발적으로 늘어났다. 한편 개발도상국들과 제 3세계 미개발국들을 대상으로 UNDP, Unicef, WHO, ILO 등의 국제기구들이 점차적으로 설립되었고 가족계획, 영양, 도시개발을 위한 국제활동들도 이 기간에 활발하기 움직이기 시작하였다. 더구나 프로젝트 규모가 커짐에 따라서 프로그램 개발에 들어가는 비용지출이 늘어나게 되었고 이에 따라 성과 수준에 대한 평가의 필요성이 점차 확산되었다.

1950년대 말부터는 독립적인 학문 분야로서의 프로그램 평가에 대한 인식이 확산되기 시작하였으며 1960년대 이후 프로그램 평가와 관련한 많은 교재와 연구 보고서들이 출간되기에 이르렀다. 세계적으로 평가 관련 전문 저널들이 나타나기 시작하였으며 평가모형에 관한 연구논문들도 증가하기 시작하였다. 1965년 Kennedy 정권 시절 미 의회에서는 교육 관련 대규모 연방지원에 관한 내용이 담긴 획기적인 교육진흥법(ESEA: the Elɛmentary and Secondary Education Act)이 통과되었는데 이 같은 교육 프로그램에 대한 막대한 투자는 결국 학업 성취도 향상 효과에 대한 의심과 관련 평가의 필요성으로 귀결되었다.

미국의 많은 대학들이 의회의 재정 지원 아래 졸업 훈련 프로그램인 평가자 훈련 프로그램을 제공하였다. 또한 비슷한 시기에 민간 포드(Ford) 자동차 회사에서 예산 편성의 효율성을 제고하기 위해 최초로 도입하였던 계획예산 배분방식(PPBS: the Planning, Programming, and Budgeting System)예산 평가체계가 당시 미국 국방부 장관인 맥 나마라(McNamara)에 의해 국방부에 도입된다. 처음에는 국방부 내에서만 계획예산 배분방식 체계가 한정적으로 사용되었지만 곧 전 정부 부처로 공공 프로그램의 목표 중심 경영의 필요성과 평가의식이 확산되게 되었다. 이후 정권의 존슨(Johnson) 대통령은 '빈곤과의 전쟁'(War on Poverty and the Great Society)을 선포하고 빈곤과 연계된 다양한 사회문제들, 구체적으로 범죄예방, 도시 공동화 억제, 재소자들의 정신 치료 등과 관련한 다양한 정부 지원 프로그램을 시행하였다. 물론 잘 알려졌다시피 빈곤과의 전쟁이 아쉽게도 실패로 막을 내리면서 막대한 비용지출의 효과성에 관한 의심의 눈초리가 고개를 들기 시작하였다.

새로 들어선 공화당의 닉슨(Nixon) 정부는 '생산성위원회'를 설립하고 연방정부가 지원하는 모든 사회복지사업에 체계화된 평가를 요구하게 된다. 1980년대 이후 전 세계적으로 세계화 흐름과 신자유주의 경향이 본격화하게 된다. 많은 국가들이 점차 폭발적으로 증가하는 자원의 부족과 경쟁상황에 대응하게 되었고 공공부문의 효율성에 관심을 갖고 본격적으로 평가하게 된다. 영국은 마거릿 대처(Margaret Thatcher) 수상의 재임 시 재정관리개혁(financial management initiative)을 1982년에 창도하여 정부운영의 모든 부문에 생산성 향상 노력을 반드시 포함시키도록 규정하였다. 1988년 'Next Steps' 운동은 행정 서비스에 경쟁 입찰 제도를 도입하고 책임 행정기관제를 도입하여 서비스 목표를 가장 생산적으로 제공할 수 있는 기관이나 집행자를 평가하여 계약제로 임용하는 획기적인 공공서비스 개혁 운동을 벌였다. 미국도 해외사례를 근거로 클린턴(Clinton) 대통령 재임 시 부통령인 앨 고어(Al Gore)를 위원장으로 하는 '국가평가위원회' (NPR: National Performance Review)를 설립하고 정부성과/결과법(GPRA: Government

Performance & Results Act)을 1993년에 제정하게 된다.

이 법은 모든 정부 지원 프로그램은 종료 후 반드시 그 성과를 측정하여야 하며 각 기관은 명확한 임무와 전략 그리고 목표를 정하도록 하였다. 막대한 공공자금이 소요되는 대규모 공공 프로그램들이 효율성 측면에서 극히 빈약한 비용편익구조를 가진다는 사회적 비판은 프로그램 개발자나 운영진에게 프로그램의 효과성과 효율성을 증명함으로써 지속적 발전과 자금공급의 정당성을 확보해야 하는 숙제를 남기게 된다. 이러한 비판과 의심은 연방기관에만 제한되어 있지 않았으며 민간기관에서도 평가에 대한 요구가 점차 증가하였다. 이로 인하여 프로그램 평가방법론은 더욱 발전하여 사회과학의 한 분야로 자리를 잡게 되었고, 연구에 필요한 고급 통계방법의 발전으로 인해 학문적 측면에서 방법론적 혁신이 가능하게 된 것이다.

우리나라의 경우, 1980년대 말부터 공공부문의 복지사업에 대한 관심과 수요가 본격적으로 확산되기 시작하였다고 볼 수 있다. 1990년대 이후 본격적으로 각종 복지 관련 법안이 제정됨에 따라 이에 따른 기관 또는 개별 프로그램 평가에 대한 수요가 증대하고 있다. 예전과는 달리 담당 공무원이나 관련 이해당사자들이 자주 사회복지기관을 방문하여 활동 내용을 감사하는 경우가 훨씬 많아졌다. 그러나 평가 관련 전문가들이 대부분 학문영역에만 존재하고 비학문영역에서 평가의 전문성을 활발히 펼치고 있는 전문가는 그리 많지 않다. 1990년대 말 외환위기 이후에는 신자유화와 세계화의 흐름에 의해 늘어나는 민간기관으로의 공공복지의 책임성 전이현상이 우리나라에서도 진행되고 있다. 또한 지방자치와 분권화현상으로 인해 중앙 또는 지방자치단체에서 복지업무의 일부를 외부에 맡기고 보조금을 지급하는 위탁 프로그램들도 현재에는 매우 늘어난 상황이다.

제2절 프로그램 평가의 중요성과 의의

우리가 당면하고 있는 사회복지 문제들 중, 많은 부분이 자유시장 자체로서는 해결이 불가능하며 공공 또는 비영리 복지기관 간의 역할 분담을 통해 해결 가능한 경우가 많다. 그러나 많은 과제들이 산재해 있음에도 공공 정책 관련 관리자들은 기관 내부적으로는 제한된 자원과 예산 부족으로 많은 도전을 받고 있다. 결국 최적의 자원 활용으로 효과의 극대화를 이루기를 원하며 이를 위해서는 대안들간의 비교·평가를 통해 효과성이 밝혀져야 한다. 매년 증가하기만 하는 사회복지 관련 예산에 대하여 복지 확대의 가치 정당성에만 매달릴 것이 아니라 적극적으로 효과를 증명하고 이를 통해 서비스의 질을 향상시키도록 해야 하는 것이다.

그렇다면 과연 어느 프로그램 또는 복지기관이 어느 정도의 효과를 보이는지 어떻게 증명할 수 있을까? 기대된 성취목표들을 달성하기 위해 어떠한 프로그램이 상대적으로 더욱 효과적 또는 비효과적인가? 효과가 없는 프로그램의 문제는 무엇인가? 어느 프로그램을 종결시키고 예산 삭감은 어떠한 방향으로 수행 하겠는가? 보다 효율적인 프로그램 전달방법은 없는가? 특정 프로그램의 비용과 편익은 어느 정도일까? 또한 비효율적인 측면들을 개선하기 위해 어떤 세부적인 지침이 있으며 또한 실현 가능한가? 위와 같은 질문에 해답을 주는 것이야말로 바로 프로그램 평가의 의의다. 결국, 복지 프로그램 평가의 의의는 나날이 증가하기만 하는 사회복지 관련 예산에 대하여 단순히 복지 확대의 가치 정당성에만 매달리는 것이 아닌 적극적으로 복지적 목표 달성의 효과성을 증명하고 향상시킬 수 있는 긍정적이고 적극적인 역할을 한다는 데에 있다.

제3절 평가의 개념과 목적

평가는 그 대상이나 내용이 무엇이든지 간에 기본적으로 가치에 대한 판단을 수반한다. 그렇기 때문에 프로그램 결과를 평가할 때는 평가자의 가치 판단이라는 주관성을 최대한 객관화하는 것이 중요하다. 로시(Rossi)와 프리먼(Freeman)은 1993년 그의 연구에서 평가를 "사회 개입 프로그램의 ① 개념화 및 설계, ② 실행, ③ 유용성을 사정하는 사회 조사절차의 체계적인 적용이다."라고 정의하였다. 이에 따라 평가유형을 사회적 개입방법에 대한 개념화와 설계를 위주로 하는 분석적 평가 프로그램 또는 기관 운영에 대한 모니터링을 하는 모니터링 평가 그리고 효과성·효율성을 판단하는 결과 평가로 구분할 수 있다.

우리나라의 사회복지 프로그램 또는 기관 평가는 기관(시설) 또는 서비스의 실행에 대한 모니터링 평가방법으로 로시(Rossi)와 프리먼(Freeman)의 두 번째 유형에 해당된다(김승권, 2004). 즉, 대상 클라이언트에게 주어지는 복지 서비스의 유형을 기관(시설)이 제공하는 것으로 이미 설계되어 있는 상태에서 구체적으로 프로그램이 어느 정도 욕구를 충족시키고 있는지를 평가하는 것으로 운영체계에 대한 과정을 모니터링하는 평가방법이라고 할 수 있다.

따라서 복지 서비스를 분석할 때, 유용성에 초점을 맞추기보다는 운영과정을 평가하는 목적이 더 크다고 할 수 있다. 평가의 결과는 기관 경영자들에게 효율적 예산 배정과 차기 대안 선택 결정을 보다 효과적으로 할 수 있도록 도움을 준다. 따라서 사회복지분야에서 기관(시설) 또는 개별 프로그램 평가란 복지기관의 총체적인 또는 특정 프로그램의 효과성을 분석함으로써 가치를 부여하는 과정이라고 정의할 수 있다. 이 같은 사회복지 프로그램의 효과성을 입증하는 작업은 프로그램이나 기관 자체의 효과성과 효율성을 향상시키는 것은 물론 지역사회 내 다양한 이해관계자들의 자원 제공을 지속적으로 이어 나가기 위해서도 필요하다.

이러한 평가는 측정, 검사, 사정, 감사 등의 용어와 함께 혼용되는 경우가 많기 때문에 가끔 혼동을 일으키고 있다. 아래의 〈표 8-1〉은 유사용어들의 개념을 비교하여 한눈에 보여 주고 있다(김진규, 2002).

〈표 8-1〉 평가와 유사한 용어

용어	개념
측정(Measurement)	대상의 양적 측면을 고려한 조사와 기술을 말한다.
검사(Examination)	대상의 질적 · 양적 측면을 조사 · 비교하는 것을 뜻한다. 내용을 기술하는 활동이다.
사정(Assessment)	다양한 측면을 고려하여 정보를 수집, 해석하는 것이다. 이는 가치 판단을 수반하지 않는다. 따라서 프로그램의 성공 여부를 말할 수 없다.
감사(Audit)	시험과 내용 큰 차이는 없으며 주로 정책과 제도 등에 주로 사용된다.

이러한 프로그램 평가의 목적은 크게 다음의 세 가지로 요약할 수 있다. 첫째, 프로그램이나 서비스가 욕구를 가진 사람들에게 얼마나 양질의 서비스를 제공하였는가를 측정하여 확인하는 것이다. 둘째는, 프로그램 효과성과 효율성을 목표달성의 성공 여부를 확인하는 것이다. 셋째는, 피드백을 통해 기존 프로그램 내용을 발전시켜 나가는 것이다(Rossi & Freeman, 1993). 결국, 평가는 프로그램 운영의 성공 여부를 판단하는 전반적인 과정이며 프로그램의 중단·축소·유지·확대 여부 등의 결정을 하는 데 실질적 도움을 주는 것에 그 목적이 있다고 말할 수 있다. 추가적으로 프로그램 평가는 평가자의 의도에 따라 예산 사용의 효율성 및 효과성을 증명하거나 프로그램 속에 내재된 변수 간의 인과관계를 검증하여 관련 이론 형성 및 발전에 기여하기 위한 목적을 가지기도 한다.

이상의 평가목적을 달성하기 위하여 평가자는 평가하려는 서비스나 프로그램이 지향하는 목표가 구체적으로 무엇인지, 명확하게 무엇을 평가하고자 하는지를 정한 다음 각각의 목적과 상황에 맞는 적절한 평가를 실시해야 한다. 하지만 프로그램 평가는 본질적으로 결과에 대한 평가자의 가치 판단을 수반하게 되고,

그렇기 때문에 프로그램 결과에 대한 가치판단이라는 주관적인 것을 최대한 객관화시키는 것이 중요하다.

제4절 프로그램 평가체계

I. 사회복지 프로그램 순환모형 내에서의 평가

다음 [그림 8-1]은 총체적인 사회복지 프로그램의 순환모형을 보여주고 있다. 프로그램 개발자는 먼저 필요 욕구를 사정하고 이러한 욕구를 지닌 대상집단을 선정한다. 대상집단을 위한 프로그램을 설계하고 기관의 운영진은 프로그램을 실행하게 된다. 이후 형성된 목적과 목표의 성취에 대해서 평가하고 비용에 대한 결과의 수준을 비교하는 것 등은 다른 유사한 프로그램이 실행될 때 유용한 정보를 제공할 수 있다.

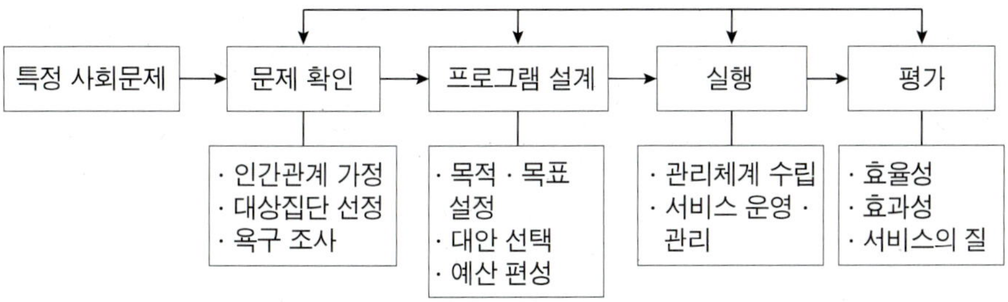

[그림 8-1] 사회복지 프로그램 순환모형

2. 목표 중심모형 대 체계이론모형

평가모형의 이론적 토대는 크게 목표중심모형과 체계이론모형으로 분류할 수 있다(최재성, 2001). 목표중심모형(Goal-oriented model)은 주목표를 얼마만큼 성취했는가에 초점을 맞추며, 목표설정을 얼마나 기술적으로 명확하게 할 수 있는가와 이에 대한 객관적 사정이 가능한지의 여부가 관건이다. 이에 반해 체계이론모형(system theory model)은 조직과정을 생명을 가진 유기적인 체계로 이해하며 투입, 전환, 산출, 피드백의 단계로 나누어 상호 관련성을 연결시킨다. 달성해야 할 평가목적을 설정함에 있어 양적이고 객관적인 목표중심모형에 비해 체계이론모형은 조직의 생존과 이에 필요한 자원 획득에 초점을 두게 된다. 따라서 정량 평가의 측면과 함께 정성 평가적인 특성을 지닌다. 운영진 및 대상 클라이언트의 만족도 등의 서비스의 질과 불가분의 관련성을 가질 수밖에 없다(김승권, 2004).

우리나라 사회복지 프로그램 평가는 대부분의 경우 체계이론모형에 기초하여 평가 조사 작업을 수행하고 있다. 그러므로 체계이론모형을 보다 상세하게 살펴보도록 한다.

3. 체계이론모형(Systematic Model)과 논리모델

프로그램 평가체계는 프로그램의 개발과 평가 활용과정까지 하나의 체계로 구성하여 전 과정을 유기적 활동의 연결체로 이해한다(Wholey, 1991; Zammuto, 1982). 체계(system)는 상호 연관된 단위 부문들의 관련성을 표현한 것으로 이때 각 부분들은 상호 의존적이며 동시에 역동적인 특징을 가진다. 체계적 접근에 따르면 프로그램의 개발, 평가과정은 투입 (input), 전환(process), 산출(output), 피드백(feedback) 순의 순환과정으로 파악할 수 있다(Meadows & Perelman, 1973).

체계적 접근법에 따르면 사회복지 프로그램 개발 및 평가과정은 투입→전환→

산출→피드백의 형태로 구성된다. 먼저 투입은 지역사회 내 활용할 수 있는 자원의 크기와 관련된 변수로 클라이언트, 인력, 시설, 예산 등이 이에 해당한다. 전환 또는 과정은 프로그램을 운영하기 위한 일련의 활동을 의미하며 개입방법, 서비스 전달, 진행 방법 등과 관련된 변수로 프로그램 또는 서비스의 내용을 제시하게 된다. 산출은 프로그램의 진행결과와 관련된 변수로 프로그램 활동을 통한 직접적 산물을 뜻한다. 피드백은 이러한 평가를 바탕으로 개선방안을 마련하거나 새로운 프로그램을 개발하는 과정이다. 이러한 과정을 피자를 만드는 과정에 비유해 예를 들어 보도록 한다.

① 즉, 피자를 굽는 데 넣어야 하는 치즈, 토마토, 밀가루, 베이킹 소다 등이 체계적이론모형에서 투입에 해당되는데 프로그램의 개발과 평가과정에서의 투입은 참여자와 서비스 자원과 관련된 내용변수라고 할 수 있다. 이러한 변수들은 프로그램의 목표를 달성하기 위해 소비되거나 투여되는 여러 가지 자원으로서 클라이언트, 인력, 시설, 예산 등이 그 예가 될 수 있다.

② 치즈나 토마토 등의 재료가 준비되면 이들 재료를 사용하여 토핑을 얹고 밀가루를 반죽하고 오븐에 넣어 굽는 과정을 거쳐야 한다. 이는 프로그램에서의 전환과정 또는 활동이라고 할 수 있는데, 투입이 자원 관련 내용 변수라면 과정은 개입방법과 관련된 내용변수이다. 여기서 개입방법이라 하면 서비스의 전달 과정, 진행 방법과 관련된 요소로서 프로그램의 개념 및 내용, 개입방법에 대해 구체적으로 제시하는 것을 말한다.

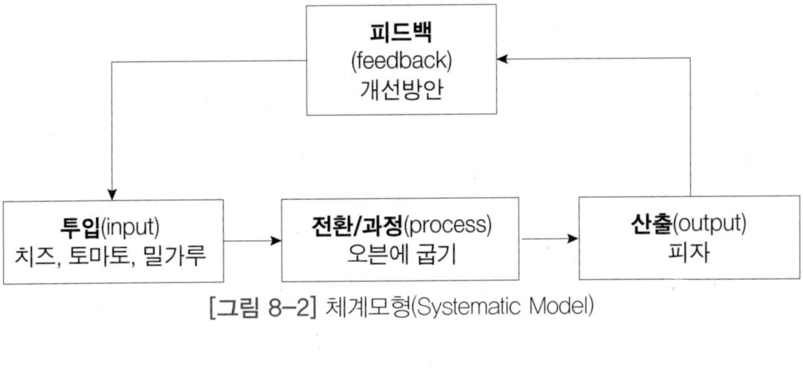

[그림 8-2] 체계모형(Systematic Model)

③ 오븐에 넣었던 반죽이 따끈따끈하게 피자로 만들어져 나온 것이 산출이다. 산출은 서비스의 종료와 관련된 내용 변수로서 프로그램 활동을 통한 직접적인 산물이라 할 수 있다.

④ 피자가 다 만들어지고 그것을 누군가 먹으면 피자가 맛이 없다거나 맛있다고 한 조각 더 달라고 하는 사람 등의 반응이 있을 것이다. 이러한 사람의 수를 측정하여 피자가 얼마나 잘 만들어졌는지 평가할 수 있듯이 프로그램도 프로그램이 완결된 후의 반응을 측정하여 결과를 평가하고 개선 방안을 마련하여 반영할 수 있다.

이처럼 피자를 만들 듯이 프로그램의 과정을 투입, 산출, 결과, 피드백의 과정으로 나타낸 것이 체계적 모델이며 가장 일반적인 형태이다.

제5절 프로그램 평가의 유형

때때로 가변적인 상황에 따라 어떤 유형의 평가를 실시해야 하는지는 변경될 수 있으나 평가자의 중심적 가치 및 평가 기준을 어디에 두느냐에 따라 다양한 관점에서 평가의 유형을 살펴볼 수 있다. 각각의 평가유형은 프로그램 및 기타 상황에 따라 독자적으로 사용될 수도 있고 다른 기법과 병행하여 사용하기도 있다. 평가는 각각의 평가유형을 서로 대립적으로 볼 것이 아니라 상호 보완적으로 작용할 수 있도록 상황에 따라 최적의 평가를 실시할 수 있어야 한다.

I. 분야에 따른 평가유형 분류

프로그램 평가를 평가의 주 표적이 되는 분야에 따라 조직평가, 인력평가, 예산평가, 내용평가, 환경평가 등으로 편의상 분류할 수 있다(Royse et al., 2001).

① 조직 평가: 전반적 관리운영에 대한 평가
② 인력 평가: 인력의 규모와 질, 직원의 개발능력과 지식의 크기에 중점을 둔 평가.
③ 예산 평가: 재원확보 능력이나 기관의 예산 편성 및 집행능력에 초점을 두는 평가
④ 프로그램 내용: 클라이언트의 욕구 조사, 구체적인 내용이나 방법 실행 과정, 그리고 결과로 나타나는 참여 클라이언트 수/만족도
⑤ 환경 평가: 지역사회주민, 재원 제공자, 이해당사자 간의 관계, 자원봉사자 관리상태 등이 주요 평가항목으로 포함.

2. 평가시기에 따른 유형: 욕구 조사/과정 평가/결과 평가

1) 욕구 조사(Need Assessment)

욕구 조사는 프로그램을 설계하기에 앞서 기관이나 지역사회의 충족되지 못한 욕구를 정의하고 측정하는 과정이다. 충족되지 못한 클라이언트의 욕구를 사정하는 것은 대상집단에 적합한 프로그램 설계를 할 때 가장 기본적인 과정이라는 점에서 그 의의가 크다. 프로그램 개발자는 욕구 조사결과를 기초로 주요 대상집단의 욕구를 충족시키기 위한 다양한 대안을 마련하여야 한다. 욕구 조사를 시행할 때에는 지역사회의 사회경제적인 여건과 함께 특정 사회문제의 심각성, 그리고 관련 기관과 단체들이 기존에 지역사회에 제공하고 있는 서비스 등을 조사해야 한다. 특히 대상집단 또는 클라이언트들과의 밀접한 논의는 프로그램의 어떤 측면이 유용하고 어떤 측면에 문제점이 있는지를 파악할 수 있도록 해주는 것이다. 욕구 조사를 통하여 평가자는 지역사회의 충족되지 못한 욕구에 대한 양적·질적 평가 정보를 가진다.

2) 과정 평가

과정 평가는 프로그램이 실행되고 있는 중에 진행되는 전반적 상황을 평가하는 것으로 당초 기획 과정에서 프로그램을 설계할 때 세웠던 여러 가지 계획이나 가정들이 프로그램 시행 과정에서 정확히 일치되었는지 확인하는 단계이다. 즉, 프로그램이 개발되고 실행된 후에 평가자는 실행된 내용이나 제공된 서비스의 양과 질, 투입된 직·간접비용의 규모, 프로그램의 전문성 등에 관한 내용을 자료화하고 분석해야 한다.

시행기관 또는 해당 지역사회의 욕구가 설계 시에 생각했던 것과 동일한가? 프로그램을 계획할 때 실시한 욕구 평가의 결과를 뒷받침하는 증거가 발견되었는가? 운영진에 의해서 제공된 서비스 내용이 프로그램 설계 당시 계획했던 것과 일치하는가? 문제확인 단계에서 프로그램 개발자가 파악한 사회문제의 인과관계에 대한 가정을 지지하는 증거들이 발견되었는가? 등 과정평가에서의 이러한 질문들에 대한 답은 나중에 다른 지역 사회나 다른 기관의 대상집단에게 동일한 또는 유사한 프로그램이 실행될 때 참고할 수 있는 중요한 자료가 될 수 있다.

〈표 8-2〉 과정 평가의 주요 체크 사항

프로그램 세부내용	수행시기	평가내용
기관연계	1월~4월	① 1차 프로포절 제안 후 정신건강센터의 사업연계 동의 얻음 ② 4회의 사업조정회의를 거쳐 사업을 수행함. ③ ○○시 ○○건강센터의 적극적인 협조로 장소 제공, 프로그램 홍보 및 대상자 확보 인력 지원, 프로그램 진행 등 연계가 활발하게 이루어졌음.
프로그램 설명회	5/8, 5/15	○○시 ○○건강센터의 가족 모임(1회), 회원 모임(2회) 시 자료 배포, 담당자 설명 동을 통해 프로그램에 관한 설명회를 가지고 대상자모집 및 부모의 동의를 얻음.

프로그램 실시	5/30~12/26	① Proposal 제안 및 선정작업이 늦고, 강사 섭외의 어려움 등으로 5월에 사업을 시작하여 12개월짜리 프로그램이 8개월 동안 실시됨. 따라서 각 프로그램의 효율적 운영, 효과성 증진을 위하여 1년 정도의 기간 동안 각 프로그램을 단계적으로 실시하는 것이 바람직하다고 봄. ② High-function group과 Low-function group으로 나뉘는 현상이 발생하였음. 보조 진행자의 부족으로 프로그램 진행에 어려움을 겪기도 함. 추후 전문자원 봉사자의 확보 등으로 Low-function group에는 일대일 보조자를 배치하거나 그룹을 양분해 실시하는 것도 바람직함.

시행기관 또는 해당 지역사회 욕구가 프로그램 설계 시 생각했던 것과 동일한가?
프로그램을 계획할 때 실시한 욕구 평가의 결과를 뒷받침하는 증거가 있는가?
문제 확인 단계에서 프로그램 개발자가 파악한 사회문제의 인과관계에 대한 가정을 지지하는 증거들이 발견되었는가?

→ 이러한 질문들에 대한 답은 타지역사회나 대상집단에게 동일한 또는 유사한 프로그램이 실행될 때 참고할 수 있는 실제적인 자료로서 매우 중요함

위의 표는 "기관연계 통합재활(인지, 정서, 가족, 직업재활)을 통한 정신장애인 진로 탐색 및 사회 복귀 프로그램"에 대한 평가 중 일부분을 발췌한 자료이다. 이 프로그램의 주요 목적은 장애인들의 재활의 최적화 추구인데, 프로그램의 전체 진행 과정을 구체적 날짜와 순서에 맞추어 구성하였기 때문에 개별 프로그램이 전체 목적에 얼마나 부합되어 운영되었는지를 평가하는 데 유용하다.

3) 결과 평가

결과 평가는 프로그램이 종결된 후에 프로그램이 얼마나 성공적으로 수행되었고, 사람들이 적절한 서비스를 받게 되었는지를 보여주는지에 초점을 맞춘다. 또한 프로그램 실행결과가 서비스 제공결과에 의한 것인지 분석한다.

다음의 〈표 8-3〉은 프로그램 종결 후 프로그램이 클라이언트 노인부부의 관

계 개선에 어떠한 긍정적 영향을 미쳤는지 보여주는 결과 평가의 한 예시이다. 이때 부부의 관계 개선 결과는 프로그램으로부터 긍정적 영향을 받았기 때문이라 할 수 있고, 이는 곧 프로그램의 효과성을 나타낸다.

〈표 8-3〉 결과 평가

노인 부부의 관계 개선을 위한 프로그램인 "한마음 한사랑"은 총 12회기 (3개월) 동안 집단 활동 (치료 레크리에이션 중심)과 2박 3일의 캠프로 구성, 진행되었다. 노부부의 관계 개선을 돕기 위한 단기 프로그램이었기에 기간이 다소 짧았지만, 평생 동안 부부가 함께 활동한 경험이 없거나 적은 대상자들이었기에 3개월의 활동기간만으로도 참가자들의 효과와 긍정적인 반응을 이끌어 낼 수 있었다. 프로그램에 참가한 노부부들은 각각의 남편과 아내에게 다정한 눈빛과 말을 건네며, "이런 말을 들어보긴 처음입니다"라고 말하며 눈물을 흘리기도 하는 등, 참가자들로부터 긍정적인 피드백을 받을 수 있었다.

자료: 2002년 작은 나눔 큰 사랑 지원기관 우수 사례집, 삼성복지재단, 2003, p, 109 부분 발췌.

그러나 노인 부부의 긍정적 변화가 전적으로 프로그램의 효과성 때문이라고 쉽사리 단정 짓는 것은 문제가 있을 수 있다. 왜냐하면 클라이언트의 행동 변화의 근본적 원인을 파악하는 것은 쉽지 않기 때문이다. 즉 결과 평가는 프로그램이 끝난 후에 나타나는 클라이언트의 긍정적 변화가 순수하게 프로그램의 효과인지에 대해서 확신할 수 있는가 하는 신뢰성의 문제를 본질적으로 지니고 있다. 위기에 봉착한 클라이언트들이 심리치료를 하고 난 이후 나아졌다고 느낄 때 그 변화는 상담의 결과일 수도 있지만 동시에 자연적인 치유 과정의 결과, 또는 상담과 자연적 치유의 결합, 또는 경제적으로 형편이 나아짐 등 전적으로 심리 상담 외의 다른 그 어떤 것 때문일 수 있는 것이다. 그러므로 결과 평가에서 신뢰성 있는 평가 조사를 위해서는 외부요인 통제 및 적절한 측정 도구 사용이 무엇보다 긴요하다.

3. 비용분석 여부에 따른 유형

평가자가 특정 프로그램이 클라이언트에게 도움이 되었음을 설사 확인했다 할지라도 재정적으로 지원하는 측과 기관의 경영자 등의 이해 관련자들이 느끼는 비용 절감의 압박, 즉, 비용에 따른 효과성 문제를 간과할 수 없다. 특히 막대한 비용을 국민의 세금을 통해 충당하는 중앙이나 지방자치단체들은 재정적 지원의 지속성을 위해서도 프로그램의 비용 대비 효율성을 평가하여 최소한의 자원으로 효과를 극대화할 수 있는 프로그램을 원하게 된다. 결국 자원의 효율적 사용을 위해서는 최소한의 자원으로 최대의 효과가 이뤄졌는가에 대한 평가가 필요하다.

4. 프로그램 운영 주체에 따른 유형

동일한 프로그램에 대한 평가라 할지라도 해당 프로그램 제공 기관의 공공성과 지역성, 제공되는 서비스 규모, 프로그램 참가자들의 상이한 욕구에 따라 차이가 있을 수 있다. 예를 들어 소규모 비영리 민간복지기관에서 제공되는 서비스와 중앙정부적 차원의 공공기관에서 제공되는 프로그램에 대한 평가는 프로그램의 성격과 본질적 내용이 같다고 해도 평가 결과는 다를 수밖에 없다.

1) 민간 사회복지기관

사회복지 관련 서비스나 프로그램 제공을 전문으로 하고 있는 민간 복지기관들은 특정 집단(개인, 가족, 부부, 소집단, 조직, 지역사회)에 어느 수준 정도의 서비스를 제공해야 할 것인가에 대해 큰 관심을 가지고 있다. 또한 사회복지 서비스를 계획하고 실시하는 기관의 관리자는 그들이 제공하는 서비스가 클라이언트에게 실제로 효과적으로 도움이 되고 있는지 여부를 파악하고자 한다. 이를 제대로 파악하기 위해서는 복지전문시설이나 기관에서 특정한 서비스 내용 자체뿐만 아니라 클라이언트들에게 제공되는 질에 대한 평가를 정기적으로 실시하여야 한다.

그러나 우리나라에서 민간 사회복지기관이 차지하는 중요한 역할과 비중에도 불구하고 책임성과 효과성에 대한 비판과 의심을 지속적으로 제기하고 있는 것이 현실이다. 본래의 기관 설립취지에 맞지 않는 수익사업에 몰두하거나(김영모, 1992: 14), 지역성을 고려하지 않은 유사 프로그램의 모방으로 인해 서비스의 중복성과 비효율성이 심하고, 지역주민의 적극적 참여가 부족하여 자원 활용의 문제를 내재하는 경우가 그런 것이다(성규탁 외, 1993: 39-41)

2) 공공기관

대부분의 정부산하 기관들은 국민을 위해 많은 공공 서비스와 정책 프로그램을 제공하고 있다. 이러한 서비스 종류로는 이동 점심 급식 지원에서부터 국민연금 및 건강보험에 이르기까지 매우 광범위한 스펙트럼을 가지고 있다. 국민들로부터 거두는 막대한 조세, 부담금 또는 보험료를 바탕으로 대규모 공공 프로그램을 제공하는 정부 기관들에 대한 평가는 더 높은 수준의 책임성과 효율성이 요구된다고 할 수 있다. 실제로 현재에도 상당히 많은 비영리 복지기관들이 중앙정부 또는 지방정부의 보조금을 지원받고 있다.

5. 실행 주체별 분류

프로그램 평가의 실행 주체는 포괄적인 수준에서 보면 내부 평가자와 외부 평가자로 나누어 설명할 수 있다. 먼저 내부 평가의 경우 프로그램의 결정이나 실행을 담당하는 사람 또는 이들이 속한 조직의 다른 구성원이 행하는 평가로서 자체평가라고도 불린다. 내부 평가는 조직 운영의 과정이나 결과에 대한 자기반성적 성격을 가지며, 평가를 통해서 얻어진 정보가 피드백(feedback)됨으로써 조직 운영이나 최종 산출의 결과를 향상시키는데 주목적이 있다. 조직의 내부 평가자는 현실적으로 긍정적인 평가결과를 생산하도록 무언의 압력 또는 성향을 가질 수밖에 없는 한계점을 지닌다(Cook, Leviton, & Shadish, 1985).

반면 정책의 결정이나 집행의 담당 기관이 아닌 외부의 제삼자가 평가과정을 수행할 때 외부 평가라고 한다. 예를 들어 서울소재 ○○복지기관 평가의 평가 주체가 서울시 또는 보건복지부라면 이는 외부 평가에 해당된다. 이러한 외부 평가는 조직 운영의 효과성, 효율성, 그리고 책무성을 평가하는 데 주요한 목적을 가진다. 평가현장에서 외부 평가는 주로 예산이나 성과 등에 기초한 양적 접근방법을 위주로 이루어진다(Davis, 1990). 내부 평가와 외부 평가는 프로그램 평가 과정에서 상호 보완적인 역할 한다. 내부 평가는 조직 내에서 지속적인 모니터링과 개선을 위해 사용되며, 외부 평가는 외부적인 시각과 평가 전문성을 제공하여 프로그램의 효과성을 평가한다. 이 두 가지 평가 방법을 조합하여 프로그램의 객관적인 평가와 향상을 도모할 수 있는 것이다.

6. 기관(시설) 평가 대 개별 프로그램 평가

사회복지 연구 분야로서 평가는 종종 기관보다는 개별 프로그램 또는 서비스에 대한 평가를 의미하는 경우가 많았다. 그러나 최근 외부로부터의 기금지원이 증가하면서 사회복지현장의 기관에 대한 공공기관의 감사가 자주 이루어지고 있다. 최근에는 사회복지기관의 총괄적인 계량 평가 방식뿐만 아니라 프로그램 내용 자체에 초점을 맞추는 평가방식이 도입되어야 한다는 논의가 활발히 이루어지고 있다.

평가대상에 따른 평가유형으로 개별 프로그램 대 사회복지 프로그램을 실시하는 기관으로 분류할 수 있다. 주로 복지기관을 대상으로 하는 기관평가의 경우 기관이나 조직의 전체적인 운영 실태에 대한 평가에 주안점을 두고 조직의 목표 달성과 관련하여 총체적인 성격을 가진다. 즉, 기관평가는 개별 서비스의 효과성, 효율성, 만족도에 관심을 두는 것이 아니라 전체적인 기관의 목표 적합성

(efficacy)과 질(quality)을 평가하는 데 주목적이 있다. 기관 평가가 제대로 평가 내용에 반영되기 위해서는 한 가지 측면의 평가가 아닌 다차원적인 평가가 되어야 한다.

기관 평가에 있어서 궁극적 목적인 조직운영의 과정이나 생산된 서비스에 대한 질적 개선을 이루기 위해서는 특히 기관의 경영실적에 대한 평가 시 양적인 면과 함께 질적인 측면도 함께 고려히는 평가방법이 개발·사용되어야 한다. 이미 사기업에서는 총체적 품질관리(TQM: Total Quality Management)를 적용하여 이용하고 있다(Hardesky, 1995). TQM은 조직 내 모든 구성원이 품질을 달성하고 지속적으로 향상시키기 위해 참여하는 경영 철학 및 방법론이다. 이러한 TQM은 고객 만족, 공정 효율성, 제품 및 서비스의 일관성과 신뢰성을 중시하며, 조직 내부에서 팀워크와 협력을 강화하는데 초점을 둔다. 이러한 TQM은 사회복지 분야에서 다양하게 적용된다. 첫째, 고객 중심의 관점을 채택하여 서비스 수요자의 요구와 욕구를 이해하고, 그에 맞는 프로그램 및 서비스를 개발하는데 활용된다. 이를 위해 고객 만족 조사와 피드백 시스템을 구축하여 지속적인 품질 향상을 추구하는 것이다. 둘째, 품질 관리 체계를 도입하여 프로그램의 품질과 효과를 모니터링하고, 개선할 수 있는 기회를 식별하게 된다. 통계적 품질 관리 도구와 방법론을 활용하여 데이터 분석을 수행하고, 문제의 근본 원인을 파악하여 지속적인 개선을 추진해 나갈 수 있는 것이다. 셋째, 조직 내부에서 팀워크와 협력을 강화하기 위해 교육 및 훈련 프로그램을 제공하고, 직원들의 참여와 의견을 존중하는 문화를 조성한다.

사회복지현장에서는 개별 프로그램뿐만 아니라 기관(시설) 평가에 있어서도 대부분의 국내 연구들이 투입-과정-산출-결과를 모두 포괄하는 종합적 평가 지향의 특성을 가지고 있다. 그러나 이러한 평가는 의욕에 비해 그다지 성공적이지 못하다. 종합적 평가를 지향하게 되면 산출이나 결과 중심의 평가를 하기가 어렵기 때문이다. 산출이나 결과 중심의 평가를 제대로 하려면 기관의 활동범위, 규모 핵심 클라이언트 계층, 지역사회 인구규모에 따라 평가모형이 달라져야 한다. 그렇기 때문에 산출이나 결과 중심의 평가를 하려면 해당 복지기관의 핵심적인 서비스를 선정하여 평가모형을 설계하는 편이 성공확률이 높다.

평가의 초점이 흐려진 채 실시되는 종합적 평가의 결과는 실천적 대안을 제시하지 못하고 있을 뿐만 아니라 실무담당자들의 공감을 얻는 데에 실패하고 있다. 또한 중앙 또는 지방자치단체의 재원 배분기준이나 지역사회 자료로도 제대로 활용되지 못하고 있다. 치료효과가 없는 진찰이 의미가 없듯이, 목적을 수행하지 못한 평가는 혼란을 가중시킬 뿐이다. 지금부터라도 개별 기관은 자체의 해당 분야에 알맞은 장기 품질우선의 경영전략을 세우고 단기적인 성취목표의 달성 여부가 아니라 균형성과지표(BSC: Balanced Score Card) 등을 사용하여 프로그램들을 전체적인 시각에서 잘 수행했는지 판단함으로써 개선의 기초자료로 이용해야 한다.

균형성과지표는 사회 복지 분야에서 조직의 성과를 종합적으로 측정하고 평가하는 매우 유용한 도구이다. 원래는 기업 전략의 성과를 평가하기 위해 개발된 것이지만, 사회복지 분야에서도 조직의 목표와 성과를 측정하고 관리하는 데에 적용된다. 균형성과지표는 일반적으로 네 가지 관점을 기반으로 합니다. 첫째, 재무적인 관점은 조직의 재무적 성과를 측정하고, 예산 관리, 자금 조달, 경제적 효율성 등을 평가합니다. 둘째, 고객 관점은 서비스 이용자의 만족도와 요구를 파악하여 서비스 품질과 고객 관계 관리를 평가합니다. 셋째, 내부 프로세스 관점은 조직 내부의 핵심 프로세스와 효율성을 측정하고, 프로그램 운영 및 관리 과정을 개선하는 데에 초점을 둡니다. 넷째, 학습과 성장 관점은 조직의 학습 능력, 인력 개발, 기술 혁신 등을 평가하여 조직의 미래 성장을 지원합니다.

사회 복지 분야에서 균형성과지표를 활용하면 다음과 같은 장점을 얻을 수 있다다. 첫째, 종합적인 성과 측정을 통해 조직의 목표 달성과 전략 실행을 효과적으로 추적할 수 있다. 둘째, 각 관점의 지표를 설정하여 목표와 성과를 명확하게 정의할 수 있다. 이는 조직 내의 구성원들에게 목표를 공유하고 협력하는 데 도움을 준다. 셋째, 다양한 이해관계자들에게 조직의 성과를 시각화하여 전달할 수 있다. 이는 기부자, 정부, 사회 전체와의 소통과 협력을 강화하는 데 도움 된다.

균형성과지표를 적용하기 위해서는 먼저 조직의 전략적 목표를 설정하고, 각 관점별로 측정 가능한 목표와 지표를 설정해야 한다. 그런 다음, 데이터 수집 및 분석을 통해 성과를 측정하고 평가해야 한다. 이를 기반으로 문제점을 파악하고 개선하는 계획을 수립하며, 주기적인 리뷰와 보완을 통해 밸런스 스코어카드를 지속적으로 활용해야 한다.

성과 측정 시 개별 서비스 평가는 상대적으로 수량적인 성과지표를 선호한 반면, 기관 평가는 조직 내부에 관한 질적 지표를 선호한다는 특정을 가진다.

7. 프로그램 평가의 목적에 따른 유형

프로그램 평가는 평가를 실시하는 평가목적에 의해 분류될 수 있다. 평가가 프로그램의 전체적 진행도나 효과를 파악하고 지속적으로 수정, 개선하기 위한 것인지 아니면 전반적인 결과로써의 성과를 측정하기 위한 것인지에 따라 형성평가와 총괄평가로 나눌 수 있다.

1) 형성평가

평가의 목적이 프로그램 자체의 성과 수준을 높이거나 효율성을 향상시키는데 있는 형성평가는 피드백을 통해 프로그램 활동 내용 관련 전달체계를 강화시킨다.

프로그램이 실시되고 있는 과정 중에 지속적으로 실시하는 형성평가는 프로그램이나 서비스가 잘 시행되고 있는지 즉 효과적인 개입이 이루어지고 있는지를 평가하며 이때 제공자와 이용자(참여 클라이언트와 프로그램 운영인력), 관리전략과 철학, 프로그램에 관련된 비용들 간의 상호 작용을 살핀다. 이는 새로운 프로그램이 계획대로 이행되었는지, 어떤 서비스를 누구에게, 얼마나 자주, 어떤 장소에 제공하였는지를 알려 준다. 평가자는 이를 통해 새로운 프로그램의 장단점을 파악하고 문제가 지적된 특정 부분을 수정, 보완할 수 있다. 형성평가의 이 같은 특성은 프로그램이 얼마나 잘 적용될 수 있는지를 알게 해주어 프로그램이나 서비스가 새로운 것일 때나 개발단계에 있을 때 유용하게 쓰일 수 있다.

형성평가에서 주로 사용하는 방법으로 포커스 그룹이 있다. 포커스 그룹은 대상집단에 대한 주요 정보를 가진 사람들이나 실제 이해당사자들(사회복지사, 클라이언트, 지역사회, 인력, 기관 등)로 구성될 수 있다. 형성평가에서 포커스 그룹을 많이 사용하는 이유는 대상집단의 성격·특성 등에 대한 이해를 돕고 개입의 중요성·개입시점·장소 등에 대한 소비자의 입장이나 시각을 판단할 수 있으며, 실시하려는 프로그램에 대한 홍보효과까지 얻을 수 있기 때문이다. 또한 소수의 인물을 통해 얻은 정보는 서비스 제공을 통해 얻어지는 개입의 효과, 문제점에 관한 지식까지 얻을 수 있는 매력이 있다.

2) 총괄평가

총괄평가는 프로그램의 순가치 평가 이후 지속 여부의 결정을 위해서 행해져 그로 인해 프로그램의 시행, 지속 여부가 최종적으로 결정된다. 프로그램이 일단 형성평가로 재정비되면 총괄평가를 통하여 효과적 서비스 제공의 가능이 입증될 수 있는 것이다.

형성평가가 프로그램의 운영 중에 참여자 간의 상호 작용, 운영진의 실력 평가 등 특정 부분에만 관여하는 것에 비해 총괄평가는 프로그램의 종결 후 전반적인 사항을 심사하여 프로그램의 산출 및 성과를 측정하는 것이다. 즉 총괄평가는 '프로그램이 수행되는가?' 또는 '프로그램이 무엇을 했는가?'의 문제이다. 결과지향적 총괄평가는 형성 평가와는 달리 프로그램이나 서비스가 이미 잘 설계되어 있고 이전의 사례에서 그 효과성을 입증받은 경우에 유용하게 사용될 수 있다.

총괄평가는 실험 설계에서 많이 이용되는 평가 조사로 시계열적 방법, 비교집단을 이용하는 방법 등을 사용할 수 있다. 여기서 시계열적 방법은 계량적 방법으로 프로그램 이전과 이후에 관한 자료를 바탕으로 비교하여 평가 조사를 수행한다. 하지만 개입 이전의 자료가 없는 경우가 많고 외부요인에 대한 적절한 통제수단을 찾기 어려워서 타당도 측면에 문제가 있다. 비교집단을 이용하는 방법은 통제집단을 구하기 어려운 경우 주로 많이 사용되는 것으로 실험설계 단계에서부터 완전한 통제가 이루어지지는 않았으나 그와 유사한 비교집단을 찾는 것이다. 하지만 이러한 비교집단 방법은 실험집단과 비교할 수 있는 적절한 대상을 찾는 부분에서 한계를 가진다.

8. 평가방법에 따른 유형

1) 양적 평가

양적 평가는 프로그램 및 서비스가 산출한 성과에 초점을 두는 것이다. 체계적이며 객관적인 절차를 통해 정량적인 평가지표를 가지고 한정된 평가대상자들에게 실시한다. 이러한 양적 평가는 구체적이고 산술적인 자료를 제시하여 어떤 성과를 얼마나 산출하였는지 측정하는 것이다. 주로 프로그램 실시 이전과 이후에 평가대상자에게 질문하는 방식으로 행해진다.

<table>
<tr><th rowspan="3">연번</th><th rowspan="3">구분</th><th colspan="10">취업통합프로그램</th></tr>
<tr><th colspan="2">1기</th><th colspan="2">2기</th><th colspan="2">3기</th><th colspan="2">4기</th><th colspan="2">5기</th></tr>
<tr><th>1차</th><th>2차</th><th>1차</th><th>2차</th><th>1차</th><th>2차</th><th>1차</th><th>2차</th><th>1차</th><th>2차</th></tr>
<tr><td>1</td><td>프로그램 참여</td><td>20</td><td>19</td><td>19</td><td>19</td><td>22</td><td>20</td><td>20</td><td>19</td><td>21</td><td>20</td></tr>
<tr><td>2</td><td>프로그램 참여자 취업실적</td><td colspan="2">취업(8명)
미취업(6명)
기타(5명)</td><td colspan="2">취업(7명)
미취업(6명)
기타(6명)</td><td colspan="2">취업(9명)
미취업(7명)
기타(4명</td><td colspan="2">취업(9명)
미취업(5명)
기타(5명)</td><td colspan="2">취업(10명)
미취업(6명)
기타(6명)</td></tr>
</table>

3	자원활용 성과	서울인력은행, 노동부 관악지방노동사무소 연계, 서울시 12개 취업 센터, 구청취업 정보은행, 일하는 여성의 집 등
4	프로그램 인적 자원 평가	참여대상자 확보(가양, 양천, 한국 고령자 취업 알선 센터) 참여대상자 지원, 영등포 복지관 취업 센터 참여대상자 지원 집단 프로그램 진행 및 교육 프로그램별 전문강사(인간관계 훈련강좌, 건강 관리강좌, 컴퓨터 교육강좌, 경비. 건물 관리강좌, 간병 · 베이비시트) 자원봉사(공익근무요원 활용, 실습 학생봉사자 활용)

자료: 삼성복지재단, 2002년 작은 나눔 큰사랑, 지원기관 우수사례집, 삼성복지 재단, 2003, '실질 고령자 생산성 기능강화를 위한 취업기술 증진 프로그램', 구로노인종합복지관, p. 88 부분 발췌.

위의 표는 서울시에서 중고령자의 재취업을 돕기 위해 실시한 프로그램의 결과이다. 여기서 주목할 부분은 프로그램의 결과인 중고령자가 얼마나 취업했는지를 나타내는 2번의 '프로그램 참여자 취업실적' 부분이다. 즉 여기서는 프로그램 참여자의 취업능력이 얼마나 향상되고 스스로 얼마나 성취감을 느꼈는지가 아닌 취업자 수로 나타나는 객관적인 수치로 취업률을 제시하고 있다. 이는 프로그램이나 서비스의 결과를 양적으로 표현한 양적 평가라고 할 수 있다.

2) 질적 평가

프로그램이나 서비스 개입의 결과를 중시하는 양적 평가와는 달리 결과보다는 과정에 중점을 두는 것이 질적 평가이다. 질적 평가는 외부로부터 얻는 자료보다 평가자 자신의 역할이 중요하다. 평가에서 사용하는 평가도구는 내용의 충실도, 타당도, 도구 획득의 용이성, 기술적 확신 등의 요소를 고려하여 결정되어야 한다. 질적 자료로는 상담·관찰 등을 통해 확보한 진술을 이용한 정보가 주를 이루게 되는데, 자료를 얻는 과정 중에서 자료와 평가자 간의 상호 작용이 중요하다.

9. 관점에 따른 유형

평가를 바라보는 관점 또한 평가의 유형을 결정짓는 기준이 될 수 있다. 상황과 입장에 따라 평가 요소 간의 중요도 비중은 달라질 수 있다. 예를 들어 기금을 제공하는 후원자 입장에서는 비용의 측면을 중요하게 여길 것이고 프로그램 운영진이나 직접적 수혜자인 클라이언트의 입장에 서는 프로그램이나 서비스를 통해 무엇을 얼마나 얻을 수 있을지, 얼마나 지속적인 효과를 발휘할 것인지 등에 관심을 가질 것이다. 이때 후원자의 입장은 비용의 측면을 고려하므로 효율성을 평가의 중점요소로 설정하게 되는 반면 서비스 수혜자의 관점에서는 효과성을 중점요소로 생각하게 될 것이다. 그리고 또 하나의 중요한 요소로 가치의 문제를 들 수 있는데 소비자의 가치를 얼마나 존중하는지도 중요한 평가요소가 될 수 있다.

예를 들어 마약을 사용하는 청소년들을 대상으로 마약을 끊고 교우들과의 교류를 증진시켜 교우관계에서 오는 소외감을 감소시키는 것을 주목표로 하는 프로그램을 실시한다고 가정해 보자. 적절하게 통제된 두 그룹에게 A라는 프로그램과 B라는 프로그램을 실시하고 평가했을 때 만약 A 프로그램에 교우간 친화도를 20% 향상시키고 B 프로그램에서 18% 향상시켰다면 효과성의 측면에서는 A 프로그램이 우수한 것으로 평가 될 수 있다.

하지만 이에 투입의 개념을 도입하면 A 프로그램은 교내 학생 전체 캠프를 실시하는 등의 방법을 사용하여 100만원의 비용을 사용한 반면 B 프로그램은 조별모임 활성화 등의 방법을 사용하여 총경비가 50만원 밖에 들지 않았다면 효율성의 측면에서는 B 프로그램이 우수하다고 생각 할 수 있다.

그리고 이와는 별도로 적은 비용으로 양질의 결과를 얻어냈다고 하더라도 비인간적인 체벌 등의 방법으로 마약을 막았다거나 대상 클라이언트 외의 다른 교우들에게 불필요한 피해를 입혔다면 가치의 문제에 있어서는 우수한 프로그램으로 평가될 수 없다.

10. 기간에 따른 평가유형 분류

평가 기간의 길이에 따라 단기 평가와 장기 평가로 분류될 수 있다. 단기 평가는 프로그램이 끝난 직후에 실시하여 프로그램에 대한 평가를 실시하는 반면 장기평가의 경우에는 6개월에서 1년 정도 뒤에 평가를 실시하여 변화 정도를 조사한다.

제9장 프로그램 평가의 실제

학습목표

1. 프로그램 평가절차를 설명할 수 있다.
2. 프로그램 평가 기획단계에서 수행하여야 할 내용을 설명할 수 있다.

프로그램을 평가하기 위한 구체적인 절차를 Muraskin 외(1994)는 ① 소비자 확인, ② 질문 선정, ③ 실행계획서 작성, ④ 자원 확보 ⑤ 평가의 실제문제 도출, ⑥ 평가자문 요청, ⑦ 자료 수집방법 및 도구 선정, ⑧ 분석과 보고의 차례 순으로 분류하였다. 변창진 외 (1996)는 ① 계획 수립, ② 평가목표 기술, ③ 평가 설계 선정, ④ 도구 제작, ⑤ 자료 수집, ⑥ 결과 분석, ⑦ 결과 보고, ⑧ 결과 활용으로 나누었다. 여기에서는 프로그램 평가절차를 사전 준비단계, 기획단계, 자료 수집단계, 자료 분석단계, 결과 정리 및 보고단계, 결과 적용단계로 나누어 설명하고자 한다.

제1절 사전 준비단계

첫 번째 단계는 사전 준비단계로서 구체적인 평가계획을 만들기 이전의 단계이다. 이 단계에서 평가자는 특정 프로그램의 특성과 이해관계자들이 누구인지 파악하고 관련된 필요정보들을 입수한다. 즉, 평가자는 무엇을 평가할 것인지? 어떤 수준에서 평가할 것인지? 평가의 결과를 바탕으로 의사결정을 하고자 할 때 선택할 수 있는 대안이 있는지? 평가의 결과를 누구에게 보고할 것인지? 등의 전반적인 질문에 대한 해답을 마련하는 단계이다.

I. 프로그램 개요 파악

평가자가 가장 먼저 착수해야 할 일은 무엇보다도 프로그램의 개요를 파악하는 것이다. 구체적으로는 프로그램이 이론적 근거에 바탕을 두고 있는지 또는 현장경험이나 상식에 의하여 구성되어 있는지를 파악해야 한다. 또한 특정한 지역 또는 대상집단에 국한하여 평가하는지 또는 여러 지역 또는 집단에 걸쳐 평가하는지를 알아봐야 한다.

프로그램의 목적과 하위목표들은 존재하는지, 있다면 무엇인지를 파악해야 한다. 프로그램에 참여하는 대상이 자원해서 참가하는지 또는 강제 동원된 것인지를 확인해야 한다. 참여자의 인지적, 정서적, 신체적 문제가 있는지 또는 문제가 없는지를 점검해야 한다.

① 새로운 프로그램인가?

② 특정 지역, 특정 시기의 프로그램인가?

③ 어떠한 이론적 근거에 준거하는가? 준거하지 않는가?

④ 목적과 목표의 소유 여부

⑤ 대상집단은 누구인가?

⑥ 기관 내부 프로그램인가? 기관 외부 프로그램인가?

2. 평가 이해당사자 확인

평가자는 프로그램 평가의 이해당사자가 누구인가를 확인할 필요가 있다. 평가에 관련된 이해당사자란 프로그램에 직접 참여하는 관련 인사를 포함하여 프로그램 관리자 후원자, 프로그램으로부터 직·간접적 이익을 얻는 수혜자, 프로그램에 간접적으로 영향을 받을 사람, 미래에 프로그램에 참여할 사람, 프로그램 관련 인사 등을 포함한다. 프로그램 관련 인사들은 프로그램을 운영하고 관리하는 인력을 비롯해, 클라이언트·후원자 또는 수혜자 등과 같이 프로그램에 관여하는 모든 사람을 포함한다. 프로그램 관리자는 평가자가 프로그램 평가를 수행하는 전체 과정에서 직접 관계하는 중요인사이다. 그래서 평가자는 프로그램 관리자의 경력, 방침, 평판 등에 관하여 가능한 많은 정보를 입수해야 한다. 프로그램 담당자는 프로그램 서비스를 제공하는 사람이다. 평가계획 수립 단계에서 부터 자료 수집과 결과 활용에 이르기까지 담당자의 적극적 협조는 절대적이다.

평가자는 프로그램 평가의 후원자가 누구인가를 확인해야 한다. 프로그램 관련 인사가 후원자가 되기도 하고 정부나 재단의 관계자가 프로그램 평가의 후원자가 되기도 한다. 평가자는 평가기획 단계에서 평가 후원자와 미리 만나서 평가에 관한 의견을 교환하는 것이 좋다.

또한 프로그램 평가의 수혜자나 고객을 확인할 필요가 있다. 평가의 수혜자와의 면담은 다양한 통로를 통하여 이루어질 수 있다. 무엇보다도 평가 수혜자의 요구가 무엇인지를 파악하는 것이 가장 중요한 일이다.

① 직·간접적 이해당사자 간의 의사소통을 원활히 할 수 있고 프로그램 관련 대상자들의 복지를 증대시킨다.

② 이해당사자들의 범위

가. 직접 참여자, 자금 제공자

나. 프로그램 참여자 외에 프로그램을 통해 이익을 얻는 수혜자

다. 프로그램에 간접적으로 영향을 받는 사람

라. 미래에 프로그램에 참여할 사람들

마. 운영·관리자

3. 평가정보 요구파악

프로그램의 개요를 파악하고 평가이해 당사자를 만난 이후에 평가자는 필요한 정보 수집을 통해 평가에 관련된 중요사항을 확인할 필요가 있다. 대체로 평가 요구자, 적합한 평가유형, 평가목적, 평가시기, 평가를 지원하기 위해 입수해야 하는 자원 등이 확인되어야 한다. 평가자는 프로그램의 목표와 목적을 검토하고, 평가의 목적 및 대상을 선정하며, 평가기준을 설정하고 적절한 평가설계 방법을 결정한다.

먼저 평가 요구자가 누구인가를 파악해야 한다. 일반적으로 프로그램 평가 요구자는 프로그램 후원자와 프로그램 관계자들이 평가를 의뢰하는 인사가 된다. 프로그램 관계자들이 평가를 개선의 수단으로 인식할 경우에만 평가자를 도와서 정확한 평가자료를 원활하게 수집할 뿐만 아니라 수집된 정보를 유용하게 해석하는 데 도움을 줄 수 있다.

다음으로 적합한 평가유형이 무엇인가를 알아야 한다. 프로그램 관계자와 면담할 경우에 평가자는 모든 사람들이 프로그램 평가를 동일한 의미로 파악하고 있다고 판단해서는 안 된다. 평가자는 평가 이해당사자에게 가장 적합한 평가유형이 무엇인가를 파악해야 한다.

또한 평가자는 특정 프로그램을 평가하려는 목적을 파악해야 한다. 프로그램 평가자의 역할은 프로그램 후원자와 관련 당사자를 도와서 평가의 목적에 부합

하는 점을 찾게 하는 것이다. 그러나 행정가가 의사결정을 회피하는 수단으로 프로그램 평가를 이용할 경우처럼 평가목적이 바람직하지 못할 수도 있다.

평가자는 평가시기를 확인해야 한다. 평가 이해당사자가 급하게 평가해야 할 경우도 있고 시간적 여유가 있을 경우도 있다. 그러므로 평가를 언제 완료해야 하는지 일정을 명확하게 확인할 필요가 있다. 평가자는 입수 기능한 평가자원에 어떤 것이 있는가를 확인해야 한다. 시간과 같은 요인 이외에 평가를 제한하는 요인으로는 평가에 필요한 자원의 입수 가능성이다. 평가에 소요되는 프로그램 참여자와 평가 관련 정보를 포함하는 인적 자원과 물적 자원을 원활하게 확보할 수 있느냐의 문제는 원활한 평가를 위해 매우 중요하다.

마지막으로 평가자는 평가와 관련된 이해당사자와 합의 하에 프로그램의 목표와 평가기준을 설정해야 한다(프로그램의 목표는 대부분 프로그램 개발 시 이미 정해진다). 만약 평가의 기준을 합의하지 못하면 평가유형을 결정할 수도 없다.

① 평가 의뢰자: 평가를 원한 사람이 누구인가가 평가자료 수집에 도움을 줄 수 있다. 수집된 정보를 효과적으로 해석하는 데 도움을 줄 수 있다.
② 적합한 평가유형: 적합한 평가유형을 도출하기 위해서는 윤리적·도덕적·사회적 실현 가능성을 내포하고 있어야 하며 또한 이해당사자들의 의견이 반영되어야 한다.
③ 평가목적
④ 평가시기
⑤ 평가에 필요한 자원에 대한 정보: 인적, 물적, 시간 자원 등에 대한 정보를 수집할 수 있다.
⑥ 평가기준(근거)

일반적인 평가에서 고려해야 하는 평가기준과 요소를 정리하면 다음과 같다. 설정된 평가기준의 달성 여부를 평가하기 위해 평가요소를 〈표 9-1〉과 같이 설정할 수 있는데 이때 평가요소는 측정, 개선, 관리, 비교가 가능하도록 중요성과 충분성을 고려하여야 한다(Posavac & Carey, 1997).

〈표 9-1〉 평가의 기준과 평가요소

평가기준	정의	평가요소
노력 (effort)	프로그램 활동의 양	〈프로그램의 투입요소 전환과정〉 단위활동의 수 이용자의 수 전문지식과 기술의 소유와 활동 정도 프로그램예산 및 자원 프로그램 기간 및 하위 활동들의 단위 기간 등 프로그램 활동에 대한 전문인력의 투입 시간
효율성 (efficiency)	산출대비 비용 정도	〈서비스 단위 산출당 소요비용〉 프로그램 노력(위의 요소들)에 대한 비용 프로그램 결과에 대한 비용 등
효과성 (effectiveness)	프로그램 목표의 달성 정도	〈목표 달성과 프로그램 노력과의 인관관계〉 이용자의 인지적/감정적 변화 이용자의 행동상의 변화 이용자 집단의 사회적 변화 등
영향 (impact)	사회문제나 이용자 욕구 변화에 미친 영향	〈프로그램 노력과 사회적 지표 변화 간의 관계〉 위기 집단과 표적집단 내에서의 변화 정도 사회지표 상의 변화에 대한 실증적 기대 정도 등
품질 (quality)	프로그램 전문성	〈프로그램 제공자의 전문성〉 서비스 인력의 전문 자격 소유 여부와 정도 프로그램에서 활용하고 있는 전문지식과 기술의 발전상태 등
과정 (process)	프로그램 결과의 경로	〈프로그램 운영상의 매개체〉 세부 목표(수단적 목표)들의 달성 정도와 연계성 세부 목표와 프로그램 결과 사이의 영향 정도의 차이 등
형평성 (equality)	프로그램 배분의 공평성	〈프로그램 접근성〉 대상집단에게 동일한 접근 기회가 주어지는지의 여부와 그 정도 프로그램 활동이 지역 내에 균등하게 배분되는 정도 등

제2절 기획단계

기획단계는 평가목적을 구체화하고 평가방법과 일정을 확정하는 등 전반적인 평가 활동계획을 수립하는 과정이다. 일단 평가를 시행하려고 결정한 후에 평가 활동을 기획해야 한다.

1. 선행 연구 확인

평가자는 프로그램 평가에 관련된 측정도구를 선정하거나 개발하기 전에 문헌 연구를 하는 것이 중요하다. 평가자는 다른 연구자의 성공과 실패사례로부터 방법론적, 정치적, 실제적 문제와 성공요인이 무엇인지 파악할 수 있다. 선행 연구의 분석을 통하여 연구 설계, 평가기준, 측정 도구, 분석방법, 연구결과, 결과해석 방법 등에 관하여 아이디어를 얻을 수 있다.

2. 분석방법 결정

문헌 연구를 실시한 후에 평가는 표집방법, 평가 설계, 자료 수집, 분석방법 등에 관한 결정을 내릴 수 있다. 프로그램의 표적 모집단이 확인되면 평가는 모집단을 활용할 것인지 표집을 선정할 것인지를 결정해야 한다. 대부분의 임상 현장에서는 모집단을 대상으로 자료를 수집하는 것이 경비가 많이 들고 시간적 제약이 수반되기 때문에 표집을 활용하는 경우가 많다.

그리고 어떤 유형의 평가 설계를 선정하는 것이 나을지를 판단하는 작업 또한 중요하다. 평가목적, 평가 이해당사자의 선호도, 평가일정, 예산 등을 고려하여 적절한 평가설계가 정해져야 한다. 개선을 목적으로 하는 평가에서는 사례 연구나 비교집단 없는 설계전략을 사용하는 반면에, 효과성이나 효율성 평가에서는 비교집단을 포함한 좀 더 강력한 설계를 사용하는 추세이다(Royse, 2001; Cook, et al., 1985).

3. 평가계획서 작성

평가기획 작업 종료 시 평가자는 평가에 필요한 일정을 확정하여 평가계획서를 작성하게 된다. 평가와 관련한 평가방법 결정과 예산 편성 등의 작업을 포함한다.

① 기존의 유사한 프로그램에 대한 문헌자료 존재 여부를 확인해야 한다. 이를 통해 프로그램의 문제점과 성공 요인 등의 분석이 가능하다.

② 평가방법의 결정: 표본 추출, 평가 설계, 자료 수집, 측정 도구, 분석 기법 등에 대한 결정을 내린다.

평가계획서 작성 시 고려해야 할 요인들로는 먼저 ① 정해진 마감 시간 전에 마무리해야 한다. ② 계획서 안에는 평가활동 자체에 관한 각 활동의 마감 시간, 주어진 시간에 대한 틀이 포함되어 있어야 한다. ③ 계획서 작성에 있어서 평가자는 각 프로그램의 평가에 어떠한 기술 능력이 필요한지 살펴봐야 한다. ④ 평가자는 평가과정에 참여하는 직원들을 관리할 책임이 있다. ⑤ 가능한 시간과 예산, 활용 가능한 자원을 파악해야 한다.

제3절 자료 수집단계

평가 준비단계와 기획단계를 거쳐 자료 수집단계에서 평가자는 실제로 프로그램 평가에 필요한 자료를 수집해야 한다. 자료 수집은 평가에 있어 요구되는 정보를 직·간접적 경로를 통하여 수집하는 단계이다. 다양한 자료 수집 및 측정기법들이 존재하지만 각각의 장단점을 충분히 고려하여 평가자는 평가목적과 평가기준에 부합하는 수집 및 분석방법을 선택해야 한다. 자료 수집의 구체적인 예로는 우편, 전화, 대인면접의 경로를 통해서 설문지를 배포하고 거둬들이는 질문지 조사방법이나 프로그램에 대한 기관 협회의 기록, 사례기록 등의 2차적 자료 조사방법, 그리고 관찰 및 상담기법이 있다.

자료 수집을 위해 평가지는 우선 가용한 자료원이 무엇인지를 확인하고 해당 자료를 수집할 필요가 있다. 이때 자료 수집과정에서 가변사항이 있을 경우에 어떻게 할 것인가의 대처방법을 미리 확보하는 것이 필요하며 타당도와 신뢰도의 고려가 있어야 한다. 또한 추가적으로 필요한 자료를 수집할 수 있는지 살펴보고 기존의 자료원으로부터 수집할 수 있는 자료가 평가의 목적과 내용에 적합하지 않거나, 충분하지 않을 경우 추가적인 조사를 수행하여야 한다.

특히 신뢰도와 타당도는 자료 수집과 분석의 객관성을 나타내는 핵심 요소이다(Kirk & Mller, 1986). 조사를 실시할 경우 우선 예비조사를 거쳐 측정할 변수를 명확히 설정하고 변수에 적합한 측정방법을 선정한다. 이때, 높은 수준의 신뢰도와 타당도가 확보된 측정 도구를 개발하는 데 유의하도록 한다. 만약 프로그램 실행 초기 단계에서 이미 적절한 평가 측정도구가 존재한다면 서비스를 제공하기 이전부터 제공 후까지 개입의 전 과정에 관해 각각의 단계별로 비교할 수 있을 것이다. 좋은 평가 측정도구를 개발하는 것이 곧 평가의 성공으로 연결되는 만큼 평가하고자 하는 대상을 고려하는 동시에, 윤리적 사회적으로도 좋은 측정도구를 개발하는 데 노력을 기울여야 한다.

제4절 자료분석 단계

자료 분석의 목적은 수집된 자료를 편집하고 요약하여 해당 프로그램이 설정한 목적을 어느 정도 달성했는지의 수준을 밝히는 데 있다. 이 단계의 핵심과제는 수집된 자료를 정리하고, 최적의 분석방법을 적용하여, 결과를 해석하는 과정을 포함한다. 자료 분석단계에서는 프로그램의 목표 평가기준, 측정되어야 할 주요 변수, 측정도구의 종류, 내용의 질적인 측면 등을 고려하여야 한다. 구체적으로 프로그램이 얼마나 효과적인지, 효율적인지, 해당 지역사회에 충격을 주었는지를 사정하게 된다. 효과성(effectiveness)은 영향의 양적 산출크기가 얼마나 되는지에 초점을 맞추고 있는 반면 효율성(efficiency)은 효과에 비용의 개념을 도입하여 얼마나 저렴한 비용으로 큰 효과를 얻어냈는가를 중시한다.

반면 영향(impact)은 클라이언트가 받은 직접적 영향 외에 클라이언트 및 지역사회 내에 미치는 간접적인 영향까지 고려한다(Strauss & Corbin, 1998). 평가에 사용되는 자료 분석방법들은 매우 다양하며 추출한 자료의 성격에 따라 크게 양적 자료와 질적 자료로 분류된다. 평가자는 프로그램의 목표 달성 수준과 프로그램의 구성요소에 관한 정보를 얻기 위해 창의적이고 독특한 분석방법을 적용할 수도 있을 것이다. 평가자는 다른 프로그램들과 비교하여 프로그램의 가치와 프로그램의 광범위한 결과에 관해 추론할 수 있는 타당한 분석 방법을 선택해서 적용해야 한다.

자료를 분석하는 이유는 프로그램 설계 시 미리 세웠던 목표를 얼마만큼 달성했는지 뿐만 아니라 프로그램이 가지는 가치의 정도를 파악할 수 있기 때문이다.

제5절 결과 정리 및 보고단계

자료를 수집하고 분석한 후, 프로그램 평가자는 평가결과를 정리해 보고하게 된다. 평가자는 평가 요구자 또는 고객이 평가정보를 필요로 할때 정보를 쉽게 사용할 수 있는 형태로 고객에게 보고할 책임이 있다. 기존의 프로그램 개선을 위한 평가에서 평가자는 보통 프로그램 관리자에게 수시로 보고서를 제출해야 한다. 여기서는 서면 보고서, 메모, 회의록, 또는 전화 보고 등이 포함된다. 예산 지출 관련 회계자료가 포함되는 효율성 평가에서는 보다 상세한 평가보고서가 준비되어야 한다. 유사 프로그램 수행기관 또는 재원 조달기관에 보고하는 평가 보고서에는 평가 분석내용과 함께 프로그램의 특성, 평가의 목적과 방법, 결과에 대한 논의와 시사점을 포함한다.

평가보고서의 주요 기능은 다음 세 가지로 요약될 수 있다(Becker, 1986). 첫째, 주요 결과를 요약한다. 둘째, 현재와 미래의 전망에 대한 제언을 제시한다. 셋째, 평가의 첫 단계에서 마지막 단계에 이르는 동안의 전반적 사항을 종합한다.

제6절 결과 적용단계

프로그램 평가의 마지막 단계는 결과 적용단계로서 프로그램 평가결과를 도출하고 이 결과를 프로그램 개선 및 발전에 활용하는 단계이다. 자료의 분석결과를 검토할 때에는 특히 프로그램의 과정이 결과에 어떠한 영향을 주었는지 파악하여야 한다. 장기적인 기간에 걸쳐 진행되는 시계열 평가는 프로그램이 계획되기 이전부터 제공이 마무리된 후 어느 시점까지 각각의 단계에 걸쳐 또는 전체적으로 초기, 중기, 장기 등 시간의 순서로 묶어 평가를 실시하는 것을 말한다. 시계열 평가는 프로그램의 효과성·효율성을 명확히 알 수 있으며, 강화 노력이 어느 시점에서 얼마나 이루어져야 하는지 판단할 수 있다. 예를 들어 클라이언트를 대상으로 한 상담, 설문 조사결과를 통해 추가적인 프로그램 시행이 필요한지, 여러 프로그램들 중 어느 것이 더 적은 비용으로 최적의 효과를 내는지 등을 판단할 수 있는 것이다. 프로그램 평가의 결과는 실제 프로그램에 반영되어야 하는데, 향후 프로그램 기획 이전에 평가결과를 활용하는 것이 중요하다.

제10장
프로포절 작성과 프레젠테이션

학습목표

1. 프로포절을 이해하고 작성할 수 있다.
2. 프레젠테이션의 실제를 연습할 수 있다.

제1절 프로포절 이해

'프로포절(proposal)'은 사회복지기관 등에서 수행하고자 하는 프로그램의 내용을 설명하는 '사업제안서'를 의미한다. 사회복지기관에서 재정지원기관에 제안서를 제출하여 사업수행에 필요한 예산을 확보하는 과정을 포괄하는 의미이다(김태현, 2020).

사회복지기관에서는 기관 고유의 운영 프로그램 외에도 지역사회 요구도에 맞추거나 시기적으로 꼭 필요한 사업의 경우 프로그램을 개발하여 클라이언트에게 실질적인 복지 서비스를 제공하고자 노력한다. 새롭게 프로그램을 개발하여 수행하고자 할 때, 가장 먼저 고려 사항은 예산이다. 클라이언트에게 사회복지 서비스로 도움을 주기 위해서 예산확보가 필수적이다. 대부분 사회복지기관에서 외부에서 예산을 받고자 할 때 사업제안서를 제출한다. 사업제안서는 사업의 필요성이나 활동 내용, 필요예산, 기대효과 등에 관한 정보를 포함한다.

최근에는 사회복지공동모금회뿐만 아니라 많은 기업체나 공공기관에서도 공모사업을 운영하고 있다. 각 기업에서도 다양한 형태로 사회공헌활동을 하고 있고, 공공기관에서도 다양한 형태의 공모사업을 주관하고 있다. 프로포절은 지역사회와 주민의 욕구를 해결하기 위한 신규사업에 드는 예산을 확보하기 위해 사회복지기관에서 지원처(사회복지공동모금회, 기업, 공공기관 등)에 서면으로 제출하는 형식이다.

사회복지사(사회복지기관)는 프로그램 개발을 내포한 사업제안서를 사회복지공동모금회나 삼성복지재단과 같은 공모사업을 주관한 곳에 제출하여 예산확보를 시도한다. 사회복지 분야 재정지원사업을 가장 폭넓게 시행하고 있는 사회복지공동모금회나 삼성복지재단의 사업제안서가 표준화된 양식이라고 볼 수 있다.

두 기관의 제안서 내용은 비슷하지만, 사회복지공동모금회는 신청기관이나 운영법인에 대한 정보 비중이 높고 담당 인력과 자원 활동에 관한 내용이 들어 있어서 실제 운영상황을 많이 고려하는 편이다. 반면에 삼성복지재단은 지향 가치, 방향, 네트워크 구성이라는 항목을 별도로 편성하였다. 이는 사회복지실천의 가치와 지역사회와의 네트워크를 중요시한다는 것을 알 수 있다. 또한 사회복지공동모금회의 경우 공모사업 선정 심사를 '지원사업에 대한 예비심사→서류심사→면접심사→현장심사'의 방법으로 한다. 심사 기준으로 사업 수행기관의 신뢰성, 목표 달성을 위한 사업 적합성, 사업 주제에 부합되는 산출·성과의 실현 가능성을 본다. 반면에 삼성복지재단은 공모사업 선정 심사를 '온라인 서류심사→사업제안서 심사→면접 및 현장 심사'의 방법으로 한다. 심사 기준으로 프로그램 기획력, 참신성, 전문성, 구성요건, 전문인력의 개입, 기관의 참여도 등을 본다. 이처럼 재정 지원하는 공모사업 주관 기관에 따라 공모 선정 시 제안서에서 주안점을 두는 부분이나 심사방법·심사 기준이 다르기에 각 기관 홈페이지를 통해 자세한 내용을 확인하는 것이 좋다.

제2절 프로포절 작성

재정 지원처(사회복지공동모금회, 공공기관, 민간기관 등)에서 지원사업의 방향이나 내용, 방법 등의 기준을 '사업제안서(프로포절) 작성요령 매뉴얼'으로 제공해 준다. 사회복지공동모금회도 매년 배분 사업 안내 책자를 발간하여 참고할 수 있도록 하고 있고, 삼성복지재단도 관련 매뉴얼을 발간한다.

사업제안서를 작성하는 데 있어서 중요한 것은 '사업제안서'에 꼭 필요한 세부 내용이 논리적인 흐름에 따라 명확한 용어로 기술되는 것이다. 김상곤 외(2015)는 사업제안서 작성의 중요한 기술로서 다음과 같이 참고사항을 정리하였다.

- 한눈에 드러나는 사업개요를 작성하기
- 인상적인 사업명을 짓기
- 설득력 있게 사업의 필요성을 기술하기
- 기초가 튼튼한 이론적 배경 제시하기
- 목적과 목표를 올바르게 수립하기
- 대상자의 범위와 선정 방법을 객관적으로 표현하기
- 사업의 내용을 논리성과 참신성이 느껴지도록 기술하기
- 체계적인 평가계획 수립하기
- 예산을 합리적으로 수립하기

사업제안서 작성을 제대로 하기 위해서는 먼저 프로포절 신청 과정에 대한 명확한 이해가 있어야 한다. 홈페이지를 통해 공모사업에 대해 지원처(사회복지공동모금회 등)가 공지 한다. 공지 사항과 첨부 서류를 꼭 다운로드 및 출력 인쇄하여 서류를 꼼꼼히 검토한다. 공지 사항에서 꼭 검토해야 할 사항에 대해 김태현(2020)은 다음과 같이 제시하였다.

- 전체 공모사업명, 지원처에서 제시하는 공모사업의 목적
- 공모사업 지원 대상

– 공모사업 내용: 지원처에서 제시하는 내용
– 사업 예산 부분, 사업 기간
– 심사 기준: 사업수행 능력, 사업 적합성, 실현 가능성 등
– 제출서류, 제출 방법

지원처에서 제시한 내용을 충분히 검토하고, 그 내용을 프로포절에 필수적으로 포함되도록 한다. 신청서 작성 후 제출할 때 유의할 점은 다음과 같다.

〈표 10–1〉 신청서 작성 · 제출 유의 사항

– 지원처에서 제공한 공지문 등의 서류를 명확히 검토하고, 제시한 내용을 근거로 명확하게 논리적으로 신청서 및 계획서를 작성하기 – 수많은 기관으로부터 신청서 및 계획서가 제출됨에 따라서 선정되기 위해서는 사업제안서에 '우리 기관만의 차별화 전략'을 포함하기 – 제출 기간을 엄수하되, 가능한 한 마감일보다 2~3일 전에 제출하기 – 기타 첨부 서류도 꼼꼼히 검토하고 빠짐없이 제출하기

출처: 김태현, 사회복지사라면 김과장의 프로포절처럼(2020: 56)

프로포절을 제출한 경우 대부분 적격심사 과정은 통과한다. 그러나 여러 사소한 부분으로 적격심사에서 탈락한 예도 있다. 예를 들어 공지 사항에 분명히 '프로그램 진행비를 지원'하는 것으로 공모사업을 게시하였음에도 '차량 지원이나 인건비'로 작성하면 적격심사 과정에서 떨어지게 된다. 지원처가 원하는 부분을 정확히 파악하고 충분히 검토하여 프로포절을 작성하는 것이 매우 중요하다. 지원처에서 제출된 제안서를 처음 검토할 때 하는 절차가 적격심사인데 기준은 다음의 〈표 10–2〉와 같다.

〈표 10–2〉 적격심사 과정 체크리스트

번호	내용
1	기준에 부합하는 사업인가?
2	신청기관의 자격 및 요건을 갖추고 있는가?
3	사업 및 예산 계획, 법인증명서 등 관련 자료를 구비하고 있는가?

번호	내용
4	사업 프로그램 없이 인건비 또는 운영비만 요청하고 있는가?
5	동일한 사업으로 국가, 지방자치단체, 타 기관으로부터 지원을 받고 있는가?
6	예산이 과잉 책정되어 있는가?

출처: 김태현,. 사회복지사라면 김과장의 프로포절처럼(2020: 56)

신청한 공모사업에 대해 현장 심사 및 면접과정이 주어진다면 공모사업에 선정될 가능성이 좀 커졌다는 것을 의미한다. 현장심사 및 면접의 기회를 적극적으로 활용하여 실제 선정되는 데 전략적으로 노력을 기울여야 한다. 신청서에 기술한 내용이 정말 그러한지를 실제로 확인하기 위해 오는 것이다. 프로그램을 수행할 만한 전용 공간이 정말 존재하는지, 전용 공간에서 프로그램 진행이 가능한지, 차량 지원이라고 하면 정말 차를 지원받아야 할 만큼 기존의 차가 노후화되었는지를 확인하려고 한다. 면접 과정을 준다면, 우리 기관만의 차별화된 전략으로 접근해야 한다. 제출했던 사업제안서를 꼼꼼히 다시 한번 검토한다. 서류 제출 후 한 달 정도 뒤에 면접이 이뤄지기 때문에 사전에 제출한 계획서를 객관적인 시각으로 살펴본다. 계획서 제출 시에 간과했던 부분이 발견된다면 면접에서 강조하여 발표하면 된다.

제3절 프로포절 연습

사람에게 첫인상이 중요하듯, 사회복지기관이나 개인이 재정적인 지원을 받기 위해서는 '1 page proposal'을 통해 참신하고 결정적인 보고자료(기획서)를 만드는 것이 중요하다. 기획서는 특정한 프로그램에 대한 실행 과정을 수행하도록 공모사업 선정 기관이나 재정 지원 기관으로부터 인적·물적 자원을 받기 위해 작성하는 것이다.

'1 page proposal'은 사업표지와 같은 역할을 하고, 요약보고서이기도 하다. 또한 이것을 읽는 사람이 의사결정을 내리는 데 필요한 모든 정보를 담고 있어야 하고 설득력 있는 내용으로 작성되어야 한다. 사회복지 분야에서 프로그램의 기획서를 통해 수행하고자 하는 프로그램에 대한 정보 제공도 하지만, 해당 사회복지기관의 비전, 지식, 열정을 포함하기도 한다. 정무성(2005)은 '1 page proposal'을 작성하는 절차를 다음과 같이 설명한다(정무성, 2005; Patrick G. Riley, 2002).

I. 1 Page Proposal 실제

1) 1 Page Proposal 작성 유의 사항

공모사업에 신청하거나 사업 성과보고서를 작성할 때, 한 장 분량의 사업개요를 담은 문서를 '1 Page Proposal'이라고 한다. 이를 작성하기 위해서 전체적인 틀을 먼저 구성하는 것이 좋다. 제목과 부제 결정→목적과 목표→필요성→현황 파악→예산→세부 사업 제시(사업 기간 포함) 순으로 1 Page Proposal을 완성해 나간다. 즉, 사회복지사로서 사회문제나 클라이언트의 욕구 등에 관하여 수집한 정보나 공모사업 주제를 중심으로 전체적인 틀을 만들고 이를'1 Page Proposal'로 변환한다.

'제목'은 사업계획서나 보고서 작성할 때 '제목'을 쓸 때 유의 사항이 그대로 적용된다. 즉 한눈에 누구를 대상으로 하는 어떤 사업을 하겠다고 하는지 논리적으로 드러날 수 있게 작성하는 것이 좋다. '부제'는 제목을 보완하면서도 매력적인 설득력 있는 단어를 사용하여 광고 카피처럼 흥미를 유발할 수 있어야 한다. '목표'는 '동사'로 문장을 끝내고, 성과목표 형식으로 작성한다. '사업의 필요성'은 육하원칙과 같은 논리적 근거를 제시하면서 설득력 있는 내용으로 기술한다. '현황 파악'은 사업 관련 사회문제나 해결해야 할 요소들을 기술한다. '예산'은 인건비, 사업비, 관리운영비로 세분하여 기술한다. '세부사업 제시'는 실행 가능한 사업 내용을 간략하게 기술한다. 기타 항목으로는 연계기관이나 네트워크가 필요한 경우에는 이를 명시하는 것도 좋다.

2) 1 Page Proposal 사례

사회복지공동모금회의 공모사업에서 '사업개요' 부분을 응용하여 필자는 사회복지 현장에 있을 때 '1 Page Proposal' 양식을 다음의 〈표 10-3〉과 같이 구성하였다.

〈표 10-3〉 1 Page Proposal

<table>
<tr><td>사 업 명</td><td colspan="6"></td></tr>
<tr><td>사업기간</td><td colspan="3"></td><td>서비스
지역</td><td colspan="2"></td></tr>
<tr><td>서비스 대상</td><td colspan="3"></td><td>실인원 수</td><td colspan="2"></td></tr>
<tr><td>서비스 단가</td><td colspan="3">원 (산출식 = 총사업비 ÷ 실인원)</td><td>투입 인력</td><td colspan="2">명</td></tr>
<tr><td>사업목적</td><td colspan="6"></td></tr>
<tr><td rowspan="4">목표</td><td colspan="3">목표</td><td colspan="3">측정 지표</td></tr>
<tr><td colspan="3"></td><td colspan="3"></td></tr>
<tr><td colspan="3"></td><td colspan="3"></td></tr>
<tr><td colspan="3"></td><td colspan="3"></td></tr>
<tr><td>주요 사업
내용 요약
(필요성, 세부
프로그램명,
주요 내용,
기대효과를
서술형으로 작성)</td><td colspan="6"></td></tr>
<tr><td>예　산</td><td>총 사업비
(신청금+자부담)</td><td colspan="2">원</td><td>신청 금액</td><td colspan="2">원</td></tr>
<tr><td rowspan="2">신청금액의
세부내역</td><td rowspan="2">인건비</td><td>원</td><td rowspan="2">사업비</td><td>원</td><td rowspan="2">관리
운영비
%</td><td>원</td></tr>
<tr><td>%</td><td>%</td><td></td></tr>
</table>

우수명(2004)은 '1 Page Proposal' 양식을 줄이나 칸을 활용한 표 디자인이 아닌 서술형 디자인인 다음의 〈표 10-4〉와 같이 구성하였다.

〈표 10-4〉 2004년 밑반찬 서비스 계획(안)

1. 목 적

지역사회 보호를 지향하는 ○○종합사회복지관 재가복지봉사센터에서는 거동 불편이나 경제적 어려움으로 충분한 반찬거리를 준비하기 어려운 어르신들을 대상으로 매주 2회, 매회 3찬의 밑반찬을 제공하고자 함. 이는 규칙적인 밑반찬을 제공받음으로 건강한 식생활이 되는 데 도움이 되고, 밑반찬 배달을 하는 자원봉사자들은 말벗 도우미 역할을 수행함으로 어르신들의 외로움과 사회적 단절감을 해소하는 데 도움이 되고자 한다.

2. 목 표

목표 1) 저소득 노인의 규칙적인 식생활이 이루어지도록 함.
목표 2) 저소득 노인의 외로움과 사회적 단절감 해소

3. 대 상

사례관리대상 저소득 노인으로 2004년 1년간 실인원 50명, 연인원 5,200명에게 주 2회 제공

4. 세부프로그램(목표별 프로그램)

프로그램 1-1. 매주 2회, 매회 3찬의 밑반찬 제공
프로그램 1-2. 연 2회 명절 특식 제공
프로그램 1-3. 월 2회 후원 특식 제공
프로그램 1-4. 배달자원봉사자를 통한 규칙적인 식생활 점검 및 도움 제공
프로그램 2-1. 매회 배달 봉사자를 통한 30분 이상의 말벗 서비스 제공
프로그램 2-2. 월 1회 이상 노인잔치 및 야외나들이 등 복지관 정보의 제공
프로그램 2-3. 분기 1회 이상 사회복지사의 방문을 통한 지속적인 사례관리 시행

5. 프로그램 진행 일정

1. 메뉴 선정(매월 말일 5일 전)
2. 밑반찬 재료 주문(매주 월 · 목/오후1시)
3. 자원봉사자 확인 전화(매주 월 · 목)
4. 밑반찬 만들기(매주 화 · 금/오후2시~4시)
5. 밑반찬 배달(매주 화 · 금/오후4시)
6. 밑반찬 종결(매주 화 · 금/오후 6시)
7. 밑반찬 전산입력(매주 토)

6. 업무담당

1. 이정호 재가복지과장(1명): 프로그램 슈퍼비전
2. 김갑록 사회복지사(1명): 주 담당, 프로그램 추진, 진행 /자원 봉사자 관리
3. 기타(2명):후원품 담당 사회복지사(1명), 청소년 자원봉사자 관리 담당 사회복지사(1명)

7. 예 산

밑반찬 재료비	35명×52주×2회×2,500원	= 9,100,000
명절특식비	35명×6회×5,000원	= 1,050,000
배달자원봉사자 교통비	50,000원×12개월	= 600,000
합계		10,750,000원
	시비 520,000/구비 9,630,000/자부담 6,000,000	

출처: 우수명(2004). TP 사회복지 프로그램 개발과 평가, 인간과복지.

2. 사업계획서 실제

1) 사업명

사업명은 사업의 대상, 목적, 방법이 한눈에 명확하게 드러나도록 정하는 것이 좋다. 대상, 주제, 변화 방향 등을 제시하고, 부제를 덧붙여서 사업명을 만들기도 한다. 사업계획서 작성을 시작하면서 완성형 한 줄 사업명을 만들기 위해 고심하다 보면 사업계획서 작성 진도가 더딜 수 있다. 그러므로 사업명을 프로포절 작성 초반부터 완성해서 고정하기보다는 미완의 상태인 가제(假題)로 만들어 놓고 다음 단계의 사업계획서 작성 진도를 나가는 것이 좋다. 프로포절 작성을 마무리하는 단계에 가서 제목도 확정하도록 한다. 예를 들어 '2021공동체 활동지원 주민공모사업–독서취약계층 아동에게 부모가 되어 정서적 지지자 찾아주기: 북(Book)극성'은 2021 창원복지재단 사회복지 우수프로그램 사례집에 나온 사업명이다. 사업의 대상(독서 취약계층 아동), 목적(부모가 되어 정서적 지지), 방법(Book 활용)이 한눈에 드러나도록 사업명이 잘 작성되었다.

2) 사업의 필요성

사회복지사의 주관적인 의견으로 사업의 필요성을 기술하는 것을 지양하기 위하여, 육하원칙과 같은 논리적 근거를 중심으로 작성하는 것이 필요하다. 사업의 필요성을 뒷받침할 만한 연구 논문이나 통계 자료를 제시하여 객관성을 높일 수 있다. 클라이언트(대상자) 관련 사회문제를 둘러싼 자료(지역주민 욕구 조사, 면담, 공청회, 지역사회 연구자료, 통계자료, 복지기준선 자료 등)를 다양하게 수집하고 사업이 필요한 이유와 프로그램 개발 배경을 서술한다. 학술검색엔진(예 riss4u, google scholar 등)을 활용하여 논리적 근거를 확보하는 것도 좋다. 또한 기존에 개발된 관련 사회복지 프로그램(예 사회복지공동모금회 배분사례집, 우수프로그램 사례집 등)에 대한 검토를 기반으로 사업의 필요성을 설명할 수도 있다.

3) 대상자

사업을 누구를 위하여 진행하려고 계획하고 있는지는 중요한 부분이다. 그러므로 누구를 대상으로 사업을 시행하는지, 누가 사업에 참여하는지, 그 대상에 대해 명확하게 기술하여야 한다. '핵심참여자'와 '주변참여자'로 구분하여 기술하는 경우가 있다. '핵심참여자'는 성과목표 달성 여부와 직결되는 사람이 해당하며, '주변참여자'는 성과목표를 달성하거나 핵심참여자의 변화를 촉진하는 데 매우 밀접한 연관이 있는 주변 사람을 말한다.

4) 목적과 목표

사업의 궁극적인 지향점으로서의 목적과 목적 달성을 위한 세부 지표로서의 목표를 정리한다. 목적은 목표보다 큰 개념으로 추구하고자 하는 사업 방향을 의미한다. 즉 누구의 어떤 문제를 어떻게 변화시킬 것인가에 대한 답이 목적이다.

사업목표는 사업목적을 달성하기 위하여 구체적으로 실현되어야 할 방법과 내용, 계량화된 목표 수치 등을 포함한다. 이것은 사업의 성과나 효과성을 측정하기 위한 지표가 된다. 따라서 세부 목표를 설정할 때는 가급적 수량화시킬 수 있거나 구체적·명시적으로 작성해야 한다.

예를 들어 '2021공동체 활동지원 주민공모사업–독서취약계층 아동에게 부모가 되어 정서적 지지자 찾아주기: 북(Book)극성' 사업에서 목적과 목표는 다음과 같다.

〈표 10-5〉 목적과 목표

ㅇ목적: 공공도서관과 연계하여 지역아동센터 아동들이 손쉽게 책을 접할 수 있는 '책 읽는 환경'을 조성하고, 책 읽기가 습관화, 생활화될 수 있는 '매일 독서'를 진행하여 아동 · 청소년의 특성을 고려한 독서 문화 특화 프로그램으로 미래를 준비할 기회를 제공함을 목적으로 한다.

ㅇ목표 및 평가방법

성과목표	산출목표	성과지표	평가도구 및 방법
① 지역사회 전문인력과 연계한 문화 특화 프로그램을 구성하여 독서활동으로 문화특화프로그램에 참여할 수 있다. ② 매월 100권의 책을 대여하여 마을활동가 선생님들과 함께 책을 읽고 책을 활용한 프로그램에 참여한다.	연 122회기 프로그램참여	① 프로그램 참여 비율 ② 사전 · 사후 척도 지표 ③ 아동 의견 반영 개별목표 달성 평가서	① 정량평가 :프로그램 사전 · 사후 평가서 (프로그램참여 및 정서 안정 척도) ② 정성평가 :아동 개별 목표 달성 평가서 ③ 아동자치회의 결과 및 계획수립 교사 회의록: 아동 의견반영

출처: 2021 창원복지재단 사회복지 우수프로그램 사례집

5) 세부 프로그램

세부 프로그램은 설정한 목표를 달성하기 위한 주요 사업 내용을 말한다. 세부 프로그램 간에는 상호 연계성이 있어야 하며, 세부 사업별 수행방법, 횟수, 일정 등을 구체적으로 작성해야 한다.

세부 프로그램은 프로포절을 작성할 때 비교적 많은 시간이 소요되는 부분이다. 세부 사업 내용을 변경하면 나머지 다른 부분들도 수정해야 할 정도로 유기적으로 연동되어 있는 편이다. 사업 추진 일정은 서술형 문장보다는 한눈에 파악하기 쉽게 활동명 위주로 작성하는 것이 좋다.

다음은 사회복지공동모금회 프로포절 양식 중에서 성과중심형 세부 프로그램과 사업진행 일정의 예시이다.

〈표 10-6〉 성과중심형 사업내용

세부 사업명	활동(수행방법)
맞춤형 서비스 지원	ㅁ상담 · 심리치료: 담당자의 가정 방문을 통한 문제 파악 및 해결 방안 모색(가정별 5회), 전문 심리 검사(가정별 1회), 심리치료(가정별 6회) ㅁ일상생활 지원: 주거환경 개선, 긴급 생계지원, 학습지원 등 서비스 연계(가정별 1회) ㅁ사례회의: 참여자 및 사업 담당자 대상 사례별 진행 상황 점검 및 상호 피드백 실시(1회) ㅁ정신 건강 지원: 정신의학 전문가 진단에 따라 치료, 정신과 진료지원(10가정 선정, 가정별 1회)
양육교육 프로그램	ㅁ담당자 상담을 통한 양육교육이 필요한 10가정 선정 ㅁ전문기관 연계를 통한 양육기술 상담 교육 – 행위자 초기 상담, 종합심리평가, 양육태도검사 각 1회 실시 – 양육태도 및 감정코칭 등 전문가를 통한 교육 2회 실시

출처: 사회복지공동모금회(2018a). 2018년 배분사업 안내서.

〈표 10-7〉 사업 진행 일정(추진 일정)

주요내용 \ 기간		1월	2월	3월	4월	5월	6월	7월	8월	9월	10월	11월	12월
참여자선정		■	■										
맞춤형 서비스 지원	상담/심리치료				■	■	■	■	■	■	■	■	■
	일상/정신건강 지원					■	■	■	■	■	■	■	■
	사례회의					■		■		■		■	
양육교육 프로그램	초기상담/검사					■	■						
	교육진행							■	■	■	■	■	

출처: 사회복지공동모금회(2018a). 2018년 배분사업 안내서.

6) 기관 연계 및 네트워크

사회복지는 지역사회 내의 사회문제를 해결하기 위한 접근이 많다. 지역 사회 문제는 단일 기관만의 사업 추진도 가능하지만, 보다 서비스 대상 만족을 위해서는 여러 기관이 연합하여 참여하기도 한다. 사업의 특성상 여러 기관이 연합하여 참여하는 컨소시엄 사업도 있고, 기관의 특성상 네트워크를 구축하여 사업하는 것이 필요한 때도 있다.

기관 연계 및 네트워크를 위해서는 사업 수행기관과 협력기관의 역할을 명확히 제시해야 하고, 어떤 방법과 어느 시기에 협력할지에 대해 명문화해놓고 공문 형식으로 전달 보관하는 것이 좋다. 다음은 기관 연계 협력에 대한 사회복지공동모금회에서 제시한 예이다.

〈표 10-8〉 기관 연계 협력

협력기관명	세부사업명	협력계획	비고
△△장애인종합 사회복지관	재가 장애인 영양교육	ㅁ본기관: 참여자 발굴 협조 요청, 사업수행 관련 자문 요청 ㅁ협력기관: 참여자 의뢰 및 정보 제공, 사업수행 관련 자문 제공, 본 기관과 공동 모니터링	
ㅁㅁ구 복지행정팀	긴급지원 기금모금	ㅁ본기관: 사업 홍보 콘텐츠 제공, 기금 및 후원자 관리 ㅁ협력기관: 본 기관과 공동모금행사 주관, ㅇㅇ단지 입주기업 대상 사업 홍보	MOU 체결 예정

출처: 사회복지공동모금회(2018a). 2018년 배분사업 안내서.

7) 예산

예산 산출 항목은 일반적으로 인건비, 사업비, 관리운영비로 구분한다. 인건비는 사업을 직접적으로 수행하는 인력에 투입되는 비용이다. 예를 들어 프로그램 담당자, 보조 담당자 인건비가 해당된다. 사업비는 프로그램 수행에 필요한 직접 비용이다. 실인원수에게 제공되는 서비스에 필요한 비용이다. 예를 들어 강사비,

자원봉사자 관리비, 자문비, 회의비, 행사 진행비, 홍보물품 구입, 프로그램 준비물 구입, 사업결과보고서/결과물 제작 등이 해당한다. 관리운영비는 프로그램의 수행에 필요한 간접비용으로 사업 관리에 필요한 것이다. 예를 들어 사무용품, 냉난방비, 우편료, 사업 진행 교통비 등이 해당한다.

세목은 세부 사업별로 작성하고, 단위가 큰 경우에는 세세 목으로 구분하여 작성하기도 한다. 또한 사업과 예산이 일관성이 있어야 한다. 즉 세부 사업명 및 활동–사업진행 일정–예산 편성이 일관성 있게 연결되어야 한다. 산출근거는 실제 단가, 수량, 인원수, 건수, 횟수 등을 구체적으로 기록하고, 해당 공모사업 배분기관의 '예산편성기준표'를 준수하여 작성하여야 한다. 다음의 사회복지 프로그램 예산의 예시이다.

〈표 10–9〉 예산 예시

목	세목	세세목	계	산출 근거	예산 조달 계획				
					신청금액	비율 (%)	자부담	비율 (%)	자부담 재원
총 계			52,150,000		48,900,000	100	3,250,000	100	
인건비	전담 인력	급여	16,000,000	1,600,000원 × 10개월 × 1명	16,000,000				
		사회 보험	1,750,000	175,000원 × 10개월 × 1명			1,750,000		자체 예산
	소 계		17,750,000		16,000,000	32.7	1,750,000	53.8	
사업비	맞춤형 서비스 지원	상담/심리	17,500,000	가정 방문 다과 10,000원 × 20가정 × 5회			1,000,000		자체 예산
				심리 검사 200,000원 × 20가정 × 1회	4,000,000				
				심리 치료비 100,000원 × 20가정 × 6회	12,000,000				
				사례 회의 자문 및 진행비 100,000원 × 5회			500,000		자체 예산

사업비	맞춤형 서비스 지원	심화 프로그램	4,000,000	전문상담 100,000원 × 10가정 × 1회	1,000,000				
				정신과 진료 지원 300,000원 × 10가정 × 1회	3,000,000				
	양육교육 프로그램	양육 기술 상담 교육	12,000,000	강사비 (특별강사, 2시간) 400,000원 × 20회	8,000,000				
				교재, 교구 200,000원 × 10회	2,000,000				
				교육진행비 100,000원 × 20회	2,000,000				
소 계			33,500,000		32,000,000	65.4	1,500,000	46.2	
관리운영비	관리운영비	교통비	600,000	50,000원 × 12개월 × 1명	600,000				
		사무용품비	300,000	100,000원 × 3회	300,000				
	소 계		900,000		900,000	1.9			

출처: 사회복지공동모금회(2018a). 2018년 배분사업 안내서.

8) 목표에 대한 평가방법

목표에 대한 평가를 위해서 먼저 '산출'과 '성과'를 분명히 하여 사업의 효과를 측정하여야 한다. 산출은 프로그램 활동의 결과로 나타나는 직접적인 산출물을 의미한다. 일반적으로 프로그램 수행 실적이라고 볼 수 있다. 예를 들어, 상담 건수, 참석한 클라이언트 인원수, 배포된 교육자료, 교육시행 횟수, 식사 배달 횟수, 서비스 제공 시간 등이 '산출'에 해당된다. 성과는 프로그램참여로 인하여 참여자가 얻은 변화, 효과, 이익, 혜택 등을 말한다. 예를 들어, 직장을 구함, 가계소득 향상, 읽기·학습 기술 향상, 긍정적 의사소통의 필요성 인식 등이 '성과'에 해당한다.

목표에 대한 평가는 양적 평가와 질적 평가가 있다. 사업 효과 측정에 적합한 설문지(척도)를 통해 얻은 양적 자료를 통계로 분석하여 프로그램 효과를 측정하는 것은 양적 평가이다. 신뢰도나 타당도가 검증된 척도여야 하며, 통계분석 결과로 효과를 추론하게 된다. 인터뷰나 참여관찰, 소감문 작성은 대표적인 질적 평가이다. 양적 평가로는 파악하기 어려운 요소를 심층적으로 평가할 수 있다.

다음은 사회복지공동모금회에서 제시한 산출목표 및 성과목표에 관한 내용이다.

〈표 10-10〉 산출목표 및 모니터링 방법

세부 사업명	산출목표	모니터링 방법
맞춤형 서비스 지원	ㅁ20가정 일반상담 5회, 총 100회 실시	ㅁ방문 일자별 상담기록 작성
	ㅁ20가정 심리치료 6회, 총 120회 실시	ㅁ검사 결과/치료일지 확인
	ㅁ서비스 통합 사례회의 5회 실시	ㅁ사례 회의록 작성
	ㅁ일상생활 지원 가정별 1회, 총 20회 실시	ㅁ자원연계 내역 기록
양육교육 프로그램	ㅁ전문가 상담 및 교육 가정별 2회, 총 20회 진행	ㅁ교육일지 및 상담 기록 작성
심리정서 지원	ㅁ자기회복 프로그램 연 2회 실시	ㅁ프로그램 계획서/결과 보고 작성
직업역량 강화	ㅁ기초교육 탈락률 5% 미만	ㅁ교육일지/출석부 확인
	ㅁ전문 진로상담 2회, 총 40회	ㅁ진로상담일지 확인
인턴십센터 설립	ㅁ유휴공간 확보 1곳	ㅁ임대차계약서 작성

출처: 사회복지공동모금회(2018a)

〈표 10-11〉 성과목표 및 평가방법

성과목표	평가도구 및 방법	측정 시기
아동학대 행위자의 학대 위험요인 감소	ㅁ성과지표: 학대 위험 20% 감소 ㅁ평가도구: 학대위험도 평가 척도 ㅁ평가방법: 학대행위자 20가정 대상 사전 · 사후 설문조사	ㅁ사전(2월) ㅁ사후(12월)

아동학대 행위자의 부모 양육태도 향상	ㅁ성과지표: 부모양육태도 20% 향상 ㅁ평가도구: 부모양육태도검사 척도 ㅁ평가방법: 부모, 가족구성원 사전 · 사후 설문조사	ㅁ사전(4월) ㅁ사후(12월)
아동학대 피해가정 가족기능 강화	ㅁ평가주체: 본 기관 담당자 ㅁ평가방법: 참여자 20 가정 대상으로 구조화된 질문지를 통해 인터뷰 실시	ㅁ사업종료 후(12월)
참여자 자립역량 강화	ㅁ성과지표: 자아존중감 30% 향상 ㅁ평가도구: 자아존중감 척도 ㅁ평가방법: 참여자 대상 사전 · 사후, 중간 설문조사	ㅁ사업 시행 전 ㅁ중간(1차 연도 종료 시) ㅁ사후(3차 연도 종료 시)
	ㅁ평가주체: 사업 담당자 ㅁ평가방법: 참여자 인터뷰와 인턴십 참여관찰을 통해 근로 동기 향상 정도 확인	ㅁ인터뷰(매년 12월) ㅁ참여 관찰(인턴십 진행 과정 중 월 1회)

출처: 사회복지공동모금회(2018a)

성과측정에 활용될 수 있는 척도 관련하여 연구에 근거하여 사회복지공동모금회에서 제시한 척도집이 있다. 총 7개 영역(① 자아개념 및 개인의 인식과 태도, ② 건강, ③ 사회적 기능, ④ 가족, ⑤ 사회적 관계망, ⑥ 커뮤니티 임팩트, ⑦ 그 밖의 척도들)으로 구분하여 다음과 같이 제시하였다(사회복지공동모금회(2018a)).

	영역별 주제	관련 척도	
1	자아개념 및 개인의 인식과 태도	ㅁ자기효능감 척도 ㅁ자아통합감 척도 ㅁ삶의 만족도 척도	ㅁ자아존중감 척도 ㅁ성역할 태도 척도 ㅁ노인 생활 만족도 척도
2	건강	ㅁ스트레스 척도 ㅁ한국어판 Beck의 무망감 척도 ㅁ한국판 단축형 노인 우울 척도 ㅁ청소년 자살 생각 척 ㅁ신체건강행동 측정 척도 ㅁ한국판 청소년 도박중독 진단 척도	ㅁ경제적 스트레스 척도 ㅁ우울 척도 ㅁ아동 · 청소년 우울척도 ㅁ한국판 일반정신건강 척도 ㅁ음주심각성 척도 ㅁ성인용 스마트폰 중독 척도

	영역별 주제	관련 척도	
3	사회적 기능	ㅁ문제해결능력 척도 ㅁ사회적 책임감 척도 ㅁ청소년용 탄력성 척도 ㅁ학교생활 적응 척도 ㅁ한국판 단축형 자기통제 척도 ㅁ사회불안 척도 ㅁ한국형 수단적 일상생활수행능력 척도	ㅁ사회성 척도 ㅁ한국판 사회적 유능성 척도 ㅁ학교적응 유연성 척도 ㅁ충동적 공격성 척도 ㅁ자기조절 척도 ㅁ한국형 일상생활수행능력 척도 ㅁ성인용 애도 척도
4	가족	ㅁ가족의사소통 척도 ㅁ가족 사정 척도 ㅁ축약형 가족관계 척도 ㅁ부부 친밀감 척도 ㅁ자녀용 부모자녀관계 척도 ㅁ부모역할 만족도 척도 ㅁ한국형 청소년용 부모양육태도 척도 ㅁ양육행동 척도 ㅁ양육협력 척도 ㅁ양육스트레스 척도 ㅁ방임 척도	ㅁ가족 적응성 및 응집성 평가 척도 ㅁ가족 자원 척도 ㅁ부부 적응 척도 ㅁ결혼 만족도 척도 ㅁ갈등 전술 척도 ㅁ아버지 역할 척도 ㅁ부모 양육태도 척도 ㅁ어머니 양육행동 척도 ㅁ부모 · 동료애착 척도 ㅁ양육불안 척도 ㅁ부양부담 척도
5	사회적 관계망	ㅁ사회적 지지 척도 ㅁ사회참여 태도 척도 ㅁ사회적 차별 척도 ㅁ대인관계 유능성 척도 ㅁ또래관계 질 척도 ㅁ청소년 외로움 척도 ㅁ학교폭력 가해행동 척도	ㅁ사회참여 척도 ㅁ사회적 안녕감 척도 ㅁ사회불안 척도 ㅁ또래관계 척도 ㅁ대인관계 조화 척도 ㅁ또래 괴롭힘 척도
6	커뮤니티 임팩트	ㅁ네트워크 필요성 인식 척도 ㅁ네트워크 지원수준 척도 ㅁ지역사회 자본 척도 ㅁ사회자본 척도 ㅁ이웃유대 척도 ㅁ지역공동체 의식 척도 ㅁ사회통합 척도 ㅁ동네애착 척도 ㅁ집합적 효능감 척도 ㅁ동네무질서 척도 ㅁ사회복지사 지역사회조직사업 역할 수행 척도	ㅁ네트워크 체계적 요인 척도 ㅁ네트워크 효과성 인식 척도 ㅁ사회적 자본 척도 ㅁ지역사회 문제해결 능력 척도 ㅁ마을 만들기 참여 척도 ㅁ공동체 의식 척도 ㅁ동네응집력 척도 ㅁ정신장애인 지역사회통합 척도 ㅁ지역사회 역량강화 척도 ㅁ기업사회공헌활동 척도

	영역별 주제	관련 척도	
7	그 밖의 척도들	▫문화적응 스트레스 척도 ▫청소년 다문화 인식 척도 ▫노화태도 척도 ▫지각된 노인 낙인 척도 ▫장애 정체감 척도 ▫정신장애인 전반적 사회기능 척도 ▫한국형 고용 희망 척도 ▫자원봉사활동 참여동기 척도 ▫사회복지서비스 이용자 만족도 척도 ▫지역사회복지관 서비스품질관리 척도 ▫정신사회 재활서비스 사정 및 성과평가 척도	▫학교 다문화 분위기 척도 ▫성공적 노화 척도 ▫노인의 사회적 가치 평가 척도 ▫노인학대 척도 ▫장애 수용 척도 ▫자활 의지 척도 ▫자원봉사활동 만족도 척도 ▫감정노동 척도

출처: 사회복지공동모금회(2018a)

제4절 프레젠테이션

I. 보고서

프로그램 개발과 더불어 프로포절 작성과 제출용 보고서로 행정적 서류를 준비한다. 공모사업 신청의 기본이 되는 문서가 보고서다. 보고서 작성을 하면서 프로그램 개발이나 프로포절 작성 시 간과한 부분을 확인해서 보완할 수 있다. 프레젠테이션에 꼭 포함해야 할 부분과 강조할 부분 등 핵심 내용을 한 번 더 점검할 수도 있다. 또한 보고서는 최종 의사결정자의 결정을 돕는 역할을 한다.

포장을 제대로 하지 않고 선물만 덩그러니 주는 경우 받는 태도에서 당황스러울 수 있고, 선물한 사람이 제공하고자 했던 가치와 의미가 축소되거나 왜곡될 수 있다. 사업제안서에 담긴 내용이 매우 논리적이고 창의적인 사업 기획이라 하더라고 체계적인 디자인으로 잘 정리되지 않으면 사업 선정(결정)에 누락되어질 수 있다. 김상곤 외(2015)는 사업제안서를 작성하는 데 중요한 기술에 대해 다음과 같이 설명하고 있다. ① 한눈에 드러나는 사업개요 작성하기, ② 인상적인 사업명 짓기, ③ 설득력 있게 사업 필요성 기술하기, ④ 기초가 튼튼한 이론적 배경 제시하기, ⑤ 올바르게 목적, 목표 수립하기 ⑥ 대상자 범위와 선정 방법 객관적으로 표현하기, ⑦ 사업 내용을 논리성과 참신성이 느껴지도록 기술하기, ⑧ 체계적인 평가계획 수립하기, ⑨ 합리적으로 예산 수립하기이다(박재연·배은경, 2021: 166, 재인용).

일반적으로 사회복지기관에서는 무수히 많은 보고서를 작성한다. 여기서는 프로포절(사업제안서) 보고서뿐만 아니라 사회복지기관에서 일반적으로 따르고 있는 보고서 작성 원칙에 관해 설명한다.

보고서는 보고를 받는 태도에서 신뢰할 만한 논리적 구성을 따라야 한다. 일반적으로 보고서는 의사결정자의 승인을 얻기 위해서 제출한다. 그러므로 의사결정자 측면에서 봐야 하는 세 가지 논리적 원칙을 고려하면서 작성해야 한다. 보고서를 제출한 부서나 사회복지사는 ① 왜 이 프로그램(사업)을 하는가?, ② 어떻게 이 프로그램(사업)을 하려고 하는가? ③ (의사결정자로서) 내가 무엇을 결정해야 하는가? 라는 세 가지 질문이 한눈에 파악되는 보고서를 작성해야 한다. 보고서는 책임자가 중요한 의사결정을 재빨리 할 수 있도록 쓰는 것이 중요하기 때문이다.

보고서는 크게 세 부분(제목, 개요, 내용)으로 구성하여 작성한다. 사업계획서(프로포절)의 구성과 거의 비슷하다. '제목'은 첫눈에 의사결정자가 결정하고자 하는 동기가 생길 수 있도록 작성한다. '개요'는 보고서의 핵심 내용을 축약한다. 연구 논문의 '요약(abstract)'과 같은 역할을 한다. '내용'은 필요성, 추진 배경, 문제점과 현황, 사업 내용, 해결 방안, 기대효과를 논리적으로 기술한다.

먼저 '제목'은 의사결정자의 눈길을 사로잡고 감동을 주는 문구여야 한다. 광고 카피에서처럼 최대한 사업에 초점을 맞추고 구체적인 단어를 사용해서 좀 더 눈에 띄게 하는 것이 좋다. 제목에서 이미 보고서를 읽어야 할 포인트를 미리 잡고 가기 때문에 읽는 사람 관점에서 재빨리 내용 파악이 될 수 있어야 한다.

상황보고서나 결과보고서의 경우에는 구체적 내용을 명시하여 제목을 작성하기도 한다. 제목부터 현 상황을 바로 확인할 수 있도록 하는 현 수치나 정황에 대한 보고를 구체적으로 보여주는 제목이 내용 파악에 도움이 된다. 예를 들어 일반 아동이라는 제목보다 저 소득 방임 아동의 영양실조 10% 증가'와 같이 현재 상황을 바로 파악할 수 있도록 제목을 작성하는 것이 좋다.

제목에 핵심 키워드를 활용하고, 수요자 관점에서 작성하는 것이 바람직하다. 예를 들어 '민원실 저녁 8까지 야간 연장 운영'이라는 제목이 있다고 가정해 보자. 핵심 키워드는 '야간에도 민원 처리 가능'하다는 것이고, 수요자인 맞벌이 부부를 고려할 때, '직장인 부부 위해 저녁 8시까지 여권 발급 및 민원 가능'이라고 수정하는 것이 좋은 제목이 될 수 있다.

또한 제목은 쉽고 직관적으로 20자를 넘지 않도록 명사나 명사형으로 끝내는 것이 좋다. 그러나 요즘에는 동사로 끝나는 제목들도 호소력 있게 보이기도 하므로, 사업에 따라서는 제목 작성 시 동사로도 가능하다.

의사결정자가 제목에서 호기심을 가지고 보고서를 읽기 시작했다면, 이제는 보고서의 내용을 잘 요약해서 전달하는 것이 중요하다. 즉, 개요에 보고서의 핵심 내용을 압축하거나, 예상되는 결과나 기대효과를 제시하여 예산 지출의 정당성을 확보할 수 있다.

개요에는 핵심 내용이 파악될 수 있도록 결론과 핵심 메시지를 넣어야 한다. 현황이나 기대효과를 제시하고, 너무 길지 않게 5줄을 넘기지 않는 범위에서 압축하도록 한다.

내용은 제목과 개요에서 제시한 내용을 논리적으로 풀어서 구체적으로 설명하는 것이다. 이 사업이나 프로그램을 하게 된 배경, 현황, 문제점, 해결 방안, 기대효과를 순서대로 기술한다. '추진 배경'은 이 사업(프로그램)을 왜 하는지에 대한 근본적인 이유를 기술한다. '현황, 문제점, 해결 방안'에 대한 기술이 보고서의 핵심 요소이다. 현황-문제점-해결 방안은 why-how-what으로 설명하기도 한다. 'why 왜 이런 문제가 발생했을까?', 'how 어떻게 이 문제를 해결할까?', 'what 무엇을 실행할 것인가?' 관점에서 개요를 작성한다. '기대효과'는 사업이 선정되어 수행된 후에 나타날 결과를 미리 보여주는 것이다.

2. 프레젠테이션

프레젠테이션(presentation)은 기관의 사업계획발표나 운영성과 보고 시 활용된다. 또한 외부 공모사업 선정 과정에서 면접과 더불어 중요한 심사 단계이다. 소개(설명)하고자 하는 핵심 주제와 내용을 중심으로 설득력 있는 프레젠테이션을 구성하는 것이 필요하다. 글, 그림이나 무료 이미지(저작권 고려)를 활용하여 적절한 프레젠테이션을 작성한다.

사업계획발표나 운영성과 보고를 통해 상대방을 설득하고, 감동을 주는 도구가 프레젠테이션이다. 사회복지사는 어떻게 하면 설득(이해)이 충분히 되도록 할 것인가, 어떻게 해야 예산을 지원한 기관이나 단체에 감동을 주는 프레젠테이션을 할 것인가 고민하여야 한다. 설득력 있는 프레젠테이션을 통하여 외부공모사업 선정 여부가 결정되기도 한다. 신임 사회복지사의 경우 프레젠테이션 작업 능력이 능수능란하지 않은 경우가 많다. 그러므로 꾸준히 다양한 사업계획서발표나 운영성과보고 프레젠테이션 자료를 참고하기도 하고, 실제로 프레젠테이션 경험을 직·간접으로 시도함으로써 프레젠테이션 작업 능력을 향상하기도 한다.

프레젠테이션은 기획서(제안서, 사업계획서 등)에 새로운 옷을 입혀서 세상에 보여주는(present) 과정이다. 프로그램을 기획한 사회복지사는 사업제안서 내용을 핵심으로 하여 공모사업 선정 위원들이나 기금을 배분하는 주체가 되는 심사위원들 앞에서 프레젠테이션해야 한다. 우리 옛 속담에 '같은 값이면 다홍치마(동가홍상(同價紅裳))'라는 말이 있다. 기획서를 매우 잘 작성하였다면, 이를 설득력있는 멘트와 구성으로 포장하는 작업을 한다.

설득력 있는 프레젠테이션을 통하여 수고하고 노력한 기획서가 빛을 보고, 실제 사업수행으로 이어지기 위해서는 사회복지사의 프레젠테이션 역량이 필요하다. 조성우 외(2023)는 사회복지사로서 프레젠테이션을 잘 하기 위한 방법을 다음과 같이 제시한다.

1) 멋진 오프닝 멘트를 준비하자

스토리텔링(story telling)으로 시작하는 것이 좋다. 발표 시작하면서 자주 사용하는 오프닝 멘트로는 날씨나 교통상황을 이야기한다. 단순하게 날씨가 어떠했다, 교통이 어떠했다가 아니라, 발표할 주제와 연관을 짓거나, 발표자 개인의 심리상태와 연결할 수 있다. 예를 들어, 날이 갑자기 추워지는 겨울 날씨에, '고독사 방지 독거노인 우울 감소 독서치료 프로그램' 기획서를 발표하는 경우를 상상해 보자. "오늘 날이 갑자기 추워졌죠? 일기예보에 기온이 어제보다 5도나 낮다고 하더라고요. 사람들의 심리에 날씨가 영향을 미칠까요? 안 미칠까요? 추운 겨울 날씨에 햇볕의 양이 줄어들고, 이로 인해 행복감을 일으키는 세로토닌 분비가 줄어들어서 우울감을 호소하는 비율이 늘어난다는 기사가 있었습니다. 이제 곧 겨울이 오고, 홀로 있기에 외롭지만, 추운 날씨에 더 외로움을 많이 느끼실 독거노인을 돕고 싶어서 오늘의 발표를 준비하였습니다."

때로는 호기심을 자극하거나 도발적인 질문으로 오프닝을 하기도 한다. 프레젠테이션의 좋은 예로 스티브 잡스(Steve Jobs)의 사례가 자주 인용된다. 애플의 휴대전화인 '아이폰'을 출시하면서 했던 오프닝 멘트는 감성적이면서도 설득력이 있다.

> "Thank you!
> Thank you for coming
> Together today, we are going to make some history."
> 감사합니다.
> 와 주셔서 감사합니다.
> 오늘 우리는 함께 역사를 만들 것입니다.

2) 설명을 쉽게 하자

대부분의 기획서에는 사회복지 전문 용어들이 다수 포함된다. 그러므로 기획서 내용을 그대로 프레젠테이션으로 변환시키면 매우 난해하고 지루한 발표가 될 수 있다. 기획서는 문어체이고, 프레젠테이션에서 발표는 구어체로 한다. 쉽고 간결한 용어로 발표하는 것이 프레젠테이션의 핵심이다.

3) 설득력을 갖추자

설득력을 갖추기 위해서는 발표자가 자신의 발표내용과 청중에 대해서 충분히 숙지하고 있어야 한다. 파악한 내용을 있는 그대로 읽는 것을 프레젠테이션이라고 하진 않는다. 기획서에 있는 객관적인 사실과 정보, 지식을 전달하는 것은 설명이다. 발표자의 의견과 주장을 포함하여 객관적인 사실을 청중이 주관적인 내용으로 받아들이도록 설득을 해야 한다.

4) 감동과 여운을 남기자

공모사업 선정을 위한 제안서 발표의 마지막은 청중의 마음을 움직이는 감동과 여운을 남기는 것이 좋다. 처음 오프닝 멘트와 연관을 지어서 마무리를 할 수도 있다. 예를 들어 독거노인 우울감 감소 프로그램에 대한 발표를 마무리한다고 가정해 보면 다음과 같은 멘트로 여운을 남길 수도 있다. "독거노인에서 기역ㄱ을 시옷 ㅅ으로 변환하여 독서하는 노인이 되어 우울감을 감소시키기 위해 노력해 보겠습니다"

클로징 멘트에서 "부족한 발표를 들어주셔서 감사합니다"나 "준비가 부족해서 죄송합니다"와 같이 겸손한 척하는 멘트는 지양해야 한다.

5) 시각적 효과를 활용하자

프레젠테이션 서식도 다양하고, 슬라이드 구성 디자인도 매우 흥미로운 것이 많다. 글자의 크기도 가독성이 있어야 하고, 그림이나 이미지(저작권 고려), 도표, 도형 등을 활용하여 시각적으로도 매력적인 자료를 만드는 것이 필요하다.

6) 시선처리, 목소리 톤, 적절한 제스처를 연습하자

프레젠테이션은 청중과 발표자 간의 상호작용이다. 일방적으로 자료 내용을 전달하는 것이 아니라, 청중의 반응을 유도하기도 하고, 청중의 의견을 받아들이기도 하면서 상호 관계를 맺어야 한다. 그러므로 발표자가 프레젠테이션 내용이 담긴 화면만을 보거나 청중과 시선을 맞추지 않은 채 준비한 스크립터만 읽는 형식으로 해서는 안 된다. 전체 청중과도 시선을 맞추고, 각 한 사람 한 사람 자연스러운 시선을 교환하면서 이야기하듯이 발표하는 것이 좋다.

비언어적인 요소가 훨씬 매력적인 언어로 작용하기도 해서, 이야기 중간에 잠시 쉬거나 크게 말하거나 작게 말하는 등 강약을 조절하여 목소리를 낸다. 또는 손을 들어 가르치거나 손을 맞잡는 모습을 취하는 등 다양한 제스처를 활용한다. 마이크가 이동 가능하다면, 자리를 움직여서 청중에게 다가가는 방식을 통해 집중을 유도할 수도 있다.

7) 청중을 불편하게 하지 말자

프레젠테이션에서 청중은 고객이다. 고객을 만족시키기 위한 서비스 행동을 해야 한다. 발표자가 평소에 하던 말 습관이나 행동 패턴이 발표 중에 무의식적으로 나올 수 있다. 예를 들어 '음, 저...'와 같은 의미 없는 말을 반복하거나 '이해되셨죠?'와 같은 말로 청중의 이해도를 확인하는 경우, '그래서'와 같은 접속사를 자주 사용할 때는 청중이 불편감을 호소할 수 있다. 손으로 자꾸 머리를 쓸어 올린다거나, 호주머니에 손을 넣는 등의 행동을 하는 일도 있으므로 발표자가 사전에 녹화하여 점검해 보는 것이 필요하다.

8) 정해진 시간을 반드시 준수하자

기획서에 있는 주요 핵심 내용 위주로 프레젠테이션 자료를 작성하되, 슬라이드 매수당 2분 정도 계산하여 20분 발표라고 하면 10~12page 정도(앞, 뒤표지 제외)로 구성하는 것이 일반적이다. 어떤 경우에는 발표 20분이라고 했는데, 질의응답(Q & A) 시간을 포함하는 예도 있고, 별도로 질문 시간을 책정해 놓는 예도 있으므로, 실제 발표 시간에 대해 사전에 확인하는 것이 필요하다.

리허설을 통해서 소요 시간을 점검하고, 발생할 수 있는 변수들을 고려하여 플랜 A와 B를 만들어 놓는 것도 좋다. 발표 자료에는 명시하였으나 생략할 부분이 있고, 명시되어 있지 않지만, 구두로 첨가하여야 할 내용도 있으므로 충분하게 연습하여 시간을 맞춰서 끝내야 한다. 정해진 시간이 지나도록 발표를 하고 있으면 청중은 지루해할뿐더러 기존 잘 발표해 왔던 내용에 대해서도 신뢰하지 못할 수 있다. 또는 긴장하면 말이 빨라지는 경우에 지나치게 빨리 끝내게 되면 준비가 부족하다고 청중은 느낄 수 있다.

9) 자신감을 잃지 말자

프레젠테이션은 기획서라는 상품을 파는 행위에 비유할 수 있다. 지하철에서 상인이 자신감 있게 소리 높여 물건을 팔면, 그다지 필요 없는 물건이었는데도 구매하는 경우가 있다. 지하철 상인이 자신이 팔고 있는 물건에 대한 확신을 두고 이야기하는 것이다. 그러므로 프레젠테이션 발표자가 기획서에 대한 확신을 가지고 자신감 있게 발표해야 한다.

제11장
사회복지 실천과 연구의 통합

학습목표

1. 개입연구조사 모델을 설명할 수 있다.
2. 증거기반 실천 모델과 프로그램 기획을 설명할 수 있다.

제1절 개입연구조사 모델(프로그램 개발연구방법)과 프로그램 설계 · 개발 · 보급

I. 개입연구조사 모델

1) 개입연구조사 모델의 개요 및 정의

휴먼서비스 영역에서의 실천가들은 프로그램 개발과 보급을 위해 보다 면밀한 프로그램 개발 연구방법론을 적용해야 하고, 실질적인 활용성에 초점을 둔 생산적인 접근을 추구해야 한다(조성우 외, 2018). 개입연구조사 모델은 사회복지 실천 현장에서 효과적인 프로그램을 개발하고 평가하기 위한 체계적인 방법론이다. 이 모델은 문제를 정의하고, 문헌을 검토하며, 연구 설계를 통해 자료를 수집하고 분석하는 일련의 과정을 포함한다. 이를 통해 실천 현장에서 실제로 적용 가능한 증거를 생산하고, 이를 기반으로 프로그램의 효과성을 평가하는 것이 목적이다.

2) 개입연구조사의 중요성

개입연구조사는 사회복지 프로그램의 효과성을 입증하고, 이를 통해 자원을 효율적으로 배분하며, 클라이언트에게 최적의 서비스를 제공하는 데 중요한 역할을 한다. 또한, 과학적 근거를 바탕으로 한 접근은 사회복지 실천의 신뢰성을 높이고, 정책 결정자들에게 중요한 자료를 제공한다. 따라서, 개입연구조사는 사회복지 분야의 전문성을 강화하는 데 필수적이다.

3) 개입연구조사의 과정

개입연구조사는 문제 정의, 문헌 검토, 연구 설계, 자료 수집, 자료 분석, 결과 해석 등의 과정으로 진행할 수 있다.

① 문제 정의: 연구의 출발점으로, 해결하고자 하는 문제를 명확히 정의한다.
② 문헌 검토: 기존 연구들을 검토하여 연구의 배경과 필요성을 확립한다.
③ 연구 설계: 연구 질문에 답하기 위한 방법론을 설계한다.
④ 자료 수집: 설계된 방법에 따라 데이터를 수집한다.
⑤ 자료 분석: 수집된 데이터를 분석하여 연구 질문에 대한 답을 도출한다.
⑥ 결과 해석: 분석 결과를 토대로 결론을 내리고, 이를 실천 현장에 적용할 방안을 모색한다.

4) 개입연구조사 모델 적용을 위한 과제

프로그램 개발의 새로운 패러다임을 제시하고 있는 개입연구를 사회복지 현장에 적용하기 위해서는 다음과 같은 노력이 병행되어야 할 것이다(조성우 외, 2018).

(1) 개입연구를 위한 인력 구성 및 수행역량 강화

개입연구조사 모델에서는 프로그램 개발을 위해 다각적이며 종합적인 정보수집 및 종합의 과정을 사회복지사에게 요구하고 있다. 정보 검색의 능력은 물론, 욕구 조사, 인터뷰, 문헌분석 등 정보를 종합·분석할 수 있는 역량이 필요한 것이다. 또한 개입을 위한 창조성 있는 설계능력 또한 필요하다.

(2) 개입을 테스트할 현장 확대 및 학계와 현장의 공동 협력 강화

개입연구조사 모델은 현장에서의 반복적인 테스트와 수정을 전제로 하고 있고 기본적으로 현장을 중심으로 해서 프로그램 개발이 이루어져야 하기 때문에 모델을 적용할 현장이 확대되어야 한다. 또한 정보 수집 및 종합, 다양한 조사를 실행하는 등 연구조사 역량을 보유한 인력이 함께 참여해야 한다. 이러한 측면에서 이 모형에서는 학계와 현장의 공동 협력이 보다 강화되어야 한다.

(3) 프로그램 보급과 확산 체계 도입

개입연구조사 모델의 마지막 단계는 프로그램 보급과 사후관리 단계이다. 프로그램 보급과 사후관리와 같은 단계는 기존 사회복지 프로그램 개발 및 평가에서 중요하게 다루지 않았던 것이다. 하지만 사회복지사가 아무리 유용한 프로그램을 개발한다고 하더라도 그것이 보급되지 않는다면 다른 사람들이 활용할 수 없을 것이다. 따라서 프로그램을 보급하기 위한 다양한 전략이 더욱 개발될 필요가 있고, 사회복지사들이 보다 프로그램 보급에 대해 책임성을 갖고 접근할 수 있는 조직기반과 사회복지 전문직 체계의 지원이 요구된다.

2. 프로그램 설계

1) 프로그램 설계의 기본 개념

프로그램 설계는 클라이언트의 필요를 충족시키기 위해 체계적으로 프로그램을 계획하는 과정을 의미한다. 이는 목표 설정, 활동 계획 수립, 자원 배정 등의 요소를 포함하며, 효과적인 프로그램 실행을 위해 필수적이다. 성공적인 프로그램 설계를 위해서는 클라이언트의 욕구와 환경을 정확히 이해하고 반영하는 것이 중요하다.

2) 욕구 사정 및 필요 분석

욕구 사정은 프로그램 대상자의 필요와 문제를 파악하는 과정으로, 이를 통해 프로그램의 방향성을 결정한다. 필요 분석은 이러한 욕구를 기반으로 프로그램이 해결하고자 하는 문제를 구체화하는 단계이다. 이를 통해 프로그램의 목표와 활동이 명확해지며, 효과적인 개입이 가능해진다.

3) 목표 설정 및 성과 지표 개발

프로그램의 목표는 구체적이고 측정 가능하며 달성 가능한 형태로 설정되어야 한다. 성과 지표는 이러한 목표를 평가할 수 있는 구체적인 기준을 제시하며, 프로그램의 성공 여부를 판단하는 데 사용된다. 성과 지표는 프로그램의 각 단계에서 수집된 데이터를 기반으로 개발한다.

4) 프로그램의 구성 요소 설계

프로그램의 구성 요소를 설계하는 경우 논리 모델을 주로 사용하게 된다. 논리

모델은 프로그램의 목표, 자원 투입, 활동, 산출물, 단기 및 장기 성과를 체계적으로 정리한 도구이다. 논리 모델은 프로그램의 이론적 근거를 명확히 하고, 이해관계자들 간의 공감을 이끌어 내는 데 중요한 역할을 한다. 또한 프로그램 구성요소를 설계할 때 프로그램의 구체적인 활동과 이를 실행하기 위한 일정을 계획하는 활동 계획 수립이 필요하다. 이는 프로그램의 원활한 진행과 목표 달성을 위해 필수적인 과정이다. 예산 계획 및 자원 배정이 필요한바, 이 단계에서는 프로그램 실행에 필요한 자원을 파악하고, 이를 효율적으로 배분하는 과정이 이루어진다. 예산 계획은 프로그램의 재정적 지속 가능성을 보장하는 중요한 요소가 된다.

3. 프로그램 개발

1) 프로그램 개발의 절차

(1) 파일럿 테스트

프로그램의 초기 버전을 소규모로 테스트하여 문제점을 파악하고, 이를 수정하는 과정을 의미한다. 파일럿 테스트를 통하여 프로그램의 효과성과 실행 가능성을 미리 검증할 수 있게 된다.

(2) 피드백 수집

파일럿 테스트 과정에서 참여자와 이해관계자로부터 피드백을 받아 프로그램을 개선한다. 이를 통해 프로그램의 질을 높이고, 실천 현장에서의 적용 가능성을 증가시킬 수 있다.

(3) 수정 및 보완

수집된 피드백을 바탕으로 프로그램을 수정하고 보완하여 최종 버전을 완성한다. 이는 프로그램의 효과성을 극대화하기 위한 필수 단계이다.

2) 프로그램 매뉴얼 작성

프로그램 매뉴얼은 프로그램의 목표, 내용, 실행 절차 등을 구체적으로 설명하는 문서이다. 이는 프로그램의 일관된 실행과 평가를 위해 필요하며, 프로그램 수행 인력의 이해와 실행을 돕는 역할을 한다. 매뉴얼 작성은 프로그램의 지속 가능성을 높이는 데 중요한 요소이다.

3) 사업수행 인력 교육 및 훈련

프로그램의 성공적인 실행을 위해서는 사업수행 인력의 역량 강화를 위한 교육과 훈련이 필수적이다. 교육과 훈련은 프로그램의 목표와 내용, 실행 방법 등을 포함하며, 프로그램 수행 인력이 프로그램을 효과적으로 실행할 수 있도록 돕는다. 이를 통해 프로그램의 질과 효과성을 높일 수 있다.

4. 프로그램 보급

1) 보급 전략 및 접근 방법

프로그램의 효과성을 극대화하기 위해서는 적절한 보급 전략과 접근 방법이 필요하다. 이는 프로그램의 목표와 대상, 자원 등을 고려하여 수립되며, 프로그램의 효과적인 확산을 목표로 한다. 보급 전략은 프로그램의 지속 가능성과 관련하여 매우 중요하다.

2) 이해관계자 협력 및 네트워크 구축

프로그램의 성공적인 보급을 위해서는 이해관계자와의 협력과 네트워크 구축이 필수적이다. 이해관계자들은 프로그램의 실행과 보급에 중요한 역할을 하며,

이들과의 협력은 프로그램의 확산과 지속 가능성을 높이는 데 기여한다. 네트워크 구축은 프로그램의 효과적인 보급과 실행을 지원하는 중요한 요소이다.

3) 지속 가능성 확보 방안

프로그램의 지속 가능성을 확보하기 위해서는 재정적, 조직적, 인적 자원의 안정적인 확보가 필요하다. 이를 위해서는 장기적인 재정 계획과 지원 체계를 마련하고, 프로그램의 효과성을 지속적으로 평가하여 개선하는 노력이 필요하다. 지속 가능성 확보는 프로그램의 장기적인 성공과 관련하여 매우 중요하다.

4) 평가 및 개선

프로그램의 효과성과 지속 가능성을 보장하기 위해서는 지속적인 평가와 개선이 필수적이다. 평가는 프로그램의 목표 달성 여부와 효과성을 확인하는 과정이며, 개선은 평가 결과를 바탕으로 프로그램을 수정하고 보완하는 과정이다. 이를 통해 프로그램의 질을 높이고, 효과적인 사회복지 실천을 구현할 수 있다.

제2절 증거기반 실천 모델과 프로그램 기획

I. 증거기반 실천 모델

1) 증거기반 실천의 개념

최근 들어 기존의 사회복지 실천방법에서 보다 더 과학적인 근거를 바탕으로 한 개입을 통하여 클라이언트의 권익을 보호하고 최선의 서비스를 제공하는지에 응답할 수 있는 과학적 접근, 다시 말해 증거기반실천(evidence based practice)이 중요하게 대두되고 있다(김영미 외, 2007). 증거기반(evidence-based)은 처음에 의학 분야에서 사용되어 현재 보건, 심리, 사회복지 등 휴먼서비스 분야의 전 학문에서 두루 사용되고 있으며, 최근 가장 효과가 높다고 입증된 실천기법이다(김선미, 2019: 554; 박경일 외, 2023. 재인용). 증거기반 실천은 과학적 근거를 바탕으로 클라이언트에게 최적의 서비스를 제공하는 접근 방법이다. 이는 연구 결과와 실천 경험을 결합하여 최선의 개입을 도출하는 과정을 포함한다. 증거기반실천의 강조는 사회복지실천가와 연구자를 연결하여 동반적 관계로 발전시키고, 효과적인 개입의 방안을 위해 조사연구결과의 활용을 중요하게 하는 계기로 작용하고 있다(정순돌, 2006). 증거기반 실천은 클라이언트의 복지 향상에 중점을 둔 실천 방법이다.

2) 증거기반 실천의 필요성 및 중요성

증거기반 실천은 사회복지 실천의 질을 높이고, 프로그램의 효과성을 입증하는 데 중요한 역할을 한다. 이는 클라이언트에게 최적의 서비스를 제공하고, 자원의 효율적인 사용을 가능하게 한다. 또한, 증거기반 실천은 사회복지사들에게 신뢰할 수 있는 자료를 제공하여 프로그램 개발과 실행을 성공적으로 할 수 있도록 돕는다.

3) 증거의 종류 및 계층

증거는 일반적으로 경험적 연구, 사례 연구, 전문가 의견 등으로 구분된다. 경험적 연구는 체계적인 방법으로 수집된 데이터를 기반으로 하며, 가장 신뢰할 수 있는 증거로 간주된다. 사례 연구는 특정 사례에 대한 깊이 있는 분석을 제공하며, 전문가 의견은 실천 현장의 경험과 지식을 반영한다. 증거 수집을 위해서는 도서관을 자주 이용하고 한국교육학술정보원이 운영하는 RISS(학술연구정보서비스) 등을 활용하는 것이 도움이 된다.

4) 증거기반 실천의 과정

증거기반 실천의 과정을 문제 인식 및 정의, 관련 증거 수집 및 평가, 증거 적용, 성과 평가 및 피드백으로 나누어 설명하면 다음과 같다.

① 문제 인식 및 정의: 클라이언트의 문제를 명확히 정의하고, 이를 해결하기 위한 목표를 설정한다.

② 관련 증거 수집 및 평가: 문제 해결을 위해 필요한 증거를 수집하고, 이를 평가하여 신뢰할 수 있는 정보를 확보한다.

③ 증거 적용: 수집된 증거를 바탕으로 클라이언트에게 최적의 개입을 계획하고 실행한다.

④ 성과 평가 및 피드백: 개입 결과를 평가하고, 이를 바탕으로 프로그램을 개선하며, 클라이언트의 복지를 향상시킨다.

2. 프로그램 기획

1) 프로그램 기획의 개요 및 필요성

프로그램 기획은 클라이언트의 필요를 충족시키기 위해 체계적으로 프로그램을 계획하고 실행하는 과정이다. 이는 목표 설정, 전략 수립, 실행 계획 수립 등의 단계를 포함하며, 효과적인 프로그램 실행을 위해 필수적이다. 프로그램 기획은 사회복지 실천의 질을 높이고, 클라이언트에게 최적의 서비스를 제공하는 데 중요한 역할을 한다.

2) 프로그램 기획의 단계

프로그램 기획의 단계를 상황 분석, 목표 설정, 전략 수립, 실행 계획 수립으로 나누어서 설명하면 다음과 같다.

① 상황 분석: 프로그램이 다루어야 할 문제와 환경을 분석하고, 이를 바탕으로 프로그램의 방향성을 설정한다.

② 목표 설정: 프로그램의 구체적인 목표를 설정하고, 이를 달성하기 위한 전략을 수립한다.

③ 전략 수립: 목표 달성을 위한 구체적인 전략을 계획하고, 실행 방안을 마련한다.

④ 실행 계획 수립: 프로그램의 구체적인 실행 계획을 수립하고, 이를 효과적으로 실행하기 위한 자원을 배분한다.

3) 프로그램 기획 도구 및 기법

사회복지 프로그램을 기획하는 경우에 주로 활용할 수 있는 도구 및 기법에는 SWOT 분석, 논리모델, 평가 매트릭스 등이 있다.

(1) SWOT 분석

제5장 제3절에서 자세하게 설명한 SWOT 분석은 프로그램의 강점, 약점, 기회, 위협을 분석하여 전략 수립에 활용한다. 이는 프로그램의 외부 환경과 내부 역량을 종합적으로 파악하는 데 유용하다.

(2) 논리 모델

제2장 제2절과 제7장 제2절에서 다룬 바 있는 논리 모델은 프로그램의 목표, 자원투입, 활동, 산출물, 단기 및 장기 성과를 체계적으로 정리한 도구이다. 논리 모델은 프로그램의 이론적 근거를 명확히 하고, 이해관계자들 간의 공감을 이끌어내는 데 중요한 역할을 한다.

(3) 평가 매트릭스

평가 매트릭스(Evaluation Matrix)는 다양한 기준을 설정하고, 각 대안을 이 기준에 따라 점수화하여 비교함으로써 가장 적합한 대안선택을 도출하는 방법이다. 평가 매트릭스는 프로그램의 성과를 평가하기 위한 구체적인 기준(Criteria)과 지표, 대안(Alternatives), 가중치(Weight), 점수(Scores) 등으로 구성된다. 평가 매트릭스를 사용하는 경우에 먼저, 평가할 기준을 정하고 각 기준의 중요도를 반영한 가중치를 설정한다. 그리고 각 대안에 대해 각 기준을 평가하여 점수를 매긴 후 점수에 가중치를 곱하여 최종 점수를 계산한다. 마지막으로 최종 점수를 비교하여 가장 높은 점수를 얻은 대안을 선택하게 된다. 따라서 평가 매트릭스는 다양한 기준을 반영하여 종합적인 평가를 할 수 있으며, 정량적 비교가 가능하여 객관성을 확보할 수 있는 등 체계적인 의사결정이 가능하다. 반면에 평가 매트릭스는 평가 기준의 설정과 가중치 부여가 주관적일 수 있으며, 평가 항목이 너무 많거나 복잡하면 오히려 혼란을 초래할 수 있다는 점이 단점으로 지적된다.

4) 이해관계자 참여 및 의사소통 전략

프로그램 기획과 실행 과정에서 이해관계자의 참여와 의사소통은 매우 중요하다. 이해관계자는 프로그램의 성공과 지속 가능성에 중요한 영향을 미치며, 이들과의 효과적인 의사소통은 프로그램의 실행을 원활하게 한다. 이해관계자의 참여를 유도하기 위해서는 투명하고 열린 의사소통이 필요하다.

5) 리스크 관리 및 대응 방안

프로그램 실행 과정에서 발생할 수 있는 리스크를 사전에 파악하고, 이를 효과적으로 관리하기 위한 대응 방안을 마련하는 것이 중요하다. 리스크 관리는 프로그램의 성공적인 실행을 보장하고, 예상치 못한 문제에 신속하게 대응할 수 있도록 돕는다. 이를 위해 체계적인 리스크 관리 계획을 수립하고, 지속적으로 모니터링하는 것이 필요하다.

제12장
미래의 사회복지 프로그램 기획과 평가

학습목표

1. 인구구조의 변화에 부응하는 프로그램 기획에는 어떤 것이 있는지를 설명할 수 있다.
2. 디지털 혁명 시대에 요구되는 사회복지 프로그램에는 어떤 것이 있는지를 설명할 수 있다.
3. 다문화 사회에 부응하는 사회복지 프로그램을 설명할 수 있다.
4. 기후 변화를 비롯한 환경 변화에 대응하는 사회복지 프로그램을 설명할 수 있다.
5. 프로그램 기획과 평가의 발전을 위한 과제와 핵심 가치를 설명할 수 있다.

제1절 사회문화적 변화와 프로그램 기획

I. 인구구조의 변화와 프로그램 기획

인구구조의 변화시대에 기획해 볼 수 있는 사회복지 프로그램을 고령화 사회 대응 프로그램과 저출산 문제와 청소년 복지 프로그램으로 나누어 예를 들면 다음과 같은 프로그램이 있을 수 있다.

1) 고령화 사회 대응 프로그램

(1) 노인 돌봄 서비스 강화

고령화 사회에서는 노인 인구의 증가로 인해 돌봄 서비스의 수요가 크게 증가하고 있다. 이를 위해 가정 기반의 돌봄 서비스와 지역 사회 중심의 돌봄 프로그램이 필요하다. 정부와 지방자치단체는 이러한 프로그램을 통해 노인의 삶의 질을 향상시키고자 한다. 노인 돌봄 서비스는 단순한 신체적 돌봄을 넘어 정서적 지지와 사회적 관계 형성을 포함하여 노인의 전반적인 생활을 지원하는 포괄적인 서비스를 제공하는 방향으로 개발하는 것이 바람직하다. 이러한 서비스는 노인의 자립성을 유지하고 사회적 고립을 예방하며, 지역사회와의 연계를 통해 더 나은 삶의 질을 보장한다.

(2) 노인 일자리 창출 프로그램

노인 인구가 증가함에 따라 은퇴 후에도 경제 활동을 지속할 수 있는 기회가 중요해지고 있다. 노인 일자리 창출 프로그램은 노인들이 지속적으로 사회에 기여할 수 있도록 돕고, 이들의 경제적 자립을 지원하는 데 중점을 둔다. 노인 일자리 창출은 노인의 사회적 고립을 예방하고, 세대 간의 교류를 촉진하는 역할을 한다. 이 프로그램은 노인의 경험과 지식을 활용한 멘토링, 자원봉사 활동, 지역사회 프로젝트 참여 등 다양한 형태로 제공될 수 있다. 노인 일자리 창출은 노인의 삶의 만족도를 높이고, 사회적 비용을 절감하는 효과를 가져올 수 있다.

(3) 노인의 건강 증진 프로그램

고령화 사회에서는 노인의 건강을 유지하고 증진시키는 것이 중요한 과제가 된다. 운동, 영양, 정신 건강을 포함한 종합적인 건강 증진 프로그램은 노인의 신체적, 정신적 건강을 개선하여 자립적 생활을 지원한다. 이러한 프로그램은 지역사회 보건소와 협력하여 제공될 수 있을 것이다. 노인의 건강 증진을 위해 다양한 체육 활동, 건강 검진, 영양 교육, 심리 상담 등을 포함하는 통합적 접근이 필요하다. 이는 노인의 자립성을 강화하고, 의료 비용을 절감하며, 전반적인 삶의 질을 향상시키는 데 기여할 수 있다.

2) 저출산 문제와 청소년 복지 프로그램

(1) 출산 장려 정책과 지원

저출산 문제는 국가의 인구 구조에 심각한 영향을 미치고 있다. 출산 장려 정책은 경제적 지원, 육아 휴직, 보육 시설 확충 등 다양한 방법으로 가족이 자녀를 낳고 기르는 부담을 줄이는 데 중점을 둔다. 이는 장기적으로 인구 구조의 균형을 맞추는 데 기여할 것이다. 출산 장려 정책은 부모의 경제적 부담을 줄이고, 일과 가정의 양립을 지원하며, 전반적인 가족의 복지를 향상시키는 효과를 기대할 수 있다. 또한, 출산과 육아에 대한 긍정적인 사회적 인식을 확산시키는 데에도 기여할 수 있다.

(2) 청소년 발달 지원 프로그램

청소년기는 개인의 전인적 발달에 중요한 시기이다. 청소년 발달 지원 프로그램은 교육, 상담, 스포츠 및 예술 활동을 통해 청소년이 건강하게 성장할 수 있도록 지원하게 된다. 이러한 프로그램은 청소년의 자아존중감과 사회적 기술을 향상시키는 데 중요한 역할을 한다. 청소년 발달 지원 프로그램은 청소년이 자기 자신을 긍정적으로 인식하고, 다양한 도전과 경험을 통해 성취감을 느낄 수 있도록 돕는다. 또한, 청소년의 사회적 네트워크 형성과 문제 해결 능력을 향상시켜 성숙한 사회 구성원으로 성장할 수 있도록 지원한다.

(3) 가족 지원 서비스 강화

가족은 아동과 청소년의 발달에 중요한 영향을 미치는 기본 단위이다. 가족 지원 서비스는 부모 교육, 가족 상담, 가정 내 갈등 해결 등을 통해 가족의 기능을 강화하고, 아동과 청소년이 안정된 환경에서 성장할 수 있도록 돕는다. 가족 지원 서비스는 부모와 자녀 간의 긍정적인 의사소통을 촉진하고, 가족 구성원 간의 유대감을 강화하며, 전반적인 가정의 안정을 도모한다. 이는 아동과 청소년의 정서적 안정과 발달에 중요한 역할을 하며, 가족 전체의 복지를 증진시킬 수 있다.

2. 디지털 혁명과 사회복지

디지털 혁명이 급속하게 진행되고 있는 시대에 기획해 볼 수 있는 사회복지 프로그램을 디지털 기술을 활용한 복지 서비스 제공과 온라인 플랫폼과 사회복지 프로그램으로 나누어 예를 들면 다음과 같은 프로그램이 있을 수 있다.

1) 디지털 기술을 활용한 복지 서비스 제공

(1) 온라인 상담과 지원 서비스

디지털 기술의 발전으로 온라인 상담과 지원 서비스가 확대되고 있다. 이러한 서비스는 시간과 장소의 제약 없이 이용할 수 있어 높은 접근성을 확보할 수 있다. 온라인 상담과 지원 서비스는 특히 농어촌 지역이나 이동이 어려운 사람들에게 큰 도움이 된다. 이는 이용자가 익명성을 유지하면서 심리적 지원을 받을 수 있는 장점이 있다. 또한, 온라인 플랫폼을 통해 다양한 전문가와 쉽게 연결될 수 있어 더 나은 서비스를 제공받을 수 있다. 이러한 온라인 상담 서비스는 위기 상황에서도 즉각적인 도움을 받을 수 있게 하여, 이용자의 삶의 질을 향상시킬 수 있다.

(2) 복지 데이터베이스 구축

복지 서비스 제공을 위해서는 체계적인 데이터 관리가 필수적이다. 복지 데이터베이스는 서비스 이용자의 정보를 종합적으로 관리하고, 이를 기반으로 한 맞춤형 서비스 제공을 가능하게 한다. 이를 통해 복지 서비스의 효율성과 효과성을 제고할 수 있다. 데이터베이스는 이용자의 필요와 상황에 맞는 개별화된 서비스를 제공하는 데 중요한 역할을 한다. 또한, 이를 통해 복지 정책의 효과를 분석하고 개선하는 데 필요한 자료를 제공할 수 있다. 복지 데이터베이스는 이용자의 정보 보호와 개인정보 관리를 철저히 하여 신뢰를 높인다.

(3) AI를 활용한 복지 프로그램 개발

인공지능(AI)은 복지 프로그램의 기획과 평가에 혁신적인 도구로 활용될 수 있다. AI를 통해 개인 맞춤형 복지 서비스 제공이 가능하며, 프로그램의 효과를 실시간으로 모니터링하고 분석할 수 있게 된다. 이는 복지 서비스의 질을 향상시키는 데 기여한다. AI는 복지 서비스 이용자의 패턴을 분석하여 최적의 서비스 제공 방법을 제안하고, 프로그램의 문제점을 신속하게 파악하여 개선할 수 있게 한다. 또한, AI 기반의 예측 모델을 통해 미래의 복지 수요를 예측하고 준비할 수 있어 보다 효율적인 자원 배분이 가능하다.

2) 온라인 플랫폼과 사회복지 프로그램

(1) 온라인 플랫폼을 통한 자원봉사 관리

온라인 플랫폼은 자원봉사 활동의 모집, 관리, 평가를 효율적으로 할 수 있는 도구이다. 이를 통해 자원봉사자와 수혜자를 효과적으로 연결하고, 자원봉사 활동의 투명성과 책임성을 높일 수 있게 된다. 자원봉사자들은 온라인 플랫폼을 통해 자신의 일정과 선호에 맞는 활동을 쉽게 찾고 참여할 수 있다. 또한, 플랫폼은 자원봉사 활동의 실적을 기록하고 평가하여 봉사자들의 공로를 인정하고 동기 부여를 할 수 있다. 이는 자원봉사 활동의 활성화와 지속성을 높이는 데 기여한다.

(2) 사회복지 정보 제공 플랫폼

다양한 사회복지 정보를 제공하는 온라인 플랫폼은 이용자에게 필요한 정보를 신속하게 제공할 수 있다. 이러한 플랫폼은 복지 서비스의 접근성을 높이고, 이용자의 편의를 증대시키는 데 기여한다. 이용자들은 온라인 플랫폼을 통해 자신에게 적합한 복지 서비스를 쉽게 검색하고 신청할 수 있다. 또한, 플랫폼은 최신 복지 정책과 프로그램에 대한 정보를 제공하여 이용자들이 필요한 도움을 받을 수 있도록 지원한다. 이는 복지 서비스의 투명성을 높이고, 이용자들의 만족도를 향상시킬 수 있다.

(3) 커뮤니티 기반의 온라인 지원 그룹

온라인 지원 그룹은 특정 문제를 공유하는 사람들 간의 상호 지원을 촉진한다. 이러한 그룹은 정서적 지지뿐만 아니라 실질적인 정보와 자원을 제공하여 참여자들의 복지 증진에 기여하게 된다. 온라인 지원 그룹은 이용자들이 자신의 경험과 문제를 공유하고, 서로 도움을 주고받을 수 있는 안전한 공간을 제공한다. 이는 사회적 고립을 줄이고, 공동체 의식을 강화하여 참여자들의 전반적인 복지를 향상시킬 수 있다. 또한, 온라인 지원 그룹은 전문가의 조언과 지도를 통해 보다 효과적인 지원을 받을 수 있는 기회를 제공한다.

3. 다문화 사회와 사회복지

다문화 사회의 이행과 관련하여 기획해 볼 수 있는 사회복지 프로그램을 다문화 가정 지원 프로그램, 이주민과 난민을 위한 사회복지 서비스로 구분하여 제시하면 다음과 같은 프로그램이 있을 수 있다.

1) 다문화 가정 지원 프로그램

(1) 언어 지원 서비스

다문화 가정의 원활한 사회 적응을 위해서는 언어 지원 서비스가 필수적이다. 이러한 서비스는 번역, 통역, 언어 교육 등을 포함하며, 다문화 가정이 필요한 정보를 정확하게 이해하고 활용할 수 있도록 돕는 것이다. 언어 지원 서비스는 공공 서비스 이용, 교육, 의료 등의 중요한 분야에서 소통의 장벽을 낮추어 다문화 가정의 생활 편의를 크게 증진시킨다. 이를 통해 다문화 가정의 사회적 통합을 촉진하고, 다양한 문화적 배경을 가진 사람들이 서로를 이해하고 존중할 수 있는 기반을 마련한다.

(2) 문화적 이해 증진 프로그램

다문화 사회에서는 다양한 문화적 배경을 이해하고 존중하는 것이 중요하다. 문화적 이해 증진 프로그램은 문화 간 차이를 이해하고, 갈등을 예방하며, 다문화 가정과 지역 사회 간의 상호 작용을 촉진하는 데 기여하게 된다. 이러한 프로그램은 다양한 문화 체험 활동, 교육 워크숍, 교류 행사를 통해 진행될 수 있다. 문화적 이해 증진 프로그램은 다문화 가정뿐만 아니라 지역 사회 전체의 문화적 감수성을 높이고, 서로 다른 문화를 수용하는 포용력을 강화하는 역할을 한다.

(3) 다문화 가정 자녀 교육 지원

다문화 가정의 자녀들은 언어와 문화적 차이로 인해 교육에서 어려움을 겪을 수 있다. 이들을 위한 특별한 교육 지원 프로그램은 학업 성취도를 높이고, 정서적 안정을 도모하며, 사회 적응을 촉진할 수 있다. 이러한 프로그램은 이중 언어 교육, 학습 지원, 멘토링 등을 포함할 수 있다. 다문화 가정 자녀의 교육 지원은 이들이 자신의 잠재력을 최대한 발휘할 수 있도록 돕고, 미래의 사회 구성원으로서 건강하게 성장할 수 있는 기반을 제공한다.

2) 이주민과 난민을 위한 사회복지 서비스

(1) 초기 정착 지원 프로그램

이주민과 난민이 새로운 사회에 정착할 수 있도록 초기 지원이 필요하다. 주거, 교육, 취업, 의료 등 다양한 분야에서의 지원을 통해 이들이 사회에 빠르게 적응할 수 있도록 도울 수 있다. 초기 정착 지원 프로그램은 이주민과 난민이 새로운 환경에 대한 두려움을 줄이고, 자립할 수 있는 기반을 마련하는 데 중점을 둔다. 이는 사회적 통합을 촉진하고, 이주민과 난민의 생활 안정성을 높이는 데 기여한다.

(2) 심리사회적 지원 서비스

이주민과 난민은 심리사회적 스트레스를 겪을 수 있다. 상담, 치료, 지원 그룹 등을 통해 이들의 정신 건강을 지원하고, 안정적인 정착을 돕는 프로그램이 필요하다. 심리사회적 지원 서비스는 이주민과 난민이 새로운 사회에서 겪는 문화 충격과 외로움을 극복하고, 정서적 안정을 찾을 수 있도록 돕는다. 이는 이들의 전반적인 삶의 질을 향상시키고, 사회적 적응을 촉진하는 중요한 역할을 한다.

(3) 법적 지원과 권리 보호

이주민과 난민은 종종 법적 문제에 직면할 수 있다. 이들을 위한 법적 지원 서비스는 권리 보호와 법적 분쟁 해결을 도와주며, 이들이 안전하게 생활할 수 있도록 지원한다. 법적 지원 서비스는 이주민과 난민이 자신의 권리를 이해하고, 법적 절차를 원활하게 진행할 수 있도록 돕는다. 이는 이들이 법적 문제로부터 보호받고, 새로운 사회에서 자신감을 가지고 생활할 수 있게 하는 중요한 요소이다.

4. 환경 변화와 사회복지

기후 변화와 같은 환경 변화와 관련하여 지속가능성을 확보하는 차원에서 기획해 볼 수 있는 사회복지 프로그램을 기후 변화 대응 프로그램, 지속 가능한 발전을 위한 사회복지 정책으로 구분하여 예를 들면 다음과 같은 프로그램이 있을 수 있다.

1) 기후 변화 대응 프로그램

(1) 환경 재난 대비 프로그램

기후 변화로 인한 자연재해가 빈번해짐에 따라 환경 재난 대비 프로그램이 필요하다. 이는 재난 발생 시 신속한 대응과 복구를 지원하며, 피해를 최소화하는 데 중점을 둔 프로그램이다. 환경 재난 대비 프로그램은 예방 교육, 재난 대비 훈련, 비상 대피 계획 수립 등을 포함한다. 이러한 프로그램은 지역 사회의 회복력을 강화하고, 재난 발생 시 신속하고 효율적인 대응을 가능하게 한다.

(2) 기후 난민 지원 프로그램

기후 변화로 인해 거주지를 잃은 기후 난민이 증가하고 있다. 이들을 위한 지원 프로그램은 주거, 의료, 교육 등 기본적인 생활을 보장하고, 새로운 환경에 적응할 수 있도록 돕는다. 기후 난민 지원 프로그램은 이들이 안정적인 생활을 할 수 있도록 주거지 제공, 의료 서비스 접근, 교육 기회 제공 등을 포함한다. 이는 기후 난민의 인권을 보호하고, 이들이 새로운 사회에 빠르게 통합될 수 있도록 지원한다.

(3) 지속 가능한 지역사회 개발

환경 변화에 대응하기 위해 지속 가능한 지역사회 개발이 중요하다. 이는 친환경 기술 도입, 에너지 효율성 향상, 지역 자원의 지속 가능한 이용 등을 포함하여 지역사회의 장기적인 발전을 도모한다. 지속 가능한 지역사회 개발은 환경 보호와 경제 성장을 동시에 추구하며, 지역 주민의 삶의 질을 향상시키는 데 기여한다. 이는 지역 사회의 탄력성을 강화하고, 미래 세대를 위한 건강한 환경을 보장하는 중요한 역할을 한다.

2) 지속 가능한 발전을 위한 사회복지 정책

(1) 녹색 복지 프로그램

환경 친화적인 사회복지 프로그램은 지속 가능한 발전을 지원한다. 이는 재활용, 에너지 절약, 친환경 제품 사용 등을 장려하여 환경 보호와 복지 증진을 동시에 추구한다. 녹색 복지 프로그램은 지역 사회에서의 환경 교육과 참여를 촉진하며, 주민들이 환경 보호에 적극적으로 참여할 수 있도록 한다. 이는 장기적으로 환경 보존과 함께 사회적 복지를 향상시키는 중요한 전략이다.

(2) 에너지 빈곤층 지원

에너지 비용 증가로 인해 어려움을 겪는 에너지 빈곤층을 위한 지원 프로그램이 필요하다. 이는 에너지 비용 보조, 에너지 효율 개선, 대체 에너지 사용 등을 통해 이들의 삶의 질을 향상시키는 데 기여한다. 에너지 빈곤층 지원 프로그램은 저소득 가구가 에너지 비용을 감당할 수 있도록 도와주며, 에너지 효율적인 주거 환경을 제공하여 에너지 비용을 절감할 수 있게 한다. 이는 에너지 빈곤 문제를 해결하고, 사회적 불평등을 줄이는 데 중요한 역할을 한다.

(3) 환경 교육과 인식 개선

환경 문제에 대한 교육과 인식 개선은 지속 가능한 사회를 만드는 데 필수적이다. 환경 교육 프로그램은 모든 연령대의 사람들이 환경 보호의 중요성을 이해하고, 실천할 수 있도록 돕는다. 이러한 프로그램은 학교, 지역 사회 센터, 기업 등 다양한 기관에서 진행될 수 있으며, 환경 문제에 대한 인식을 높이고, 실질적인 행동 변화를 촉진하는 데 중점을 둔다. 이는 지속 가능한 사회를 위한 시민의식을 강화하는 중요한 방법이다.

제2절 프로그램 기획과 평가의 발전을 위한 과제와 핵심 가치

I. 데이터 기반 사회복지 프로그램 기획

1) 빅데이터와 인공지능을 활용한 사회복지

(1) 데이터 수집과 분석

사회복지 프로그램의 효과성을 높이기 위해서는 정확한 데이터 수집과 분석이 중요하다. 빅데이터와 인공지능 기술을 활용하여 다양한 데이터를 종합적으로 분석하고, 이를 기반으로 한 정책 및 프로그램 기획이 필요하다. 데이터 수집과 분석은 프로그램의 필요성과 효과를 평가하는 데 중요한 역할을 하며, 이를 통해 최적의 자원 배분과 효율적인 서비스 제공이 가능해진다. 또한, 데이터 기반 접근은 복지 서비스의 투명성과 신뢰성을 높이는 데 기여할 수 있다.

(2) 맞춤형 서비스 제공

빅데이터 분석을 통해 이용자의 개별적인 필요와 특성을 파악하고, 이에 맞춤형 서비스를 제공할 수 있다. 이는 서비스의 효율성과 만족도를 높이는 데 기여한다. 맞춤형 서비스는 이용자의 상황과 요구에 따라 개별화된 지원을 제공함으로써, 보다 효과적인 복지 서비스를 실현할 수 있다. 이는 이용자 중심의 접근을 강화하고, 복지 서비스의 품질을 향상시키는 중요한 방법이다.

(3) 프로그램 효과성 평가

인공지능을 활용하여 프로그램의 효과성을 실시간으로 평가하고, 필요한 경우 즉각적인 피드백을 제공함으로써 프로그램의 질을 지속적으로 개선할 수 있다. AI 기반 평가 시스템은 프로그램 운영 과정에서 발생하는 문제를 신속히 파악하고 해결할 수 있도록 돕는다. 또한, 실시간 데이터 분석을 통해 프로그램의 단기 및 장기 성과를 체계적으로 모니터링하고 평가할 수 있다. 이는 프로그램의 지속 가능성과 효과성을 높이는 데 중요한 역할을 한다.

2) 협력과 통합

(1) 다양한 이해관계자 간 협력 모델

사회복지 프로그램의 성공을 위해서는 다양한 이해관계자 간의 협력이 필수적이다. 정부, 비영리단체, 기업, 지역사회 등 여러 주체가 협력하여 시너지를 창출할 수 있는 모델을 구축해야 한다. 이해관계자 간의 협력은 자원의 효율적인 활용과 서비스의 효과적인 제공을 가능하게 하며, 프로그램의 전반적인 질을 향상시킬 수 있다. 협력 모델은 각 주체의 강점을 최대한 활용하여 상호 보완적인 관계를 형성하는 데 중점을 둔다.

(2) 통합적 서비스 제공을 위한 네트워크 구축

다양한 복지 서비스를 통합적으로 제공하기 위해 네트워크를 구축하고, 각 기관 간의 협력을 강화하는 것이 필요하다. 이는 서비스 이용자의 편의를 높이고, 자원의 효율적 활용을 도모하는 데 기여한다. 통합적 서비스 네트워크는 이용자들이 필요한 서비스를 원스톱으로 제공받을 수 있도록 하여, 복지 서비스의 접근성을 높이고, 복지 체계의 효율성을 증대시킨다. 이를 통해 이용자의 만족도를 높이고, 복지 서비스의 효과를 극대화할 수 있다.

(3) 공동 기획과 실행

사회복지 프로그램의 기획과 실행 단계에서부터 다양한 주체가 공동으로 참여하는 체계를 마련하여, 프로그램의 실효성을 높이고, 다양한 의견을 반영할 수 있도록 한다. 공동 기획과 실행은 프로그램의 품질을 향상시키고, 참여 주체 간의 신뢰와 협력을 강화하는 데 중요한 역할을 한다. 이는 프로그램의 성공적인 실행과 지속 가능성을 보장하는 데 필수적인 요소이다. 공동 기획과 실행을 통해 프로그램의 목표를 효과적으로 달성하고, 사회적 영향을 극대화할 수 있다.

2. 지속 가능한 사회복지 프로그램

1) 재정적 지속 가능성 확보 방안

(1) 안정적 재원 확보

사회복지 프로그램의 지속 가능성을 위해서는 안정적인 재원 확보가 중요하다. 이는 정부 예산, 기부금, 기업의 사회적 책임(CSR) 기금 등 다양한 경로를 통해 이루어질 수 있다. 안정적인 재원 확보는 프로그램의 연속성과 신뢰성을 보장하며, 장기적인 계획 수립과 실행을 가능하게 한다. 다양한 재원 확보 전략을 통해 프로그램의 재정적 기반을 강화하고, 외부 충격에 대한 대응력을 높일 수 있다.

(2) 비용 효율적 운영

프로그램 운영의 비용 효율성을 높이는 방안을 모색하여, 제한된 자원으로 최대의 효과를 낼 수 있도록 한다. 이는 자원 배분의 최적화, 불필요한 비용 절감 등을 통하여 가능하게 된다. 비용 효율적 운영은 프로그램의 지속 가능성을 높이는 중요한 요소로, 자원의 낭비를 방지하고, 프로그램의 경제성을 강화할 수 있다. 이를 위해 정기적인 예산 검토와 비용 분석이 필요하다.

(3) 재정 투명성 강화

재정의 투명성을 강화하여 기부자와 후원자의 신뢰를 높이고, 프로그램에 대한 사회적 지지를 확보한다. 이는 정기적인 재정 보고와 감사를 통해 이루어질 수 있다. 재정 투명성은 프로그램 운영의 신뢰성을 높이고, 외부 이해관계자와의 긍정적인 관계를 형성하는 데 기여한다. 이를 통해 프로그램에 대한 사회적 인식을 향상시키고, 지속적인 지원을 유도할 수 있다.

2) 장기적 영향 평가와 피드백 시스템

(1) 장기적 성과 평가

사회복지 프로그램의 장기적인 성과를 평가하여, 프로그램의 지속 가능성을 확보하고, 필요한 개선점을 도출한다. 이는 프로그램 종료 후에도 지속적인 모니터링과 평가가 필요하다. 장기적 성과 평가는 프로그램의 전반적인 영향력을 분석하고, 향후 방향성을 설정하는 데 중요한 역할을 한다. 이를 통해 프로그램의 목표 달성 여부를 확인하고, 필요한 조치를 취할 수 있다.

(2) 이용자 피드백 수렴

프로그램 이용자의 피드백을 적극적으로 수렴하여, 프로그램의 질을 개선하고, 이용자의 만족도를 높인다. 이는 설문조사, 인터뷰, 의견 수렴 등을 통해 이루어질 수 있다. 이용자 피드백은 프로그램의 강점과 약점을 파악하는 데 중요한 자료를 제공하며, 프로그램의 실질적인 개선을 도모할 수 있다. 이를 통해 이용자의 요구와 기대를 반영한 서비스를 제공할 수 있다.

(3) 개선을 위한 지속적 노력

피드백과 평가 결과를 바탕으로 프로그램을 지속적으로 개선하고, 새로운 요구에 대응할 수 있는 유연한 체계를 마련한다. 이는 프로그램의 지속 가능성과 효과성을 높이는 데 필수적이다. 지속적인 개선 노력은 프로그램의 품질을 향상시키고, 이용자의 만족도를 높이는 데 기여한다. 이를 위해 정기적인 평가와 피드백 반영 체계를 구축하는 것이 중요하다.

3. 이용자 중심의 사회복지 프로그램

1) 서비스 이용자 참여 확대

(1) 이용자 참여 기회 제공

서비스 이용자가 프로그램 기획과 운영에 적극적으로 참여할 수 있는 기회를 제공한다. 이는 이용자의 의견을 반영하여 프로그램의 질을 높이고, 이용자의 만족도를 증대시킬 수 있다. 이용자 참여는 프로그램의 투명성과 신뢰성을 높이는 데 기여하며, 이용자들이 자신의 필요와 기대를 직접 반영할 수 있는 중요한 방법이다. 또한, 이용자들이 프로그램에 참여함으로써 자아 존중감이 향상되고, 프로그램의 실효성이 높아질 수 있다.

(2) 이용자 자문단 구성

프로그램 이용자들로 구성된 자문단을 통해 프로그램 운영에 대한 의견을 수렴하고, 실질적인 개선 방안을 도출한다. 이는 프로그램의 실효성을 높이는 데 기여하게 된다. 이용자 자문단은 다양한 배경과 경험을 가진 사람들로 구성되어야 하며, 정기적인 회의를 통해 프로그램의 발전 방향을 논의한다. 자문단의 의견은 프로그램 기획자와 운영자에게 중요한 피드백을 제공하여, 프로그램의 질적 향상을 도모할 수 있다.

(3) 이용자 중심의 평가 체계

서비스 이용자의 관점에서 프로그램을 평가하는 체계를 마련하여, 이용자의 실제 경험과 요구를 반영할 수 있도록 한다. 이는 프로그램의 질적 향상에 중요한 역할을 한다. 이용자 중심의 평가 체계는 정기적인 설문조사, 인터뷰, 포커스 그룹 등을 통해 이용자의 의견을 수집하고, 이를 기반으로 프로그램을 개선하는 데 중점을 둔다. 이는 프로그램의 실효성을 높이고, 이용자의 만족도를 극대화하는 데 기여한다.

2) 맞춤형 서비스 제공을 위한 기획과 평가

(1) 개인 맞춤형 서비스 기획

이용자의 개별적인 필요와 특성에 맞춘 개인 맞춤형 서비스를 기획하여, 보다 효과적이고 만족스러운 서비스를 제공할 수 있도록 한다. 이는 데이터 분석과 이용자 인터뷰 등을 통해 이루어질 수 있다. 개인 맞춤형 서비스는 이용자의 생활 상황과 요구를 반영하여 설계되며, 이를 통해 서비스의 효율성과 만족도를 높일 수 있다. 또한, 맞춤형 서비스는 이용자의 참여도를 높이고, 프로그램의 전반적인 품질을 향상시킬 수 있다.

(2) 이용자 특성별 프로그램 개발

연령, 성별, 장애 유무, 경제적 상황 등 이용자의 다양한 특성을 고려한 프로그램을 개발하여, 모든 이용자가 혜택을 받을 수 있도록 한다. 이는 포용적 사회복지를 실현하는 데 기여한다. 이용자 특성별 프로그램 개발은 각 그룹의 특정 필요를 반영한 맞춤형 접근을 통해 이루어지며, 이는 이용자의 만족도와 참여도를 높이는 데 중요한 역할을 한다. 또한, 이러한 프로그램은 사회적 불평등을 줄이고, 포용적 사회를 구축하는 데 기여할 수 있다.

(3) 맞춤형 서비스의 효과 평가

맞춤형 서비스의 효과를 평가하여, 프로그램의 질을 지속적으로 개선하고, 이용자의 만족도를 높인다. 이는 정기적인 평가와 피드백 수렴을 통해 이루어질 수 있다. 맞춤형 서비스 평가 체계는 이용자의 피드백을 적극적으로 반영하고, 프로그램의 강점과 약점을 파악하여 개선하는 데 중점을 둔다. 이를 통해 맞춤형 서비스의 실효성을 높이고, 이용자의 기대에 부응할 수 있다.

4. 윤리적 접근과 사회복지

1) 프로그램 기획과 평가에서의 윤리적 고려

(1) 이용자 권리 보호

사회복지 프로그램 기획과 평가에서 이용자의 권리를 최우선으로 보호한다. 이는 개인정보 보호, 자발적 참여 보장, 신체적 및 정신적 안전 보장을 포함한다. 이용자의 권리 보호는 프로그램의 신뢰성을 높이고, 이용자가 안심하고 서비스를 이용할 수 있도록 한다. 또한, 이용자의 권리를 존중하는 것은 윤리적 사회복지의 기본 원칙으로, 프로그램 운영의 전 과정에서 반드시 준수해야 한다.

(2) 공정성과 투명성 유지

프로그램의 기획과 운영에서 공정성과 투명성을 유지하여, 모든 이용자가 동등한 혜택을 받을 수 있도록 한다. 이는 윤리적 원칙을 준수하는 데 중요하다. 공정성과 투명성은 프로그램 운영의 신뢰성을 높이고, 이용자와의 신뢰 관계를 강화하는 데 기여한다. 이를 위해 프로그램의 모든 과정을 투명하게 공개하고, 공정한 절차를 통해 서비스를 제공하는 것이 필요하다.

(3) 책임 있는 자원 관리

프로그램 운영에 사용되는 자원을 책임 있게 관리하여, 자원의 낭비를 방지하고, 최대한의 효과를 낼 수 있도록 한다. 이는 사회적 책임을 다하는 자세를 요구한다. 책임 있는 자원 관리는 프로그램의 지속 가능성을 높이고, 사회적 신뢰를 강화하는 데 중요한 역할을 한다. 이를 위해 정기적인 자원 사용 평가와 관리 체계를 구축하는 것이 필요하다.

2) 투명성과 책임성 강화 방안

(1) 정기적 보고와 감사

프로그램 운영의 모든 과정을 정기적으로 보고하고, 외부 감사를 통해 투명성을 강화한다. 이는 기부자와 후원자, 그리고 사회 전체의 신뢰를 높이는 데 기여한다. 정기적 보고와 감사는 프로그램 운영의 투명성을 보장하고, 이해관계자와의 신뢰 관계를 강화하는 중요한 방법이다. 이를 통해 프로그램의 질적 향상과 지속 가능성을 도모할 수 있다.

(2) 이해관계자와의 소통 강화

프로그램 운영에 영향을 미치는 모든 이해관계자와의 소통을 강화하여, 투명하고 책임 있는 운영을 보장한다. 이는 정기적인 회의와 소통 채널을 통해 이루어질 수 있다. 이해관계자와의 소통 강화는 프로그램 운영의 투명성을 높이고, 다양한 의견을 반영하여 프로그램의 질을 향상시키는 데 기여한다. 이를 통해 프로그램의 전반적인 효과성을 증대시킬 수 있다.

(3) 윤리 교육과 규정 준수

프로그램 운영에 참여하는 모든 인력에 대한 윤리 교육을 실시하고, 관련 규정을 철저히 준수한다. 이는 윤리적 사회복지를 실현하는 데 필수적이다. 윤리 교육은 프로그램 참여자들이 윤리적 원칙을 이해하고 실천할 수 있도록 돕는 중요한 과정이다. 이를 통해 프로그램 운영의 투명성과 신뢰성을 강화하고, 사회적 책임을 다하는 프로그램을 운영할 수 있다.

부록

1. 배분신청서 표준 양식(공통)
2. 신청기관 현황 표준 양식(공통)
3. 신청기관 신뢰성 점검표 양식(공통)
4. 프로그램_성과중심형 사업계획서 표준양식
5. 프로그램_산출중심형 사업계획서 표준양식
6. 기능보강 사업계획서 표준 양식

배분신청서

<table>
<tr><td>기 관 명</td><td colspan="3"></td><td colspan="2">고유번호
(사업자등록번호)</td><td colspan="2"></td></tr>
<tr><td>사 업 명</td><td colspan="7">〈대상+목적+방법: 부제〉</td></tr>
<tr><td rowspan="3">사업
기본 정보</td><td>연차</td><td colspan="6">① 1년차 ② 2년차 ③ 3년차 ④ 기타( )</td></tr>
<tr><td>대상 지역</td><td colspan="2"></td><td colspan="2">사업수행인력</td><td colspan="2">명</td></tr>
<tr><td>사업 기간</td><td colspan="6">년 월 일 ~ 년 월 일 (총 개월)</td></tr>
<tr><td rowspan="2">사업
참여자</td><td>참여자 구분</td><td colspan="6">__① 아동 · 청소년 __② 노인 __③ 장애인 __④ 여성/다문화
__⑤ 위기가정 __⑥ 지역사회 __⑦ 북한/해외/기타</td></tr>
<tr><td>핵심 참여자</td><td colspan="2"></td><td colspan="2">인원수</td><td colspan="2">명</td></tr>
<tr><td>사업구분</td><td colspan="7">__① 기초생계 지원 __② 교육/자립 지원 __③ 주거/환경 개선 __④ 보건/의료 지원
__⑤ 심리/정서 지원 __⑥ 사회적 돌봄 강화 __⑦ 소통과 참여 확대 __⑧ 문화/격차 해소</td></tr>
<tr><td>성과목표</td><td colspan="7">해당 사항이 없을 경우에는 공란으로 표기</td></tr>
<tr><td rowspan="4">주요
사업 내용</td><td>세부 사업명</td><td colspan="6">주요 내용</td></tr>
<tr><td></td><td colspan="6"></td></tr>
<tr><td></td><td colspan="6"></td></tr>
<tr><td></td><td colspan="6"></td></tr>
<tr><td>사 업 비</td><td>총 사업비</td><td colspan="2">원</td><td colspan="2">신청금액</td><td colspan="2">원</td></tr>
<tr><td rowspan="2">신청금액
세부내역</td><td rowspan="2">사업비</td><td>천원</td><td rowspan="2">인건비</td><td>천원</td><td rowspan="2">관리
운영비</td><td colspan="2">천원</td></tr>
<tr><td>%</td><td>%</td><td colspan="2">%</td></tr>
<tr><td rowspan="2">담 당 자</td><td>성명</td><td></td><td>직통전화</td><td></td><td>E-mail</td><td colspan="2">@</td></tr>
<tr><td>직위</td><td></td><td>휴대폰</td><td></td><td>FAX</td><td colspan="2"></td></tr>
</table>

※ 사업시행 중 아래의 배분취소 및 환수에 해당하는 사안이 발생할 경우, 모금회는 배분분과실행위원회의 심의를 거쳐 배분을 취소할 수 있음을 안내드립니다.

제13조(배분취소 및 환수) ① 제10조제1항에 따른 배분결정통지 후에 다음 각 호의 어느 하나에 해당하는 사유가 발생한 경우에는 배분분과실행위원회의 심의를 거쳐 배분을 취소하여야 한다. 이 경우 배분금을 지급한 때에는 그 전액 또는 일부를 환수할 수 있다.

1. 제5조의3에 규정된 배분제외대상에 해당하는 사업 또는 비용임이 발견된 경우
2. 배분을 받은 자가 배분금을 목적 외의 경비로 사용한 경우
3. 배분대상 사업이 중지되거나 목적달성이 불가능한 경우
4. 배분을 받은 자가 법 제23조에 따른 모금회의 서류제출 요구 또는 조사에 불응한 경우
5. 배분결정이 법 · 「정관」 또는 이 규정에 위반된 것임이 발견된 경우
6. 배분을 받은 자가 당해 배분과 관련하여 모금회에 제출하거나 보고한 내용이 허위로 판명된 경우
7. 그 밖에 배분분과실행위원회가 배분취소 및 환수를 하여야 할 사유가 있다고 판정한 경우

위와 같이 2024년도 사업을 신청합니다.

2024년 월 일

기관대표자: (인)

사회복지공동모금회장 귀하

신청기관 현황

<table>
<tr><td>기 관 명</td><td colspan="3"></td><td colspan="2">대 표 자</td><td colspan="2"></td></tr>
<tr><td>고유번호
(사업자등록번호)</td><td colspan="3"></td><td colspan="2">전화번호</td><td colspan="2"></td></tr>
<tr><td>E-mail</td><td colspan="3"></td><td colspan="2">FAX</td><td colspan="2"></td></tr>
<tr><td>홈페이지</td><td colspan="3"></td><td colspan="2">설립 연월일</td><td colspan="2">년 월 일</td></tr>
<tr><td>주 소</td><td colspan="7">□□□□□</td></tr>
<tr><td rowspan="2">직원 현황</td><td rowspan="2">총 명
(①+②)</td><td colspan="3">상근 (①)</td><td colspan="3">비상근 (②)</td></tr>
<tr><td colspan="3">명</td><td colspan="3">명</td></tr>
<tr><td rowspan="2">기관 주요 사업</td><td>구분</td><td colspan="6">__① 노인복지 __② 영유아/아동복지 __③ 장애인복지 __④ 노숙인복지
__⑤ 지역복지 __⑥ 정신보건 __⑦ 여성복지 __⑧ 가족복지
__⑨ 청소년복지 __⑩ 다문화지원 __⑪ 북한/해외지원 __⑫ 기타( )</td></tr>
<tr><td>내용</td><td colspan="6"></td></tr>
<tr><td rowspan="4">결산</td><td rowspan="2">세입</td><td>총 계</td><td>보조금수입</td><td>전입금</td><td>후원금수입</td><td>사업수입</td><td>기타수입</td></tr>
<tr><td>천원</td><td>천원</td><td>천원</td><td>천원</td><td>천원</td><td>천원</td></tr>
<tr><td rowspan="2">세출</td><td>총 계</td><td>인건비</td><td>관리운영비</td><td>사업비</td><td>재산조성비</td><td>기타지출</td></tr>
<tr><td>천원</td><td>천원</td><td>천원</td><td>천원</td><td>천원</td><td>천원</td></tr>
<tr><td rowspan="4">예산</td><td rowspan="2">세입</td><td>총 계</td><td>보조금수입</td><td>전입금</td><td>후원금수입</td><td>사업수입</td><td>기타수입</td></tr>
<tr><td>천원</td><td>천원</td><td>천원</td><td>천원</td><td>천원</td><td>천원</td></tr>
<tr><td rowspan="2">세출</td><td>총 계</td><td>인건비</td><td>관리운영비</td><td>사업비</td><td>재산조성비</td><td>기타지출</td></tr>
<tr><td>천원</td><td>천원</td><td>천원</td><td>천원</td><td>천원</td><td>천원</td></tr>
<tr><td rowspan="5">운영 법인 또는 단체</td><td>운영주체 성격</td><td colspan="6">__① 사회복지법인 __② 사단법인 __③ 종교법인 __④ 학교법인
__⑤ 재단법인 __⑥ 국가지방자치단체 __⑦ 임의단체 __⑧ 개인(신고)
__⑨ 법인(기타) __⑩ 단체(기타)( ) __⑪ 개인(기타) ( )</td></tr>
<tr><td>법인
(단체)명</td><td colspan="3"></td><td>대 표 명</td><td colspan="2"></td></tr>
<tr><td>고유번호
(사업자번호)</td><td colspan="3"></td><td>전화번호</td><td colspan="2"></td></tr>
<tr><td>홈페이지</td><td colspan="3"></td><td>설립연월일</td><td colspan="2">년 월 일</td></tr>
<tr><td>주소</td><td colspan="6">□□□□□</td></tr>
</table>

※ 신청기관 조직도, 운영위원회 및 운영법인 이사회 명단은 별첨자료로 첨부 요망

신청기관 신뢰성 점검표(사업신청기관 작성용)

1. 귀 기관 · 시설 · 단체에서 최근 **3년 이내(공모사업인 경우: 공고일 기준 / 비공모사업인 경우: 배분사업신청일 기준)**에 회계부정, 학대 및 성폭력 등 인권침해 사안[사회복지사업법 제40조(시설의 개선, 사업의 정지, 시설의 폐쇄 등) 1항 4호 및 9호의 각목(아래 관련 법령 참조)], 또는 이에 준하는 사안이 발생하여 정부(경찰, 검찰 등) 및 지자체 등으로부터 형사 · 행정처분 받은 사실이 있다면 해당란에 V 체크해 주세요.
   ※ **조치 완료되지 않은 사건이나 처분이 확정되지 않은 현재 진행 중인 사건의 경우**, 기간과 상관없이 작성해 주세요.
   ※ 귀 기관 · 시설 · 단체의 사건으로 인해 운영법인이 대신 처분 받은 경우, '해당있음'으로 작성해 주세요.
   ※ (신청기관이 운영법인인 경우) 귀 운영법인이 사건 당사자 기관이 아님에도 산하 기관 · 시설 · 단체의 사건으로 인해 대신 처분 받은 경우라면, '해당없음' 으로 작성해 주세요.
   ※ 인권침해 사건의 경우, 이용인(생활인)에 대한 시설장 또는 종사자의 인권침해 사건에 한해 작성해 주세요.

(이용자 간, 종사자 간 사건은 제외)

V 체크	내용
○	가. 해당없음 (2번 문항 생략 후 하단에 최종 서명함)
	나. 해당있음 (2번 문항부터 기재)

관련법령
○ 사회복지사업법 제40조(시설의 개선, 사업의 정지, 시설의 폐쇄 등) 1항 4호 중 회계부정 ○ 사회복지사업법 제40조(시설의 개선, 사업의 정지, 시설의 폐쇄 등) 1항 9호 중 성폭력범죄 또는 학대관련범죄 – 성폭력범죄 : 「성폭력범죄의 처벌 등에 관한 특례법」 제2조제1항제3호부터 제5호까지 「아동 · 청소년의 성보호에 관한 법률」 제2조제3호 – 아동학대관련범죄: 「아동복지법」 제3조제7호의2 – 노인학대관련범죄 : 「노인복지법」 제1조의2제5호 – 그 밖에 대통령령으로 정하는 성폭력범죄 또는 학대관련범죄 ○ 「장애인복지법」 제2조 4항에 따른 장애인학대관련범죄 ○ 이 외의 학대 · 성폭력 관련 범죄와 관련한 법률

2. 처분과 관련한 구체적인 내용을 작성해 주세요.

<table>
<tr><th>구분</th><th colspan="2">내용</th></tr>
<tr><td>발생시기/
기간</td><td colspan="2">년 월 일 ~ 년 월 일</td></tr>
<tr><td rowspan="3">관련 사안 및
관련자</td><td>V 체크</td><td>내용</td></tr>
<tr><td></td><td>가. 회계부정: 사업비 횡령, 유용 (관련자 (V표시): □ 시설장 □종사자)</td></tr>
<tr><td></td><td>나. 인권침해: 이용자 학대, 성폭력 (관련자 (V표시): □ 시설장 □종사자)</td></tr>
</table>

<table>
<tr><td rowspan="4">사건종류</td><td>V 체크</td><td>내용</td></tr>
<tr><td></td><td>가. 회계부정 (내용:)</td></tr>
<tr><td></td><td>나. 학대 (내용:)</td></tr>
<tr><td></td><td>다. 성폭력 (내용:)</td></tr>
<tr><td rowspan="6">처분내용</td><td>V 체크</td><td>내용</td></tr>
<tr><td></td><td>가. 행정처분</td></tr>
<tr><td></td><td>나. 형사처분</td></tr>
<tr><td></td><td>다. 기타(처분이 확정되지 않은 경우)</td></tr>
<tr><td colspan="2">내용</td></tr>
<tr><td colspan="2">■ 처분종류:
■ 처분확정일자 :
■ 처분에 대한 조치이행 종료여부 : □ 완료 □ 진행중
■ 처분에 대한 조치이행 종료(예정)일자:</td></tr>
</table>

※ 2개 이상의 처분이 있는 경우 표를 추가하여 작성 바랍니다.
※ 컨소시엄 사업인 경우, 컨소시엄 구성기관별로 각각 1부씩 작성하여, 첨부파일로 제출 바랍니다.

3. 2번의 기재사항과 관련하여 기관의 의견이 있는 경우 자유롭게 작성해 주세요.

상기 내용은 사실에 기반하여 작성되었으며, **작성 내용이 사실과 다른 경우 배분사업에 선정된 후에도 배분취소, 환수, 일정기간 지원중단 등의 조치가 있을 수 있음**에 동의합니다.

2024년 월 일

기관대표자: (직인)

<성과중심형> 사업계획서

1. 사업명: 대상 목적 방법

2. 사업 내용 및 추진 전략

1) 사업 참여자 모집 전략

(1) 참여 대상 및 인원

핵심 참여자	
주변 참여자	

(2) 참여자 선정 기준

(3) 참여자 모집 방안

2) 사업 내용 및 사업 집행 전략

- 아래 내용을 모두 포괄하되, 자유롭게 (질문순서에 상관없이) 표현해 주시기 바랍니다.
  - 전체 사업을 몇 개의 세부 사업으로 분류한다면 어떻게 구성될 수 있습니까?
  - 사업을 어떻게 추진할 것인지에 대하여 세부 사업별 시행방법, 시행 시기 및 횟수, 사업 진행 일정 등 구체적인 정보를 담아서 기술해 주시기 바랍니다.

3) 기관 연계협력 전략

- 위의 사업 집행 전략과 관련하여, 지역사회 내(또는 그 범위를 넘어서) 어떤 기관들과 유기적인 협조관계를 가질 것인지에 대하여 아래 내용을 포함하여 기술해 주시기 바랍니다.
  - 협력 기관이 세부 사업에서 어떤 역할을 담당하게 되는지, 그때 신청기관의 역할은 무엇인지, 이러한 협력체계는 어떤 절차를 통해 진행되는지 등

3. 예산 편성

(단위: 원)

목	세목	세세목	계	산출근거	예산조달 계획				
					신청금액	비율(%)	자부담	비율(%)	자부담 재원
총 계									
인건비									
	소 계								
사업비									
	소 계								
관리운영비									
	소 계								

- 사업에 직접 투입되는 비용을 인건비, 사업비, 관리운영비로 구분하여 작성해주시기 바랍니다.
  - **(인건비)** 해당사업을 직접적으로 수행하는 인력에게 투입되는 비용
  - **(사업비)** 프로그램 수행에 필요한 직접비용
  - **(관리운영비)** 프로그램의 수행에 필요한 간접비용(사업관리에 필요한 비용)
  - 예산 수립 시 예산편성기준표를 참고하여 주시기 바랍니다.
- 세목은 세부 사업별로 구분하고 단위가 큰 경우 세세목으로 구분하여 작성하시기 바랍니다.
- 산출근거는 실제 단가, 수량, 인원수, 건수, 횟수 등을 구체적으로 기록해 주시기 바랍니다.

4. 문제 의식(사업 필요성)

1) 사업 계획 배경

- 왜 이 사업을 기획하게 되었습니까?
  - 귀 기관이 관심을 가지기 전에는 어떤 상태에 있었는지, 인근 다른 지역에도 유사한 상황이 있다면 어떻게 대응하고 있는지에 대해서도 서술해 주시기 바랍니다.

2) 기존 유사사업과의 차별성

- 기존의 시각이나 접근방식과 다른 점은 무엇입니까?

3) 신청기관의 강점

- 이 사업을 신청기관에서 수행해야 하는 이유에 대해 사전 조사 내용, 관련 분야 수행 경험 등을 포함하여 기재해주시기 바랍니다.

5. 목표 및 평가

1) 산출목표

세부 사업명	산출목표	모니터링 방법

• 성과목표를 달성하기 위해 이끌어내야 하고 모니터링해야 하는 산출목표는 무엇입니까?

2) 성과목표 및 평가 방법

성과목표	평가 도구 및 방법	측정 시기

• **(성과목표)** 성과목표와 관련하여 아래 내용들에 대해 작성해 주시기 바랍니다.
  - 핵심 참여자의 어떤 부분을 어느 수준까지 변화시키는 것입니까?
  - 작성하고자 하는 성과목표가 이후에 기술되는 평가 방법을 통해 달성여부를 알 수 있게 됩니까?
  - (성과라고 강조하고 싶은데) 양적으로 드러내기(수치화하기) 어려운 성과목표가 있다면 무엇입니까?
  - 앞서 기술하신 사업내용과 성과목표를 논리적으로 연결하여 작성해 주십시오.

• **(평가 도구 및 방법 / 측정 시기)** 성과목표 달성 여부와 정도를 어떻게 평가하실 건가요?
  - 성과목표 달성 여부와 정도를 판단하기 위해 어떤 성과지표를 설정하실 건가요?
  - 제시된 성과목표에 대한 평가계획(자료수집방법, 측정 시기 등)은 어떠한가요?
  - 수치화하기 어려운 성과목표가 있다면 어떤 평가방법을 통해 변화의 수준과 의미를 드러내실 건가요?

6. 사업종료 후 지향점

1) 사업 수행으로 인한 기대 효과

• 이 사업이 성공적으로 수행된다면 기대되는 효과는 무엇입니까?

2) 사업 결과의 활용 계획

• 사업의 효과로 나타난 결과를 어떻게 활용할 계획입니까?
• 사업 결과를 통해 유사기관이나 지역사회에 꼭 알리고 싶은 이야기가 있다면 무엇입니까?

<산출중심형> 사업계획서

1. 사업명:

• 대상, 목적, 방법과 관련된 정보를 담은 사업명을 적어주십시오.(슬로건은 부제(副題)로 병기해주세요)

2. 사업 필요성

• 수행하려는 사업내용과 관련하여 지금 직면해 있는 현실적인 어려움은 무엇입니까?
• 무엇을 해소 또는 완화하려는 것입니까?

3. 사업 내용 및 추진방법

1) 사업 참여자 및 인원

• 참여자는 누구이며, 몇 명입니까?
• 어떤 기준을 세워서 참여자를 결정하게 됩니까?

2) 사업내용 및 방법

세부 사업명	활동 내용(수행방법)	산출 목표

• (세부 사업명) 전체 사업을 몇 개의 세부 사업으로 분류한다면 어떻게 구성될 수 있습니까?
• (활동 내용) 사업을 어떻게 추진할 것인지에 대하여 세부 사업별 시행방법, 시행 시기 및 횟수, 사업 진행 일정 등의 정보를 담아서 기술해 주시기 바랍니다.
• (산출 목표) 사업 시행의 결과로 발생하는 산출물은 무엇입니까?

4. 예산편성

(단위: 원)

목	세목	계	산출근거	예산조달 계획				
				신청금액	비율(%)	자부담	비율(%)	자부담 재원
총 계								
인건비								
	소 계							
사업비								
	소 계							
관리운영비								
	소 계							

- 사업에 직접 투입되는 비용을 인건비, 사업비, 관리운영비로 구분하여 작성해주시기 바랍니다.
  - (인건비) 해당사업을 직접적으로 수행하는 인력에게 투입되는 비용
  - (사업비) 프로그램 수행에 필요한 직접비용
  - (관리운영비) 프로그램의 수행에 필요한 간접비용(사업관리에 필요한 비용)
  - 예산 수립 시 예산편성기준표를 참고하여 주시기 바랍니다.
- 세목은 세부 사업별로 구분하고 단위가 큰 경우 세세목으로 구분하여 작성하시기 바랍니다.
- 산출근거는 실제 단가, 수량, 인원수, 건수, 횟수 등을 구체적으로 기록해 주시기 바랍니다.

<기능보강> 사업계획서

1. 사업명: 대상 목적 방법

- 대상, 목적, 방법과 관련된 정보를 담은 사업명을 적어주십시오.(슬로건은 부제(副題)로 병기해주세요)

2. 지원 필요성

1) 주요 문제점

- 현재 어떤 어려움에 직면해 있습니까? 어떤 문제 때문에 기능보강을 신청하는지 설명해 주시기 바랍니다.
- 지원받지 못하면 어떤 상황이 벌어집니까?

2) 관련 현황(해당 사항만 기재)

〈장비〉

1	장비 교체 지원의 경우 기존 장비 사진	
전면사진	후면사진	측면(좌)사진

〈개보수〉

1	시설개보수의 경우 현 시설 사진	
사진1	사진2	사진3

〈자동차(기 보유차량 관련 정보)〉

차종	연식	배기량	좌석 수	현재 사용용도	지원주체
	년	CC	명		자체구입
					경북모금회

- 앞서 기술한 어려움과 관련한 현황에 대해 작성해 주시기 바랍니다.
  - 장비, 개보수, 자동차 중 해당 사항만 기재하며, 관련 사진 첨부

3. 사업 내용

1) 이용 대상 및 인원

• 본 사업을 통해 생활이 개선되거나 수행할 사업에 참여하게 되는 이용자는 누구이며, 인원은 몇 명입니까?

2) 세부 사업 내용 (해당 사항만 기재)

〈장비구입〉

구입 장비명	용도	사용횟수 (또는 시간)	사용 연한	구입 수량	사용 장소

1	구입하고자 하는 장비사진 등 첨부	
전면 사진 1	전면 사진 2	전면 사진 3

〈개보수〉

개보수 장소	개보수 내용

〈자동차 구입〉

차종	연식	배기량	좌석수	예상가액	비고
	년	CC	명	천원	

• 진행하고자 하는 사업 내용은 무엇입니까?
  – 장비, 개보수, 자동차 중 해당 사항만 기재
• 구매/계약 방법 참고
  – 1천만원 이하 물품제조 · 구매시 1인 견적서
  – 1천만원 초과 2천만원 이하 물품제조시 1인 견적서
  – 1천만원 초과 2천만원 이하 물품구매시 나라장터 전자견적서

3) 사업 진행 일정

• 추진 내용별 일정을 기재하여 주시기 바랍니다.

4. 예산편성

(단위: 원)

<table>
<tr><th rowspan="2">목</th><th rowspan="2">세목</th><th rowspan="2">계</th><th rowspan="2">산출근거</th><th colspan="5">예산조달 계획</th></tr>
<tr><th>신청금액</th><th>비율(%)</th><th>자부담</th><th>비율(%)</th><th>자부담 재원</th></tr>
<tr><td colspan="2">총 계</td><td></td><td></td><td></td><td></td><td></td><td></td><td></td></tr>
<tr><td rowspan="7">사업비</td><td></td><td></td><td></td><td></td><td></td><td></td><td></td><td></td></tr>
<tr><td></td><td></td><td></td><td></td><td></td><td></td><td></td><td></td></tr>
<tr><td></td><td></td><td></td><td></td><td></td><td></td><td></td><td></td></tr>
<tr><td></td><td></td><td></td><td></td><td></td><td></td><td></td><td></td></tr>
<tr><td></td><td></td><td></td><td></td><td></td><td></td><td></td><td></td></tr>
<tr><td></td><td></td><td></td><td></td><td></td><td></td><td></td><td></td></tr>
<tr><td>소 계</td><td></td><td></td><td></td><td></td><td></td><td></td><td></td></tr>
<tr><td rowspan="3">관리운영비</td><td></td><td></td><td></td><td></td><td></td><td></td><td></td><td></td></tr>
<tr><td></td><td></td><td></td><td></td><td></td><td></td><td></td><td></td></tr>
<tr><td>소 계</td><td></td><td></td><td></td><td></td><td></td><td></td><td></td></tr>
</table>

- 사업에 직접 투입되는 비용을 사업비, 관리운영비로 구분하여 작성해주시기 바랍니다.
  - **(사업비)** 사업 수행에 필요한 직접비용
  - **(관리운영비)** 사업 수행에 필요한 간접비용(사업관리에 필요한 비용)
  - 예산 수립 시 예산편성기준표를 참고하여 주시기 바랍니다.
- 세목은 세부 사업별로 구분하고 단위가 큰 경우 세세목으로 구분하여 작성하시기 바랍니다.
- 산출근거는 실제 단가, 수량, 인원수, 건수, 횟수 등을 구체적으로 기록해 주시기 바랍니다.

5. 향후 운영 계획

- 장비구입, 개보수 또는 자동차구입을 통해 향후 어떤 사업을 수행하고자 하는지 작성해주시기 바랍니다.
  - 동 기능보강사업에 따른 장비나, 개보수 내용이나 구입한 자동차가 어떻게 활용될 것인지에 대해 사후관리 및 유지보수 계획을 포함하여 작성해주시기 바랍니다.

찾아보기

찾아보기

ㄱ

ㄴ

ㄷ

ㅇ

ㅈ

ㅊ

참고문헌

참고문헌

고성호(2008). 사회문제. 서울: 도서출판 그린

국립국어원 표준국어대사전(2023). https://stdict.korean.go.kr

기영화(2009). 평생교육프로그램개발. 서울: 학지사

김미숙·이동임(2001). 인적 자원개발 인증제 연구: 체제구축을 중심으로. 한국직업능력개발원.

김미자·전남련·윤기종·정현숙·오주·박정란(2014). 사회복지프로그램 개발과 평가. 서울: 양서원

김상곤·최승희·안정선(2015). 사회복지 프로그램 개발과 평가. 서울: 학지사.

김선미(2019). 노인 회상치료에 관한 체계적 문헌 고찰: 증거기반 실천과정 적용. 예술인문사회 융합 멀티미디어 논문지, 9(8). 553-568.

김선희·김표민·신원정·유진희(2021). 사회복지 프로그램 개발과 평가(개정판). 경기: 어가

김영종(2012). 사회복지행정론. 서울: 학지사

김영종·권순애(2023). 사회복지 프로그램 개발과 평가(2판). 서울: 학지사

김진우(2023). 사회복지 프로그램 개발과 평가. 경기: 공동체

김치영·최용민(2006). 사회복지행정론, 서울: 21세기사.

김태현(2020). 사회복지사라면 김과장의 프로포절처럼. 경기: 어가.

김통원(2003). 사회복지 프로그램 개발과 평가. 서울: 학지사

김통원·윤재영(2005). 사회복지 서비스 품질관리, 서울: 신정

김학주 (2008). 사회복지 프로그램 개발과 평가, 서울: 청목출판사

문수열·박순미·박서영·송낙길·유주희(2021). 사회복지 프로그램 개발과 평가. 경기: 양서원

박경일·윤기혁·박승기·권진아·임혜수·김새봄(2023). 사회복지 프로그램 개발과 평가(제3판). 경기: 양성원

사회복지공동모금회(2015). 2016 배분사업 안내

사회복지공동모금회(2018a). 2018년 배분사업 안내서. 서울: 사회복지공동모금회.

사회복지공동모금회(2018b). 공동모금회 배분사업 성과측정을 위한 척도집. 서울: 사회복지공동모금회.

사회복지공동모금회(2024). 2025 배분사업 안내

삼성복지재단(2002). "2002년 작은나눔 큰사랑", 지원기관 우수사례집,

삼성복지재단(2003). '실질 고령자 생산성 기능강화를 위한 취업기술 증진 프로그램', 구로노인종합복지관, p. 88

신복기·박경일·장중탁·이명현(2002). 사회복지행정론, 서울: 양서원.
신원식, 신근화(2022). 사회복지 프로그램 개발과 평가–제안서 작성의 실제. 서울: 공동체.
양승일(2015). 사회복지행정론. 서울:양서원.
우수명(2007). TP 사회복지 Program 개발과 평가. 서울: 인간과 복지
위키백과사전(2022)
윤성호(2021). 사회복지 프로그램 개발과 평가. 경기: 양서원
이민홍·정병오(2020). 사회복지 프로그램 개발과 평가(제3판). 경기: 양서원
이보라 기자. N포 세대? '청년팔이' 제대로 하고 있나요? (경향신문. 2019. 10.3)
이봉주·김기덕(2008). 사회복지프로그램의 이해와 적용. 서울: 신정출판사.
이봉주·김기덕(2014). 사회복지 프로그램 개발과 평가. 서울: 신정.
정무성(2013). 사회복지프로그램 개발론. 서울:학현사
정무성(2014). 사회복지 프로그램 개발과 평가. 경기: 정민사.
정무성·정진모(2002). 사회복지 프로그램 개발과 평가. 경기: 양서원.
조성우, 노재현(2009). 알기쉽고 바로 활용하는 사회복지 성과측정자료집. 사회복지공동모금회 연구센터.
조성우·안정선·최승희·김상곤(2018). 쉽게 배우고 바로 활용하는 사회복지 프로그램 개발과 평가. 서울: 학지사
조성우·안정선·최승희·김상곤(2023). 사회복지 프로그램 개발과 평가. 서울:학지사
지은구(2005). 사회복지프로그램 개발과 평가. 서울: 학지사
창원복지재단(2022). 2021년 창원복지재단 사회복지 우수프로그램 사례집.
최선화(2008). 사회보장연구. 한국사회보장학회.
최일섭·이창호(1993). 사회계획론. 서울: 나남출판
최일섭·최성재(1994). 사회문제와 사회복지. 서울: 나남출판
한동우(2001). 사회복지 프로그램 평가의 방향과 실천. 한국사회복지행정학, 4, pp.117-146.
홍순혜·이시연(2007). 프로그램 개발의 새로운 패러다임 개입연구. 서울: 청목출판.
황성철(2014). 사회복지프로그램 개발과 평가. 서울: 공동체
황성철·정무성·강철희·최재성(2021). 사회복지행정론, 서울:학현사

Becker, H. S. (1986). Writing for Social Scientists: How to Start and Finish Your Thesis, *Book, or Article*. University of Chicago Press.
Coley & Scheinberg(1998), Proposal writing. 정무성(2006). 사회복지프로포절 작성법. 서울: 푸른북
Cook, T. D., Leviton, L. C., & Shadish, W. R. (1985). Program Evaluation: Theories of

Practice. New Directions for Program Evaluation, 1985(27).

Cook, T. D., Leviton, L. C., & Shadish, W. R. (1985). Program Evaluation: Theories of Practice. New Directions for Program Evaluation, 1985(27).

Dror, Y.(1967). Policy analysts:A New Professional Role in Government, Public Administration Review, September.

Gilbert. N. & Specht, H.(1997). *Planning for Social Welfare*. Englewood Cliffs. NJ :Prentice-Hall.

Hanslin, J. M.(1996). *Social problems(4th ed.)* Upper Saddle River, NJ:Prentice-Hall.

Hardina, D.(2002). *Analytical Skills:for community organization practice*. New York Columbia University Press

HarperPaperbacks, 안진환 역(2002), 을유문화사.

Jason, R.(2003). Brain storm: Tab into your creativity to generate ideas and remarkable results. Franklin Lakes, N.I.: Carrer Press.

Kadushin, A., & Harkness, D. (2002). *Supervision in Social work*. New York: Columbia University Press.

Kagle, J. M., & Kopels, S. (2008). *Social work record*, 홍순혜, 황인영 공역(2010), 사회복지 기록, 서울: 시그마프레스

Kahn, A. J.(1969). *Theory and Practice of Social Planning*. NY: Sage Publication.

Kettner, P.M., Moroney,R .M & Martin, L. L.(2008). *Designing and managing Program: An Effectiveness-based Approacb*, Thousand Oaks, CA:Sage

Kirk, J., & Miller, M. L. (1986). Reliability and Validity in Qualitative Research. Beverly Hills: Sage Publications.

Meadows, D. H., & Perelman, L. J. (1973). Limits to Growth. In Dyckman W. Vermilye (Ed.), The Future in the Making: Current Issues in Higher Education. San Francisco: Jossey-Bass.

NCS학습모듈(2023), 사회복지프로그램 운영, 교육부

OpenAI.(2024). *ChatGPT(GPT-4o)*. Available at: https://www.openai.com/chatgpt.

Parasuraman, A., Zeithaml, V. A., & Berry, L.L.(1988). "SERVQUAL: A multiple-item scale for measuring consumer perceptions of service quality", *Journal of Retailing, 64*(1), 12-40.

Parasuraman, A., Zeithaml, V. A., & Berry, L.L.(1994). "Reassessment of expectations as a comparison standard in measuring service quality: Implications for further research". *Journal of Marketing. 58*, 111-124.

Patrick G. Riley(2002). 강력하고 간결한 한 장의 기획서 *The One Page Proposal.*

Patti, R. J.(1983). *Social welfare administration: Managing social programs in a developmental context.* Englewood Cliffs, NJ: Prentice-Hall.

Rapp, C. A. & Poertner. J.(1992), *Social Administration: A Client- Centered Approach.* New-York: Longman Publishing Group

Rossi, P. H., & Freeman, H. E. (1993). *Evaluation: A Systematic Approach (5th ed.).* Sage Publications, Inc.

Royse, D. (2001). *Program Evaluation: An Introduction.* Australia; Belmont, CA: Brooks/Cole-Wadsworth Thompson Learning.

Sargeant & Jay(2004). 기부자 로열티. 사회복지공동모금회 내부 자료

Skidmore, R.A.(1995). *Social Work Administration.* Needham Heights, MA: Allyn & Bacon.

Smith, M. J. (2010). *Handbook of Program evaluation for Social work and health professional* . New York: Oxford

Strauss, A., & Corbin, J. (1999). *Basics of Qualitative Research: Techniques and Procedures for Developing Grounded Theory.* 2nd edition. Sage Publications.

T. M. Meenaghan, K. M. Kilty., & J. G. McNutt.(2004). *Social Policy Analysis and Practice.* U.K: Lyceum Books

Thomas, E. J. (1984). *Designing interventions for the helping professions.* Beverly Hills, CA: Sage Publication

Wholey, J. S. (1991). Evaluability Assessment: Developing Program Theory. *New Directions for Program Evaluation, 1991*(33), 77-92.

Worthen, B.R. and Sanders, J.R. (1987) *Educational Evaluation: Alternative Approaches and Practical Guidelines.* Longman Press, New York, 102.

York, R. O.(1982). *Human service planning: concepts, tools and methods.* Chapel Hill, North Carolina: The University of North Carolina Pres.

Zammuto, R. F. (1982). *Assessing Organizational Effectiveness: Systems Change, Adaptation, and Strategy.* State University of New York Press.

정주석

경희대학교 대학원 행정학 박사

(현) 신성대학교 사회복지과 교수

노명숙

성균관대학교 가족학 박사

(현) 전주비전대학교 아동복지상담과 교수

임진섭

연세대학교 사회복지대학원 사회복지학 박사

(현) 국립안동대학교 아동사회복지학부 교수

전성남

조선대학교 일반대학원 사회복지학 박사

(현) 광주동구가족센터장

사회복지 프로그램 개발과 평가

초 판 1쇄 인쇄 2024년 8월 19일
초 판 1쇄 발행 2024년 8월 26일

지 은 이 | 정주석 · 노명숙 · 임진섭 · 전성남
펴 낸 이 | 김기섭
편 집 인 | 이현남
펴 낸 곳 | 창지사 www.changJisa.com
08589 서울시 금천구 가산디지털 1로 83 파트너스타워 1차 9층
전화 (02)719-2211~3
팩스 (02)701-9386
등 록 | 1977년 4월 28일 · 제1-421호

ISBN 978-89-426-1858-3 (93330)

값 21,000원